# 학술적 글쓰기

# Academic Writing

원만희 · 박정하 · 김종규 · 이기백 · 김치헌 · 김상현 · 전대석

# 학술적 글쓰기

올바른 지식의 전달과 수용 그리고 진리를 향한 탐구적 글쓰기

성균관대학교 출판부

# 차례

# 차례

# 차례

# 머리말

## 대학에서 글쓰기가 왜 중요한가?

대학에서의 글쓰기는 학문적 탐구 과정에서 얻은 지식을 남에게 전달하거나 전달받는 주요 수단이라고 할 수 있다. 이 점에서 대학에서의 글쓰기는 '학문적 의사소통의 주된 양식'이라 특징지을 수 있다. 하지만 대학에서의 글쓰기의 중요성은 여기에 국한되지 않는다. 또 다른 중요성은 학생들이 글을 쓰는 과정에서 더 많이, 더 깊이 배운다는 데 있다. 수강하는 과목의 글쓰기 과제는 그 과목의 내용들을 심도 있게 이해하는 데 많은 도움을 준다. 자연과학 계열의 학생들은 실험 리포트를 쓰면서 이 실험 과정에서 무엇이 일어났고, 또 어떤 결과를 얻기 위한 것이었는지 분명한 인식을 얻게 된다. 인문사회과학 계열의 학생들 또한 보고서를 통해 그 과목에서 비중 있게 다루는 주제에 대해 깊게 생각할 기회를 얻게 된다. 단적으로 말해서, 대학에서의 글쓰기는 그 자체로 '객관세계에 관한 엄밀하고도 참된 지식을 형성하기 위한 학문적 탐구 과정'이다.

글쓰기는 생각을 가공한다. 글쓰기를 통해 우리의 생각은 눈으로 볼 수 있는, 구체적인 것이 된다. 글로 표현된 이전의 생각과 현재의 생각은 서로 상호작용하면서 또 다른 생각으로 발전한다. 그 과정에서 글은 자꾸 고쳐진다. 한 단어, 한 문장, 한 단락을 쓰게 되면 다시 또 다른 단어와 문장과 단락이 생각난다. 그리 보면 글을 쓰는 일은 곧 발견의 행위이며, 현재의 사고를 계속 전개해 가도록 유도하는 과정이라고 할 수 있다. 자신이 생각했던 것 그리고 철저하게 생각하지 못했던 것을 보고서나 논문을 쓰면서 분명히 이해하게 된다. 교수들이 학생들에게 글쓰기 과제를 내주는 목적이 바로 여기에 있다. 글쓰기 과제는 어떤 주제에 대한 자신의 생각을 명료히 하도록, 그리하여 자신의 생각을 분명히 전달할 수 있도록 돕기 위한 것이다.

정보화 시대와 더불어 찾아 온 지식기반사회에서 대학 교육은 지식의 전달이 아니라 지식을 비판적으로 수용하고, 활용하며, 새롭게 창출해내는 능력을 길러주는 일에 그 초점이 맞춰져야 한다. 즉, 엄청난 양의 정보 가운데서 적실성 있는 유용한 정보를 선별할 수 있는 분석적 사고 능력, 관련된 정보를 이용하여 실제적인 문제를 해결해가는 문제 해결 능력, 세분화된 분야들의 위상을 전체 속에서 가늠할 수 있는 종합적·총체적 사고 사유 능력, 새로운 정보를 산출할 수 있는 창의적 사고 능력 그리고 자신의 생각을 공동체 구성원과 공유할 수 있는 소통 능력을 기르는 일이 중요하다. 글쓰기 교육은 이러한 학문적, 사회적 의사소통능력 배양의 첫 걸음인 셈이다. 새로운 지식기반사회에서 의사소통 교육이 필수적이라면, 글쓰기 교육은 이제부터라도 그 본래 방식에 따라 진지하고도 철저하게 이뤄져야 한다. 구미 선진사회에서 교육의 첫걸음으로 실행되어 온 글쓰기 교육을 생략한 채 그들과 경쟁한다거나 새로운 글로벌 시대를 선도한다는 것은 한마디로 넌센스다.

글쓰기 교육에 왕도는 없다. 좋은 글을 많이 읽고 많이 써보는 수밖에 없다. 하지만 별다른 글쓰기 교육을 받은 적이 거의 없는 대학 신입생들에게 그렇게 말하는 것은 너무 불친절한 일이다. 정교하게 고안된 매뉴얼이 있다면, 그것이 학생들에게 큰 도움을 줄 것임에 틀림없다. 이런 뜻에서 마련한 수단이 바로 이 책이다. 그래서 이 책은 대학 신입생들이 학문적 의사소통의 기본 양식으로서 '학술적 글쓰기' 교육을 받는 데 꼭 필요한 기본적인 전략을 담고 있다. 짧고 쉬운 유형의 글쓰기에서 길고 어려운 단계로 이행해 가는 점진적인 과정은 여기서도 효과적인 방식으로 도입된다. 다른 사람의 글을 잘 읽고 핵심 내용을 파악하는 일(요약)에서 시작해, 그 내용에 대해 나름대로 평가(논평)를 해보고, 마침내는 스스로 생각한 것을 적극적으로 개진(에세이)해 보는 단계적 과정을 밟는 것이 바로 그 방식이다. 이 책에서 채택하고 있는 이러한 전략을 잘 따른다면, 글쓰기 경험이 부족한 학생이라고 할지라도 한 학기의 훈련을 통해 대학에서 통용되는, 어느 정도의 학문적 요건을 갖춘 글을 쓸 수 있게 될 것이다.

대학생들의 학술적 탐구를 위해서 학술적 글쓰기 교육이 뜻있는 기여를 할 수 있기 바라는 마음 간절하다. 무엇보다도 이 책이 그에 보탬이 되었으면 한다. 그리하여 가르치는 교수자와 호흡을 잘 맞춰 보람 있는 〈학술적 글쓰기〉 수업이 이루어질 것을 희망하고 기대한다.

2021. 2.

집필진 일동

# 제1부

# 비판적 사고와 학술적 글쓰기

# 교양교육의 이념으로서
# 비판적 사고와 학술적 글쓰기

영국의 이튼Eton 스쿨의 코리W. J. Cory 교장은 젊은 학생들에게 아래와 같은 내용의 연설을 한 적이 있다.

여러분들이 하고 있는 일은 지식의 습득이라기보다는 비판적으로 생각하는 힘을 기르기 위한 노력이라고 보는 것이 좋습니다. 어느 정도의 지식을 습득하여 간직하는 것은 사실 평균적 능력으로도 가능합니다. 그리고 많은 것을 잊어버려도 시간을 낭비했다고 후회할 필요는 없습니다. 지식은 잃어버렸어도 적어도 그 그림자는 남아서 여러분들이 그릇된 신념에 빠지지 않도록 지켜줄 것입니다.

여러분이 이 훌륭한 학교에 다니는 것은 지식을 얻기 위해서가 아니라 기예와 습관을 몸에 익히기 위해섭니다. 관심을 기울이는 습관, 표현하는 기법, 무엇인가 주목해야 하는 것을 보는 순간 새로운 것에 지성을 접근시키는 기술, 다른 사람의 사상에 곧 빠져 들어가는 기술, 비난이나 반박을 받아들이는 습관, 찬성과 반대를 적절한 용어로 표명하는 기술, 미세한 점도 정확하게 관찰하는 습관, 주어진 시간 내에 가능한

일을 해내는 습관, 식별력, 정신적 용기 및 침착성을 몸에 익히기 위해 이 학교에 온 것입니다.[1]

이 연설은 교양교육의 이념을 잘 드러내 준 것으로 오늘날 많은 교육학자들에 의해 회자되고 있다. 여기서 교양교육의 이념이란 다름 아닌 '비판적으로 생각하는 힘을 배양하는 것'이다. 코리 교장은 일찍부터 교양교육에 있어서 '비판적 사고critical thinking'의 중요성을 깊이 인식하고 있었다. 이뿐만 아니라 그가 열거한 기예와 습관은 오늘날 비판적 사고 분야의 이론가들이 말하는 바, '비판적 사고의 기법과 성향'을 상징적으로 보여주고 있다. 이 점은 그의 연설을 1990년에 발표된 '델피 보고서'의 비판적 사고에 관한 설명과 비교해 보면 좀 더 분명해질 것이다.

……이상적인 비판적 사고자는 습관적으로 이유를 꼬치꼬치 묻고, 잘 알고자 하며, 근거를 중시하고, 평가에 있어서 열린 마음을 지니고, 유연하며, 공정하고, 개인적 편견을 다룸에 있어서 성실하고, 판단을 내리는 데 있어서 신중하고, 기꺼이 재고하고, 현안 문제들에 대해 명료하고, 복잡한 문제를 다루는 데 있어서 체계적이고, 유관한 정보를 부지런히 찾고, 표준을 선택하는 데 있어서 합리적이고, 집중하여 탐구하고, 주제와 탐구의 상황이 허락되는 한 되도록 정확한 결과를 끈기 있게 추구한다. 그래서 훌륭한 비판적 사고자를 교육시킨다는 것은 이 이상을 향해 노력한다는 것을 뜻한다. 즉, 훌륭한 비판적 사고자 교육은 비판적 사고의 기법을 터득하게 함과 동시에, 꾸준히 유용한 통찰을 산출하여 이성적이고 민주적인 사회의 초석이 될 비판적

• • •

[1]    W. J. Cory, *Eton Reform*, London: Longman, Green, Longman and Roverts, 1861, pp. 6–7.

사고의 성향을 함양하는 것이다.[2]

그렇다면 코리 교장이 말한 '기예와 습관'은 어떻게 효과적으로 기를 수 있을까? 다시 말해서 비판적 사고의 기법과 성향을 함양시킬 수 있는 좋은 방법은 무엇일까? 그 방법 중의 하나가 '학술적 글쓰기'이다. 학술적 글쓰기야말로 비판적 사고력을 가장 효과적으로 극대화시킬 수 있는 방법이다.

'비판적 사고'는 단순한 논리적 사고가 아니라 복합적이고, 총체적인 사고이다. 에니스R. H. Ennis에 따르면, '비판적 사고'는 "무엇을 믿고, 무엇을 할 것인지를 결정하는 데 초점을 맞춘 합리적이며 반성적인 사고"다. 이런 복합적이고 총체적인 사고를 목표로 하는 비판적 사고 교육은 단순히 논증과 추리의 기법을 다루는 논리학 교육으로 끝나지 않는다. 그보다는 훨씬 더 광범위한 내용으로서, 다양한 종류의 학술적 텍스트들에 대한 체계적인 분석과 종합적 평가를 통해 그것들을 제대로 이해하고, 더 나아가 궁극적으로는 새로운 텍스트를 산출해 낼 수 있는 총체적 사고 능력의 함양을 목표로 해야 한다. 이를 위한 가장 중요한 학습 방법이 학술적 글쓰기이다.

• • •

[2]  미국철학회의 「델피보고서Delphi Report」(1990), 2쪽. 인용문에 포함된 '비판적 사고의 기법'에 관해서는 비판적 사고 분야의 선구적 이론가라고 할 수 있는 블레이저E. M. Blazer의 견해가 도움이 될 것이다. 그는 듀이의 '반성적 사고'를 발전적으로 계승하면서 비판적 사고를 특징짓고 있으며, 그 기법을 다음과 같이 목록화하였다. (1) 문제를 인지하고, (2) 이 문제를 해결하는 데 실천적으로 유용한 수단을 찾고, (3) 적절한 정보를 수집하여 정리하고, (4) 진술되지 않은 가정과 가치를 인식하고, (5) 언어를 정확하고 분명하고 명료하게 사용하며, (6) 자료를 해석하고, (7) 증거를 감식하고 진술을 평가하며, (8) 명제들 간의 논리적 관계를 확인하고, (9) 보증된 결론과 일반화를 끌어내며, (10) 자신이 도달한 일반화와 결론을 테스트하며, (11) 보다 광범위한 경험의 토대 위에서 믿음의 패턴을 재구성하고, (12) 일상적인 사물과 성질에 관한 정확한 판단을 내린다(E. M. Glazer, *An Experiment in the Development of Critical Thinking*, New York: Bureau of Publications, Teachers College, Columbia University, 1941, p. 6 참조).

# 비판적 사고 교육으로서의 글쓰기

　글쓰기가 어떻게 비판적 사고의 함양으로 이어질 수 있는가? 기본적으로 쓰기와 읽기는 문자를 매체media로 사용하는, 내적으로 서로 연결되어 있는 의사소통 기술이다. 그리고 문자 매체를 통해 전달 및 수용되는 콘텐츠contents는 사고 혹은 의미이다. 그런데 이러한 기술이 객관적 지식을 추구하거나 최선의 행위를 결정해야 하는 상황에서 사용된다고 해보자. 그 경우 매체는 주로 정보가 들어 있는 글 혹은 텍스트가 되고, 그 안에 담기는 콘텐츠는 비판적 사고의 내용이 될 것이다. 따라서 이 상황에서 '쓰고 읽는 것은 결국 문자를 매체로 하고, 비판적 사고를 콘텐츠로 하는 의사소통 행위'라고 특징지을 수 있다. 하지만 매체와 전달 내용의 관계는 비판적 사고와 글쓰기가 맺는 연관관계의 표면적 특징에 불과하다. 그 심층적인 측면은 '글쓰기'라는 의사소통 기술에 관한 성찰을 통해 제대로 밝혀질 수 있다.

　매체를 통한 인간의 의사소통은 '말하기speech'에서 처음 시작되었다. 본래 인간의 기본적인 의사소통은 말하고 듣는 것이다. 유명한 매체사상가인 맥루언M. Mcluhan의 견해에 따르면, 문자가 등장하기 전까지 사람들은 목소리에 의존하는 삶을 살았다. 사람들은 어떤 것에 초점을 맞추지 않아도 사방에서 들려오는 모든 소리를 들을 수 있다. 따라서 저들은 동시성과 총체성이 중시되는 귀의 문화에 살았다. 그 속에서 사람들은 오감을 복합적으로 사용하였고, 사물이나 타인들과 온 몸으로 교감하였다.

그 후 문자가 발명되었고, 그것을 매체로 사용하는 '쓰기writing'라는 의사소통 기술이 생겨났다. 쓰기는 "끊임없이 움직이는 소리를 정지된 공간으로 환원하고 …… 살아 있는 현재로부터 그 말을 분리시킨다."[3] 즉, 말을 특정한 공간 속에 고정시킨다. 이러한 쓰기에 사람들이 익숙해지면서 "언어의 잠재력이 거의 무한하게 확대되고 사고는 고쳐 짜여진다."[4] 여기서 중요한 것은 글쓰기를 통한 '언어의 잠재력 확대'와 '사고의 재구조화'이다. 우선 언어의 잠재력이란 소리로서의 말이 갖는 정보 전달의 시공간적 제약이 쓰기, 즉 문자를 이용한 기록에 의해 극복됨을 뜻한다. 그리고 이 같은 결과는 주로 음성 알파벳과 같은 시각적 표시 코드(암호) 체계로서의 문자의 발명에서 비롯되었다. 그리고 이 두 가지 요인이 합해져 인간의 의사소통을 청각의 세계에서 새로운 감각, 즉 시각의 세계로 이동시킴으로써 인간의 삶, 특히 사고 구조에 근본적인 변화를 초래한 것이다. 그렇다면 이 변화의 구체적 내용은 무엇인가?

쓰고 읽는 과정, 즉 문자를 사용하는 의사소통은 암호의 전달과 해석 과정이라고 할 수 있다. 앞에서 언급한 것처럼, 시각적 코드로서의 암호의 사용은 시공간적 제약을 크게 받는 말의 사용과 비교할 때 경험의 축적 및 의사소통 범위의 비약적 확대라는 아주 커다란 장점을 지닌다. 그러나 그것이 가능하기 위해선, 암호의 구성과 해독을 위한 정밀하고 복잡한 난수표, 즉 기호들의 규칙적 배열 방식과 기호들과 대상들

• • •

[3]    월터 옹Walter Ong, 『구술문화와 문자문화』, 이기우·임명진 역, 문예출판사, 1995, 129쪽.
[4]    위의 책, 17쪽.

간의 지시 관계를 결정해주는 해석 목록 혹은 인덱스 같은 것이 요구된다. 왜냐하면 추상적 기호, 즉 암호의 의미를 정교하고 엄격하게 고정시켜 사용하지 않을 경우, 해석의 불확정성으로 인해 의사소통의 목적을 달성할 수 없기 때문이다. 이러한 과정, 즉 일련의 규칙에 의한 문자의 시각적 배열 그리고 배열된 문자들과 대상들 간의 추상적 지시 관계의 확정은 불가피하게 의미의 초상화와 고정화를 낳게 되는 것이다. 그리고 이러한 의미의 추상화와 고정화의 교호적 상승작용은 인쇄print에 의해 더욱 가속화된다. 활자에 의한 획일화된 문자 형태, 그리고 그것들의 순차적, 선형적 배열이 그렇게 만든다. 더 나아가 고정된 의미들의 반복된 사용으로부터 추상적 개념들이 만들어지고, 다시 이로 인해 추상적 사고가 고도로 발전하게 된다.

쓰기라는 기술에 의해 추상적인 사고가 강화된다는 점 외에도 '사고의 재구조화'와 관련해 생각해야 할 점이 더 남아 있다. 그 중 하나는 반성적reflective 사고 성향이 강화된다는 점이다. 쓰기는 말하기와는 달리 의사소통의 직접적 상황으로부터 분리되어 있다. 특히 정보의 전달과 수용의 과정에서 충분한 시간적 간격이 생겨남으로써 콘텐츠에 대한 인식적 반성과 평가의 기회가 확보된다. 그리하여 쓰기는 지식의 대상으로부터 지식의 주체를 분리시키고, 심지어 쓰기의 주체는 외부 세계뿐만 아니라 그 세계를 바라보는 자기 자신까지도 지식의 대상으로 삼을 수 있다. 이와 같은 과정을 통해 엄밀성과 객관성을 추구하는 학문적 탐구가 가능해진다.

실제로 쓰기와 학문적 연구의 관련성에 대해서 매체 이론가 옹W. Ong은 다음과 같이 말했다. "연구한다는 것 자체가 쓰기와 관계가 있다. 1차적인 구술문화의 사고를 포함해서 무릇 모든 사고는 어느 정도 분석적이다. 즉, 사고는 그 재료를 가지각색의 성분으로 분해한다. 그렇지만 잡다한 사실이나 현상들을 추상적으로 순서 매김을 하고 분류하고 설명해서 분석하는 일은 쓰거나 읽거나 하는 일 없이는 불가능하다."[5] 그리고 이러한 분석의 도구로서 "삼단 논법과 여타의 논증 형식 속에 들어 있는 논리적 분석 방법들 또한 글쓰기에 의존한 것이다."[6] 서로 다른 이유에서지만, 저명한 매체사상가인 맥루언도 논리학의 기법들이 알파벳을 이용한 글쓰기 기술이 없었더라면 결코 세상에 나오지 못했을 것이라고 주장한다.[7]

음성 알파벳을 쓰고 읽는 데 익숙해진 고대 헬라인들에 의해 과학과 철학이 본격적으로 발전하였다는 것은 결코 우연이 아니다. 그래서 많은 매체 이론가들은 서양 학문적 전통으로서 분석적, 논리적, 추상적 사고 성향들이 쓰기의 내면화와 긴밀한 연관성이 있다고 주장한다. 실례로 글을 쓰고 읽는 능력에 대해 "이것에 힘입어 지식의 거대한 체계화, 지식의 비판적 축적, 지식의 성장 및 수정, 논리의 체계적 사용, 과학의 추구, 기술의 연마 등이 가능해졌다"고 단언하는 학자도 있다.[8]

지금까지 언급한 내용을 요약하자면, '쓰기'는 그 기술적 특성으로 인해 추상적이고, 반성적이고, 분석적인 사고 성향들을 산출한다. 맥루언은 '쓰기(문자 매체의 사용)'가 인간의 정신 구조에 미치는 이와 같은 영향을 '메시지message'라고 명명하였다. 이 메시지, 즉 쓰기가 산출하는 반성적, 분석적, 논리적, 추상적 사고 성향 등은 쓰이는 내용(사고)과 무관하다. 왜냐하면 그러한 사고 성향들은 글을 쓰는 '기술적(물리적) 과정' 자체로부터 발생하는 효과이기 때문이다. 바로 여기서 비판적 사고와 학술적 글

• • •

[5]   위의 책, 18쪽.
[6]   J. Goody & I. Watt, "The Consequences of Literacy", J. Goody & John Rankin(eds.), *Literacy in Traditional Societies*, New York: Cambridge UP, 1968, p. 68.
[7]   조나단 밀러, 『맥루언』, 이종인 역, 시공사, 2001, 145쪽. 마샬 맥루언, 『미디어의 이해』, 박정규 역, 커뮤니케이션북스, 1997, 130쪽(M. Mcluhan, *Understanding Media: The Extension of Man*, Cambridge: The MIT Press, 1994).
[8]   J. Goody & John Rankin(eds.), 앞의 책, 84쪽.

쓰기 사이의 심층적 연관관계가 드러난다.

비판적 사고가 어떻게 정의되더라도, 반성적이고 분석적인 그리고 엄밀하며 논리적인 사고 성향들은 비판적 사고를 이루는 구성 요소로서 그 안에 포함될 수밖에 없다. 따라서 이러한 사고 성향들의 발생적 근원인 글쓰기는 비판적 사고와 따로 떼어져 이해될 수 없음은 너무나도 당연하다. 이와 같은 심층적 연관성을 받아들인다면, 비판적 사고는 학술적 글쓰기를 통해 가장 잘 훈련되고 동시에 가장 잘 발휘될 수 있다는 결론에 도달할 수밖에 없다.

# 학술적 글쓰기란 무엇인가

학술적 글쓰기란 학문 공동체에서 통용되는 글, 즉 학술적인 글을 쓰는 행위이다. 그렇다면 학술적인 글이란 무엇일까? 그에 앞서 먼저 일반적인 글의 종류와 특징들을 알아보자.

## 3.1 글의 종류와 특징

우리는 일상생활에서 매우 다양한 종류의 글을 접하게 된다. 그런데 글의 종류란 어느 하나의 기준만으로 나뉘는 것이 아니라 다양한 기준에 따라 여러 가지로 분류될 수 있다. 글의 종류는 글을 서술한 방식에 따라 나눌 수도 있고, 글을 쓴 목적에 따라 나눌 수도 있다.

## 1) 글의 서술방식에 따른 분류

일반적으로 글의 서술 방식에 따라 나눌 때에는 크게 묘사描寫, 서사敍事, 설명說明, 논증論證의 네 유형이 있다.

### ① 묘사

묘사란 어떠한 대상을 있는 그대로 드러내 보이는 것이다. 그런데 대상을 있는 그대로 그려 보인다고 할 때, 글쓴이의 주관적인 느낌이나 인상을 위주로 서술할 수도 있고, 이와는 달리 대상을 객관적으로 서술할 수도 있다. 대상에 대한 객관적 묘사의 경우는 '설명'에 속하는 것으로 볼 수도 있다.

### ② 서사

서사는 시간의 흐름에 따라 사건이 진행되는 과정을 서술하는 것이다. 따라서 서사에는 시간적, 공간적 배경과 사건의 주체 등이 드러나게 된다. 글쓴이는 주관적인 관점에서 사건을 바라보고 서술할 수도 있고, 반대로 엄격하게 객관적인 관점을 유지하면서 사건을 서술할 수도 있다. 전자의 경우는 소설 등의 문학 작품에서 잘 드러나며, 후자의 경우는 역사 서적이라든가 신문의 사건 기사 등에서 볼 수 있다. 후자와 같이 객관성이 강조된 서사는 '설명'의 일종으로 볼 수도 있다.

### ③ 설명

설명은 어떠한 대상의 본질을 드러내 밝히는 것이다. 일반적으로 설명은 '~는 무엇인가?'라는 암묵적 질문에 대한 대답으로 나타나게 된다. 이때 설명이 실현되는 구체적인 방법으로는 정의, 예시, 비교, 대조, 유추, 분류 등이 있고, 앞서 언급한 객관적인 묘사나 객관적인 서사 역시 이에 포함될 수 있다. 실생활에서 필요한 정보란 대개 어떤 대상의 정체 혹은 본질이 무엇인가 하는 것이기 때문에, 우리가 일상적으로 접하는 글들 중의 상당수는 주로 설명의 방식을 취한다. 예를 들어 디지털카메라를 새로 샀을 때 받게 되는 사용설명서에는 제품의 특징 및 사용 방법, 여러 가지 주의 사항 등 디지털카메라와 관련된 정보, 즉 '디지털카메라란 어떤 것인가?'라는 질문에 대한 답이 될 만한 정보들이 '설명'되어 있다.

설명 중에서도 특히 과학적 설명은 '~와 같은 현상의 원인은 무엇인가?'라는 질문에 대한 대답으로, 어떠한 현상이 나타나게 되는 객관적이고 보편적인, 규칙성을 지닌 원인을 밝히는 것이다. 예를 들어 고대에는 번개가 치는 현상의 원인을 흔히 신의 노여움 혹은 신이 죄인에게 내리는 징벌 등으로 설명하곤 하였다. 그러나 오늘날 우리는 이와 같은 설명을 받아들이지는 않는다. 오늘날 우리는 번개가 '구름과 구름, 혹은 구름과 대지 중의 공중 방전'으로 인해 발생하는 현상임을 알고 있는데, 이는 대기 중에 공기의 저항을 충분히 극복할 만한 정도의 전하電荷나 전위차電位差가 있는 상황이라면 세계 어디에서나 관찰될 수 있고 누가 실험을 하든 입증될 수 있다. 따라서 이와 같이 객관적이고 보편적인 규칙으로 번개가 발생하는 원인을 밝히는 것은 '과학적 설명'이 된다.


④ 논증

논증은 어떤 주장의 올바름(진리성)을 입증하는 서술 방식이다. 자신의 주장을 정당화하여 읽는 사람을 설득할 수 있도록 하기 위해서는, 주장을 적절히 뒷받침하는 근거(논거, 이유)가 제시되어야 한다. 즉, 전제(근거)로부터 결론(주장)이 이끌어지는 추론 과정이 분명하게 드러나야만 한다.

이상과 같은 글의 서술 방식에 따라 글의 종류를 나눈다면 묘사문, 서사문, 설명문, 논증문(혹은 논설문)으로 나눌 수 있겠다. 그러나 실제 글쓰기에서는 이처럼 하나의 글 전체가 묘사로만 되어 있다든가, 혹은 설명으로만 되어 있는 경우란 많지 않다. 설명문에도 묘사나 서사의 방식으로 서술된 부분이 포함될 수 있고, 논설문이라 할지라도 논증뿐만 아니라 묘사, 서사와 설명의 방식으로 서술된 부분이 있기 마련이다. 게다가 앞서 언급한 바와 같이 묘사와 설명, 서사와 설명이 뚜렷이 구별되지 않는 경우도 있다.

## 2) 글의 목적에 따른 분류

다른 한편, 어떤 동기에 의해 글을 쓰게 되었는가, 즉 글을 쓴 목적이 무엇인가에 따라 글의 종류를 나눌 수도 있다. 그런데 글의 목적에 따라 그에 적합한 서술 방식이 선택되므로, 글의 목적에 따라 글의 종류를 나누는 것은 위에서 보았던 글의 서술 방식에 따른 글의 분류와 상당 부분 공통된다. 글을 쓴 목적에 따라 글의 종류를 나눈다면, 크게 표현을 위한 글, 정보 전달을 위한 글, 설득을 위한 글로 나눌 수 있을 것이다.

### ① 표현을 위한 글

표현을 위한 글이란 글쓴이가 자신의 생각이나 감정 등을 드러내고자 하는 데 목적을 둔 글이다. 소설이나 시, 희곡 등의 문학적인 글들은 대개 여기에 속하며, 반드시 문학적 가치를 인정받는 작품이 아니더라도 보통 사람들이 자신의 감정이나 생각 등을 토로하기 위해 쓴 일기라든가 수필 등도 포함된다. 글쓴이의 주관적인 느낌이나 인상을 위주로 서술된다는 점에서 표현을 위한 글에는 위에서 보았던 묘사나 서사 등의 서술 방식이 많이 나타나게 되나 객관적인 설명이나 논증이 배제되는 것은 아니다.

② 정보 전달을 위한 글

정보 전달을 위한 글은 글쓴이가 알고 있는 객관적인 사실 혹은 개념 등을 알리기 위한 글이다. 표현을 위한 글이 글쓴이의 주관적인 생각이나 감정 위주인 것과는 달리 정보 전달을 위한 글에서는 주관성이 배제되고 사실의 정확성이 강조된다. 정보 전달을 위한 글로는 사전의 항목 기술, 사건을 보도한 신문 기사, 일지, 안내문, 제품의 구조와 기능을 알리는 설명서 등을 들 수 있다. 정보 전달을 위한 글은 주로 설명의 방식으로 서술되며, 객관적인 묘사나 서사도 많이 사용된다.


③ 설득을 위한 글

설득을 위한 글은 글쓴이가 가지고 있는 견해나 주장의 정당성이나 올바름(진리성)을 입증함으로써 독자들이 그것을 인정하도록 하는 데 목적을 둔 글이다. 대표적인 예로 신문의 사설이나 칼럼을 들 수 있으며, 학술 논문 역시 어떠한 학설의 옳음을 입증하기 위한 글이라는 점에서 설득을 위한 글에 포함된다. 설득을 위한 글은 주로 논증의 방식으로 기술된다.


## 3) 글의 용도에 따른 분류

이 밖에도, 엄밀한 기준에 따른 분류라고 하기는 어려우나, 글의 용도에 따라 실용적인 글과 문학적인 글, 학술적인 글로 나누어 볼 수 있다.

실용적인 글이란 일상생활에서 부딪치는 다양한 필요를 충족시키기 위한 것인데 예를 들어 각종 공문, 기획서, 사용설명서, 안내문, 편지 등을 들 수 있다. 실용적인 글에도 일정한 형식이 있고 경우에 따라서는 상당히 전문적인 내용이 담기기도 하지만, 기본적으로 실용적인 글은 어느 정도의 교육을 받은 사람이라면 누구나 쓸 수 있

학술적 글쓰기

고 또 이해할 수 있다. 이에 비해 문학적인 글과 학술적인 글은 '일상생활의 필요'보다는 더 특수한 쓰임새를 갖는 글이며, 또한 이러한 글을 쓰기 위해서는 좀 더 특수한 훈련을 거쳐야 한다는 데 차이가 있다. 그러나 이처럼 실용적인 글과 문학적인 글, 학술적인 글이 늘 분명히 구분되는 것만은 아니다. 예를 들어 주변 사람들과 안부를 묻기 위해 일상적으로 주고받은 편지라든가 개인의 일상, 경험, 생각, 느낌 등을 담은 일기가 문학 작품으로 승화된 경우가 얼마든지 있기 때문이다.

## 3.2 학술적인 글의 종류

그렇다면 과연 '학술적인 글'이란 무엇인가? 합리적인 근거를 바탕으로 하여 어떤 주장이나 견해가 옳다는 것을 객관적으로 입증하는 글이라면 형식에 관계없이 '학술적인 글'이라 할 수 있을 것이다. 학술 활동이 다른 창작 활동과 구별되는 주요 특징 중 하나가 바로 '객관적인 입증'(정당화)이기 때문이다.

일반적으로 학술적인 글이라 하면 '학술 논문'을 떠올리게 되는데, 학술 논문이 대표적인 경우이기는 하지만 학술적인 글에는 이 밖에도 다양한 형식과 특징을 지닌 글들이 존재한다. 학술적인 글에는 논문, 연구 및 실험보고서, 평론 등이 대표적으로 포함된다. 아래에서 이러한 학술적인 글들의 특징을 간략히 살펴보기로 한다.

① 논문

학술 논문은 학문 분야에서 새로운 발견을 알리거나 연구자의 독창적인 주장/견해를 입증함으로써 학문 발전에 기여하는 데 목적을 둔 글이다. 따라서 학술 논문은 분야마다 요구되는 특별한 논문 형식을 갖추어야 하며, 무엇보다도 '독창성'이 요구된다. 그리고 주제에 대한 독창적인 결론을 이끌어내는 과정에서 먼저 관련 자료에 대한 폭넓은 조사와 분석, 기존 연구에 대한 비판적 정리가 필수적이다. 또한 학술 논문은 각 분야별로 엄격히 규정된 논문 형식에 따라야 한다. 학술 논문은 주제나 내용, 연구 방법이 매우 전문적이어서 해당 학문 분야를 전공하지 않은 사람들은 쉽게 이해할 수 없는 면도 많다.

### ② 연구 및 실험 보고서

연구 및 실험 보고서는 설문, 답사, 관찰, 관측, 실험, 실습 등을 통해 얻어진 연구 및 실험 자료들을 정리하여 보고하는 글로서, 해당 학문 분야마다 정해진 형식에 따라 연구 및 실험 과정을 과학적이고 객관적인 방식으로 보여준다. 따라서 연구 및 실험 보고서의 결과는 대개 계량적 자료로 정리되며, 글쓴이 자신의 관점은 최대한 배제된다. 대학 생활에서 학생들이 자주 쓰게 되는 학술적인 글들 가운데 하나가 연구 및 실험 보고서이다. 자신의 전공 영역에 따라 어느 정도 차이가 있겠지만 학생들은 수업 시간에 설문 조사 보고서, 답사 결과 보고서, 관찰 및 관측 보고서, 실험 및 실습 보고서와 같은 다양한 종류의 보고서들을 제출해야 한다. 이처럼 대학 수업에서 학생들에게 연구 및 실험 보고서를 요구하는 것은, 학생들 스스로 보고서를 작성하기 위해 다양한 자료들을 조사하고 정리하는 과정에서 특정 주제(혹은 문제)에 대한 학문적 기초 지식과 지적 능력을 마련하게 하려는 데 그 목적이 있다.

### ③ 평론

학술 논문이나 연구 및 실험보고서는 주로 전문 연구자들 사이에서 유포되는 데 비해 평론은 일반인들도 비교적 자주 접할 수 있는 학술적인 글이다. 평론은 다루는 대상에 따라 예술 작품에 대한 평론이나 사회적, 문화적 현상에 대한 평론, 책이나 논문 등에 대한 서평 등으로 나누어 볼 수 있다. 평론은 어떠한 대상에 대한 해설과 함께 그에 대한 비판을 포함한다. 이때의 '비판'은 대상을 무조건 부정하고 비난하는 것이 아니라 대상이 지닌 한계뿐만 아니라 그것이 지닌 의의나 가치까지도 제대로 평가하는 것을 의미한다. 학술적인 목적을 지닌 본격적인 평론의 경우는 학술 논문의 경우와 마찬가지로 엄격히 정해진 형식에 따라야 하지만, 전문 연구자들이 아닌 일반 독자들을 대상으로 발표된 평론의 경우에는 비교적 형식이 자유롭다. 우리는 흔히 신문이나 잡지 등을 통해 예술 평론이나 사회 평론, 서평을 접할 수 있을 뿐만 아니라, 스스로 평론을 써야 할 기회도 많다. 대학에서는 어떤 수업이든지 특정 주제에 대한 책이나 논문 등을 읽고 서평을 쓰거나, 예술 작품이나 최근 부각되는 사회적, 문화적 현상을 대상으로 평론을 쓸 것을 요구하는 경우가 많기 때문이다.

이상에서 살펴본 세 부류의 학술적인 글들은 현대 학문 체계에서 엄밀히 '학술적'인 것으로 분류되는 글의 종류들이다. 하지만 학술적 글쓰기 능력은 이와 같은 학술적 글들을 쓰는 데에만 필요한 것이 결코 아니다.

학술적인 글로 분류되지는 않을지라도 학술적 글쓰기 능력과 기술이 필수적이고 핵심적인 글들을 우리가 일상생활 속에서 찾아보면 그 범위는 매우 광범위하게 확장될 수 있다. 예컨대, 직장인들이 자주 쓰는 업무 보고서, 사업 계획서, 제품 기획안 등은 학술적 글쓰기 능력과 기술을 현실적 목적에 맞게 응용한 글들이라고 말할 수 있다. 왜냐하면 이런 글들을 쓰는 데 우리가 〈학술적 글쓰기〉 과목에서 계발하는 비판적 사고력과 의사소통 능력이 직접적으로 필요하며 그것이 핵심적 역할을 하기 때문이다.

# 학술적 글쓰기 교육의 방향과 방법

대학에서의 글쓰기 교육은 말하기 교육과 더불어 기본적으로 지식·정보화 시대가 요구하는 의사소통 능력의 배양 혹은 그것의 수월성을 목표로 한다. 그러나 앞서 살펴본 바와 같이 이러한 목표를 추구하는 과정에서 글쓰기는 불가피하게 비판적 사고와 긴밀하게 상호 의존할 수밖에 없다. 글쓰기는 비판적 사고를 전제로 하며, 비판적 사고는 글쓰기를 통해 더욱 강화·고양될 수 있다. 언어와 사고의 교호적 상관 관계가 그대로 적용되는 셈이다.

이러한 점을 감안한다면, 대학에서의 글쓰기 교육은 실용적인 의사소통 능력을 배양하는 것에 그치지 않고, 그 교육 내용이 비판적 사고 훈련을 비롯하여 다양한 학문적 내용을 체험하게 하는 기회를 제공하는 쪽으로 나아가야 한다. 왜냐하면 학술적인 글을 쓰기 위해서는 주제와 관련된 자료를 새롭게 해석하거나 기존 연구자들의 견해를 비평하는 경우가 많고, 이를 위해서는 기존의 텍스트 및 정보에 대한 올바른 분석, 이해, 평가가 필수적이기 때문이다.

구체적으로 말해서, 다양한 텍스트들을 독해, 분석, 평가하고 나아가 이를 토대로 새로운 텍스트를 재생산하는 능력know-how을 기르는 실습교육이 바람직하다. 앞으로 제시될 '단계별 글쓰기 프로그램step-up writing program'이라는 실습 모형이 한 가지 방안이 될 수 있을 것이다.

글을 쓴다는 것은 형식과 내용을 모두 고려해야 하는 복합적인 과정이다. 그러므로 글을 쓰는 훈련을 통해서 단지 언어적 능력뿐만이 아니라 사고의 형식과 내용에 관련된 복합적인 능력도 함께 길러진다. 그리고 이렇게 길러진 복합적인 능력이 다음 글쓰기에 적용되면 더 수준 높은 글이 가능해질 것이다.

제2부

# 단계별 글쓰기 프로그램

# 단계별 글쓰기 프로그램의
# 기본 성격과 구성

## 1.1 단계별 글쓰기 프로그램의 기본 성격:
##     비판적 읽기와 쓰기의 실습 프로그램

앞에서 밝힌 바와 같이, 다양한 학문적 내용을 담은 텍스트에 대한 이해와 평가, 나아가 대안 혹은 새로운 텍스트를 제시하려는 목적의 글쓰기를 '학술적 글쓰기'라 하고, 또 이것이 비판적 사고에 기초한 것이라면, 학술적 글쓰기의 핵심은 '비판적 사고에 기반을 둔 텍스트 독해와 작문'으로 특징지을 수 있을 것이다. 여기서 전자를 '비판적 읽기critical reading', 후자를 '비판적 쓰기critical writing'라고 칭하기로 하자. 그럴 경우 '단계별 글쓰기 프로그램Step-up Writing Program(이하 SWP)'은 비판적 읽기와 쓰기의 내면화 혹은 숙달을 위해 양자를 단계별 실습 과정으로 통합한 것이라고 할 수 있다.

학술적 글쓰기

## 1.2 단계별 글쓰기 프로그램의 구성

단계별 글쓰기 프로그램SWP은 아래와 같은 단계별 글쓰기와 각각의 단계에서의 학습 결과에 대한 수정 및 평가로 이루어진다.

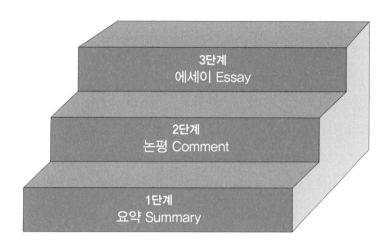

이러한 단계별 구성의 목적은 읽기와 쓰기를 병행하면서, 학술적 글쓰기 능력을 점진적으로 배양하는 데 있다. 글쓰기란 단번에 학습될 수 있는 일이 아님은 두말할 필요가 없다. 비교적 짧고 쉬운 글에서 시작하여 분량과 수준을 높여가는 형식을 취할 것이다. 게다가 글쓰기란 쓰고자 하는 주제나 내용에 대해 어느 정도의 지식을 가지고 있어야만 한다. 적절한 양의 자료 혹은 정보가 필요하다는 것이다. 그렇다고 텍스트 읽기에만 매달려 있을 수는 없다. '학술적 글쓰기'의 단계별 글쓰기 과정은 이러한 두 가지 과제를 동시에 수행하고자 한다.

## 1) SWP의 단계별 내용

### ① 요약

이 단계는 주어진 텍스트의 내용을 간략히 하는 과정이다. 이때 요약은 텍스트를 단순히 평면적으로 줄이는 '축약'과 구별되어야 한다. 요약은 텍스트의 논리적 구조를 파악한 다음, 이를 논증적으로 재구성하여 표현하는 작업이다.

논증적 재구성은 정당화 문맥으로서의 텍스트를 독해하는 과정에서 매우 중요하다. 정당화 문맥의 기본 틀이 바로 논증이기 때문이다. 논증적 재구성 과정을 통해 텍스트 저자가 말하고자 하는 핵심적 주장과 그것을 뒷받침하기 위해 제시한 근거가 무엇인지가 명료해진다.

### ② 논평

이 단계는 앞 단계에서 이루어진 요약을 기반으로, 저자가 자신의 주장을 충분히 정당화하는지 여부를 비판적으로 평가하는 과정이다. 주제 대상에 관한 엄밀하고 참된 지식을 추구하는 학문적 탐구에는 정당화 과정이 필수적임은 두말할 필요가 없다. 정당화의 성패는 텍스트의 논리적 구성과 함께 논의 내용에 대한 세밀한 비판적 고찰에 의해 결정되어야 할 것이다. 따라서 논평은 요약된 텍스트가 정당화 문맥의 조건들을 제대로 충족시키는지 여부를 확인 평가하고, 그것에 문제가 있을 경우 비판 내용을 제시하는 형태로 이루어진다.

### ③ 학술에세이

이 단계는 주어진 정보나 텍스트를 자료로 삼아서 자신의 견해를 정립하고 이를 정당화하는 글을 쓰는 과정이다. 즉, 자신의 정당화 문맥을 창출하는 일이다. 앞의 '요약'

과 '논평' 단계는 사실상 쓰기보다는 '읽기(독해)'에 더 비중을 두고 있다. 그 만큼 '읽기' 과정이 중요하다는 것이다. 텍스트를 독해, 즉 분석 평가하는 과정을 통해 텍스트의 내용 및 의미에 대한 심도 있는 이해가 이루어지고, 이는 다시 새로운 정당화 문맥의 창출을 위한 자료가 되는 것이다.

앞의 두 단계가 학술에세이 작성에 들어가기 전에 밟아가야 할 예비 과정이라면, 이 단계는 앞의 두 단계를 토대로 스스로 현안문제를 설정하고 자신의 힘으로 현안문제에 대한 해결책을 모색해가는 창의적 문제 해결 과정이자, 그것을 하나의 정당화 문맥으로 산출하는 본격적인 글쓰기 과정이다.


## 2) 단계별 글쓰기 지침으로서의 비판적 사고의 요소와 속성

앞에서 밝혔듯이, 학술적 글쓰기는 '비판적 사고'를 전제하는 만큼 각 단계별 글쓰기는 비판적 사고의 특징을 충분히 반영하는 형태로 이루어져야 한다. 단계별 글쓰기의 지침들 또한 이 점을 고려하여 마련되어야 할 것이다. 이를 위해 '비판적 사고의 요소와 속성'을 요약 및 논평 지침으로 삼을 것이다. 그것들 중 '비판적 사고의 요소'는 요약 지침에, '비판적 사고의 속성'은 논평 지침에 해당한다.

그리고 이와는 별도로 간략한 학술에세이 지침이 제시될 것이다. 학술에세이는 나름의 새로운 정당화 문맥을 자유로이 창출하는 것인 만큼, 비판적 사고의 요소와 속성만으로는 부족하다. 그것을 기본 지침으로 하되, 다양한 논증 방식과 설득력 있는 수사도 더 고려해 보아야 한다.

강조되어야 할 것은 앞으로 제시될 단계별 글쓰기 지침들은 어디까지나 최소한의 기본 지침들이라는 점이다. 쓸 글의 분량이나 중요도, 주제나 학문 영역에 따라 다른 사항들이 언제든지 추가될 수 있다. 처음부터 너무 많은 지침을 제시하는 것은 글쓰기의 출발을 어렵게 할 가능성이 크다. 일단 간소한 지침으로 글을 시작하도록 하고, 사정에 맞추어 필요한 지침들을 추가하는 것이 바람직하다.

# 요약

단계별 글쓰기 프로그램SWP의 첫 번째 단계는 '요약summary'이다. 요약은 텍스트의 핵심 내용을 포착하고 이를 정리하는 글로서, 그 과정은 형식적 요약과 요약문 작성으로 이루어진다. 형식적 요약이란 텍스트 내용의 단순한 축약이 아니라 텍스트의 논리적 구조를 파악하여 이를 논증적으로 재구성하는 것이며, 요약문이란 논증적으로 재구성된 텍스트를 일상적인 글의 형태로 바꾸어 놓는 것을 말한다.

## 2.1 형식적 요약의 기본 지침

주어진 텍스트가 정당화 문맥일 때, 즉 저자가 어떤 주장이나 견해를 그것의 올바름을 뒷받침하는 근거들과 함께 제시할 때 그 속에는 '현안문제', '핵심어', '주장', '근거'가 기본적으로 포함되어 있다. 이 네 개의 기본 요소를 포착하여 서술하라는 것이 바로 형식적 요약의 기본 지침이다.

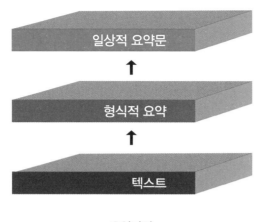

요약과정

① 현안문제(논의주제)를 정립하라.

현안문제란 제시된 글에서 저자가 주로 다루고 있는 문제, 혹은 '논의주제'를 말한다. 이를 간명한 하나의 질문(의문문) 형태로 진술해야 한다.

② 핵심어(키워드)와 그 의미를 밝혀라.

제시된 글에서 저자가 중요하게 사용하는 용어 혹은 개념을 포착하고, 그 글에서 어떤 의미로 사용되는지 '정의'의 형식으로 밝힌다.

③ 주장(논지, 견해, 결론, 해결책)을 파악하라.

제시된 글에서 저자가 핵심적으로 말하려는 바를 파악하여 한 개의 간명한 문장으로 진술한다. 이 '주장'은 앞의 '현안문제'에 대해 저자가 제시하는 답변 혹은 해결책이라고 할 수 있다.

④ 근거(논거, 이유, 전제)들을 제시하라.

주장의 옳음을 뒷받침하기 위해 저자가 제시한 근거들을 논리적 순서로 배열해야
한다.


## 2.2 형식적 요약의 부가 지침

위의 기본 요소들 외에도 정당화 문맥에는 통상 아래와 같은 요소들이 더 포함되
어 있다:


▷ 함축: 주장 안에 암묵적으로 포함되어 있는 내용.

▷ 배경: 저자가 현안문제에 대해 논의하게 된 배경 혹은 맥락.

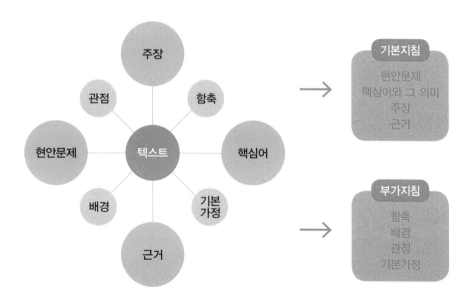

▷ 관점: 저자가 현안문제를 바라보는(접근하는) 기본 시각(견지).

▷ 기본 가정: 저자가 논의를 전개함에 있어 바탕에 깔고 있는 생각.


이 네 개의 부가 요소들을 파악하여 서술하라는 것이 형식적 요약의 부가 지침이다. 그런데 이 부가요소들은 기본 요소들과는 달리 글에 실제로 나타나 있지 않는 경우가 대부분이다. 따라서 이 부가요소들은 텍스트에 대한 다각적·심층적 이해를 위해서 쓰여 있는 내용으로부터 추정해 볼 수 있을 뿐이다. 더욱이 텍스트의 분량과 성격에 따라 파악하기 힘든 경우도 있으므로, 이들 부가지침은 의무가 아닌 권장사항으로 여겨질 수 있다.

요약은 형식적 요약의 기본 요소인 현안문제, 핵심어, 주장, 근거를 주로 활용한 요약문을 작성함으로써 완료된다. 그러나 요약문도 하나의 글이기 때문에, 형식적 요약의 틀을 그대로 반영해서는 안 된다. 오히려 요약문을 작성할 때에는 형식적 요약의 형식성을 탈피하여 일상적 언어로 작성해야 한다. 또한 형식적 요약의 부가 요소들은 경우에 따라 선택적으로 활용될 수 있다.


## 2.3 요약 예시 사례

① 예시 사례 1

그대의 주장에 따른다면, 나는 적어도 신령스러운 것들이 있다고 믿을 뿐만 아니라, 신령도 있다고 믿는다는 것이 아주 필연적이오. 그리고 우리는 신령들을 신들의 자식들로 여기오. ……신령들이 요정들에게서 태어났건 또는 전하는 대로 다른 누구한테서 태어났건 간에, 이들이 신들의 자식들이라면, 도대체 누가 신들의 자식들은 있는 걸로 믿으면서, 신들이 있는 걸로 믿지 않을 수가 있겠소? 그건 마치 어떤 사람들이 말들과 당나귀들의 새끼인 노새들이 있는 건 믿으면서 말들과 당나귀들이 있는 걸 믿지 않으려는 경우와 마찬가지로 이상한 일일 테니 말이오.

– 플라톤, 『소크라테스의 변론』 중 발췌·수정

## 형식적 요약

| 현안문제 | 과연 나는 신이 있다고 믿는 것인가? | |
|---|---|---|
| 핵심어와 그 의미 | 핵심어: 신<br>의미: 신령의 부모 | 핵심어: 신령<br>의미: 신의 자손 |
| 근거 | ① 나는 신령이 있다고 믿는다.<br>② 신령은 신의 자식이다.<br>③ 신의 자식이 있다는 것을 믿으면서 신이 있다고 믿지 않는 것은 불합리하다. | |
| 주장 | 나는 신이 있다고 믿는 것이다. | |

## 일상적 요약문

이 글에서 저자는 나는 신이 있다고 믿는 것인가(현안문제)라는 물음에 대해 나는 신이 있다고 믿는 것이다(주장)고 주장한다. 그 근거는, 나는 신령이 있다고 믿는데(근거①), 신령이란 신의 자식이므로(근거②/핵심어), 신의 자식이 있다는 것을 믿으면서 신이 있다는 것을 믿지 않을 수 없다는 것이다(근거③).

※ 요약문의 밑줄 친 부분은 〈형식적 요약〉의 내용이 활용된 부분을 나타낸다.

② 예시 사례 2

전쟁 직후, 오스트리아가 참혹한 상황에 있을 때였다. 오스트리아의 한 농부가 나뭇가지에 목을 매달았다. 이웃이 그를 발견하고 숨이 끊어지기 전에 내려주었다. 농부는 그 이웃이 자신에게 삶을 더 부과했다는 이유로 그를 고소했다. 법정도 약간의 전문적 절차를 활용하여 그 이웃을 풀어주기는 했으나, 농부의 생각에 동의했던 것 같다.

자살 기도와 관련해 영국과 미국의 대부분 지역에서 채택되고 있는 관점은 좀 다르다. 자살은 살인이며, 따라서 자살 기도는 살인기도라는 것이다. 어떤 사람이 삶을 너무나 고통스럽다고 생각하여 자기를 죽이고자 하면, 삶이 보다 즐겁다는 것을 깨닫도록 가르치기 위해 감금형이 주어진다. 내가 볼 때 이것은 이중적으로 불합리하다. 첫째로, 자살 기도가 범죄로 여겨져서는 안 된다. 둘째로, 이 경우에는 감금이 억제력을 발휘할 가능성이 없다.

자기 자신을 죽이는 것은 다른 사람을 죽이는 것만큼이나 나쁘다고 말하는 것은 내가 볼 때 어처구니없는 얘기다. 내가 만약, 다른 사람의 시계를 빼앗아 바다에 던져버린다면 나는 범죄자이겠지만, 내 시계를 바다에 던진다면 나는 아무리 나쁘게 봐도 어리석은 사람 정도에 불과하다. 게다가 그 시계가 아무 쓸모가 없을 경우 나는 지극히 분별력 있는 사람이라고까지 말할 수 있다. 내 시계에 적용되는 것이 내 생명에도 적용된다. 내가 타인의 생명을 빼앗는다면 내 소유물이 아닌 것을 취한다는 뜻이지만, 나 자신의 생명을 없애는 문제는 다른 누구보다도 내가 더 많이 관계된 문제임에 분명하다.

내 생명이 타인들에게 유용할 수 있으므로 그것을 버려서는 안 된다고 주장할지도 모르겠다. 이것은 대체로 안전한 도덕적 논거이기는 하지만, 개인 윤리를 법률처럼 엄격하게 만드는 것은 현명하지 못하다. 소유물에 대해서도 똑같은 얘기를 할지 모르겠다. '비록 무가치한 시계라고 해도 그렇게 내버리는 것은 부도덕하다. 어느 꼬마에게 주었으면 얼마나 좋아했겠는가.' 그러나 이 얘기를, 어떤 사람이 멈춰버린 자기 시계를 내버렸다고 해서 그를 감옥에 집어넣을 수 있는 적절한 근거로 보기는 어렵다. 마찬가지로 이런 주장도 있을 수 있다. '사람은 누구나 자신의 여생을 좋은 용도에 쓸 수 있다.' 그러나 그렇게 하는 방법을 전혀 모르는 사람들이 많을 뿐 아니라, 죽어도 공동체에 큰 손실이 되지 않을 사람들도 적지 않다. 어떤 경우에든, 사람의 목숨도 자신의 소유물처럼 법적으로 자신의 것이 되어야 마땅하며, 따라서 그가 목숨을 버리기로 마음먹는다면 그렇게 할 수 있게 해주어야 한다.

억제력의 관점에서도, 자살기도를 처벌하는 것은 아무짝에 소용이 없다. 자살을 기도하는 사람은 성공을 기대하고 그렇게 해서 처벌을 면하리라 기대한다. 그러나 실패하여 처벌받게 된 사람이 일정 기간 갇혀 있다 나온 후에, 인생을 더 흡족한 것으로 보게 될 가능성은 별로 없다.

자살이란 주제를 다룰 때 그 장단점을 따지기보다는, 이른바 인간생명의 신성함과 연결시켜 바라보는 경향이 있다. 그러나 나는 그 어구를 심각하게 받아들이는 것이 오히려 부당하다고 본다. 그것을 받아들이는 사람이라면 전쟁에 대해서도 비난해야 마땅하기 때문이다(당시 전쟁을 비난하는 것은 불법으로 간주되었음). 너무나 비참한 나머지 자살을 시도하게 되는 저 불행한 사람들 앞에서 인명의 신성함을 호소하는 것은, 전쟁이 인류의 제도의 일부로 존재하는 한 철저하게 위선이다.

―버트런드 러셀, 『인간과 그밖의 것들』

**형식적 요약문**

| | |
|---|---|
| **현안문제** | 자살기도에 대한 처벌은 정당한가? |
| **핵심어와 그 의미** | 핵심어: 자살<br>의미: 스스로 목숨을 끊는 행위 |

**근거**

1. 자살기도는 범죄가 아니다.
   1) 내 시계를 내가 버리는 것은 범죄가 아니다.
      ① 내 시계의 소유권은 나에게 있다.
   2) 내 시계에 적용되는 것이 내 생명에도 적용된다.

2. 공익에 부합하지 않는다는 이유로 자살을 범죄(불법)시 하는 것은 잘못이다.
   1) 공익에 부합하는 행동을 해야 한다는 것은 개인 윤리의 문제이지 법률적 문제가 아니다.
   2) 공익과는 무관한 사람들이 있으며, 이들은 죽더라도 공동체에 큰 손실을 끼치지 않는다.

3. 자살기도를 처벌한다 해도 억제력을 갖진 못한다(예방하지 못한다).
   1) 자살을 기도하는 사람은 그 법이 자기에게 적용되리라 생각하지 않는다.
   2) 자살기도로 말미암아 감금형을 받더라도 이후의 인생에 만족할 가능성은 별로 없다.

4. 이 사회에서 생명의 존엄성을 이유로 자살을 불법시하는 것은 위선이다.
   1) 생명의 존엄성을 인정한다면, 전쟁도 비난해야 한다.
   2) 이 사회에서 전쟁을 비난하는 것은 불법이다.

| | |
|---|---|
| **주장** | 자살기도를 범죄로 처벌하는 것은 잘못이다. |
| **함축** | 영국 사회에서 시행되고 있는 자살미수죄는 폐지되어야 한다. |
| **배경** | 자살미수죄를 시행하는 당시의 영국 사회의 보수성을 비판하기 위해서 |
| **관점** | 개인주의 |
| **기본가정** | 1. 개인 생명의 소유권은 전적으로 개인 자신에게 있다.<br>2. 전쟁에서는 소중한 인명이 대량 살상된다. |

학술적 글쓰기

이 글의 저자는 스스로 목숨을 끊는 행위인 자살기도를 처벌하는 것이 정당한 가(현안문제)라는 물음에 대해 자살기도를 범죄로 처벌하는 것은 잘못(주장)이라고 주장한다. 저자가 제시하는 근거들은 다음과 같다. 저자에 따르면, 우선, 내 시계의 소유권은 나에게 있기 때문에(근거 1의 1)의 ① 내가 내 시계를 버리는 것은 범죄가 아니며(근거 1의 1)), 이는 생명에도 적용되어야 한다(근거 1의 2)). 또한 공익에 부합하는 행동을 해야 한다는 것은 개인 윤리의 문제이지 법률적 문제가 아니고(근거 2의 1)), 공익과는 무관한 사람들은 죽더라도 공동체에 손실을 끼치지 않기에(근거 2의 2)), 공익에 부합하지 않는다는 이유로 자살을 범죄(불법)시하는 것도 잘못(근거 2)이다. 게다가 자살기도의 처벌이 자살에 대한 억제력을 갖지 못(근거 3)할 뿐만 아니라 생명의 존엄성을 인정한다면 전쟁도 비난해야(근거 4의 1)) 하기 때문에 전쟁을 비난하는 것을 불법으로 규정하는 사회(근거 4의 2))에서 생명의 존엄성을 이유로 자살을 불법시하는 것은 위선(근거 4)이다.

※ 요약문의 밑줄 친 부분은 〈형식적 요약〉의 내용이 활용된 부분을 나타낸다.

③ 예시 사례 3

논증을 시작하면서 나는 모든 순진한 추측들, 즉 어떤 철학적 근거들에 입각해서도 그 실현이 불가능해 보이는 가정들은 무시할 것이라는 점을 미리 전제하지 않을 수 없다. 어떤 저자가 인간은 결국 타조가 될 것이라고 내게 말할 수 있다. 나는 그를 제대로 반박할 수 없다. 그러나 그는 먼저 인류의 목이 점점 늘어나고 있으며, 입술은 딱딱해지면서 튀어나오고 있고, 다리와 발은 매일 모양이 변하고 있으며, 머리카락이 깃털로 변하기 시작했다는 것을 보여주어야만 한다. 그래야 합리적인 사람은 자신의 의견에 동의할 것이라고 기대할 수 있다. 이런 기이한 변화의 가능성을 볼 수 있을 때까지는, 그런 상태에 있는 인간의 행복에 대해서 이러쿵저러쿵 떠들어 봐야 그것은 시간 낭비이며 헛된 웅변일 뿐이다. 그런 상태의 인간이 뛰거나 날 때의 힘을 묘사한다거나, 그런 인간은 사치품을 경멸하고 생필품만을 모으고, 그리하여 각각 일해야 할 몫은 적어지고 여가 시간은 풍부해질 것이라고 이야기하는 것도 다 헛된 짓이다.

나는 다음의 두 가지 기본 법칙이 성립한다고 생각한다.

첫째, 식량은 인간의 생존에 필수적이다.

둘째, 남녀 간의 성적 열정은 필수적이고 또 앞으로도 현재 수준으로 계속 유지될 것이다.

우리가 인류에 대해 안 이래 이 두 법칙은 늘 우리 본성의 변함없는 법칙이었다. 그리고 지금까지 그 법칙에 아무런 변화도 보이지 않았으므로, 앞으로도 현재의 모습이 변할 것이라고 누구도 결론지을 수 없다. 우주의 체계를 처음 만들고 지금도 피조물들을 위해 정해진 법칙에 따라 모든 운행을 관장하시는 존재가 힘을 행사하시지 않는 한은 말이다.

지금까지 어떤 저술가도 지구에서 인간이 나중에는 식량 없이도 살 수 있게 될 것이라고 생각하지 않았다. 그러나 남녀 사이의 성적 열정은 때가되면 사라질 것이라고 고드윈은 추측한 바 있다. 하지만 그 자신도 이런 생각을 단지 한 번 추측해본 것일 뿐이라고 말하고 있기 때문에 지금 길게 살펴볼 필요는 없을 것 같다. 다만 인간이 이미 야생의 상태로부터 위대한 진보를 해 왔고 또 그 진보가 어디서 멈출지 말하기 어려우므로 인간은 언젠가는 완벽한 상태가 될 수 있을 것이라는 생각은 해 볼 수 있을 것 같다. 하지만 남녀 사이의 성적 열정이 소멸되는 방향으로는 지금까지 어떤 진보도 일어나지 않았다. 지금도 그 열정

학술적 글쓰기

은 이천 년 혹은 사천 년 전과 동일한 힘으로 존재하는 것 같다. 언제나 그랬듯이 물론 개인적인 예외는 있다. 그러나 예외의 수가 증가하는 것 같지 않은 데도, 단지 예외가 존재한다는 것만으로 시간이 지나면 그 예외가 규칙이 될 것이고, 그래서 지금의 규칙이 예외가 될 것이라고 주장하는 것은 너무나 비철학적인 모습이다.

이제 나의 기본 법칙들이 옳다고 본다면, 인구의 힘이 지구가 인간의 식량을 생산하는 힘보다 무한히 크다고 말할 수 있다.

인구는 억제되지 않으면 기하급수적으로 증가한다(근거1). 식량은 단지 산술적으로 증가한다(근거2). 숫자에 대한 약간의 지식만 있다면 두 번째에 비해 첫 번째가 얼마나 무한한지를 알 수 있다.

인간의 삶에서 음식이 필수일 수밖에 없는 우리 본성의 저 법칙 때문에 이 두 가지 서로 불균등한 힘은 균등해지지 않을 수 없다(근거4).

이는 곧 식량난이 강력한 그리고 지속적인 인구 억제 수단으로 작용한다는 것을 뜻한다(근거6). 식량난은 어딘가에서 나타날 수밖에 없고, 인류의 많은 부분은 불가피하게 혹독한 어려움을 겪지 않을 수 없다(근거7).

지금까지 자연은 생명의 씨앗을 동물계와 식물계를 통해 멀리까지 충분하고도 풍부히 확산시켜 왔다. 그러나 그에 비해 이들을 길러내는 데 필요한 공간과 영양분에서는 늘 인색했다. 만약 존재의 싹들이 지구의 이 같은 곤경에 억죄는 일 없이, 충분한 음식과 넓힐 공간을 가질 수 있었다면 그 싹들은 몇 천 년 만에 수백만의 세계를 가득 채웠을 것이다. 필연, 즉 피할 수 없는 자연의 법칙이 그 싹들을 예정된 한계 안에 머물게 한다. 모든 식물과 모든 동물이 이 막강한 제한 법칙 아래 움츠리고 있다. 인간 역시 아무리 이성을 발휘해도 이 법칙을 빠져나갈 수 없다. 식물과 동물에게 이 법칙의 결과는 종자의 소진, 질병, 그리고 때 이른 죽음이다. 인간에게 그 결과는 비참함과 악이다. 비참함은 결코 피할 수 없는 결과다. 악은 가능성이 매우 높은 결과이다. 그러므로 우리는 도처에서 악을 볼 수 있다. 그렇지만 악을 결코 피할 수 없는 결과로 봐서는 안 된다. 덕의 시련은 악의 모든 유혹에 맞서는 것이다.

지구에서의 인구와 생산, 이 두 힘의 자연적인 불균등(근거3)과 이 두 힘의 결과가 항상 균등하게끔 하는 인간 본성의 저 막강한 법칙은 커다란 어려움을 낳는다(근거4). 내가 보기에 이 어려움은 완전한 사회로 나아가는 길에서 넘지 못할 산인 것 같다. 다른 모든 논증들은 이것과 비교하면 사소하고 부차적인 것들이다. 내가 알기로, 모든 생명계에 침투해 있는 이 법칙의 무게로부터 벗어날 수 있는 어떤 방법도 인간에게는 없다. 어떤 이상적인 평등, 어떤 더할 나위 없는 토지 분배 제도를 실현하더라도 이 법칙의 압력을 단 한 세기만이라도 제거할 수 없을 것이다. 그러므로 이것은 어떤 한 사회, 즉 모든 구성원들이 안락하고 행복하게 지내며, 상당한 여가를 누리며, 자신과 가족을 먹여 살릴 방도를 전혀 걱정하지 않아도 되는 그런 사회가 있을 수 있다는 생각에 대한 결정적인 반박인 것 같다(근거8).

결론적으로 이 전제들이 옳다면(근거8) 이 논증은 대부분의 인구가 완전한 삶을 누릴 가능성에 대한 결정적인 반론이 된다.

이리하여 논증의 일반적 개요가 그려졌다. 그러나 나는 이 논증을 좀 더 구체적으로 검토할 것이며, 모든 지식의 참된 원천이며 토대인 경험이 늘 이 논증이 옳음을 확인시켜 줄 것이라고 믿는다.

－토머스 맬서스, 『인구론』

※ 글 속의 번호는 설명의 편의를 위해 매긴 것임.

학술적 글쓰기

| 현안문제 | 완전한 사회는 가능한가? |
|---|---|
| 핵심어와<br>그 의미 | 핵심어 1: 인구<br>의미: 생존하는 사람들의 수<br><br>핵심어 2: 식량<br>의미: 생존에 필수적인 물질<br><br>핵심어 3: 완전한 사회<br>의미: 모든 구성원들이 안락하고 행복하게 지내며 적당한 여가를 누리고<br>　　　자신과 가족을 위한 생존 수단을 제공하는 데 있어서 어떠한 불안도<br>　　　겪지 않는 사회 |
| 근거 | 1. 억제되지 않을 때의 인구는 기하급수적으로 증가한다.<br>2. 식량은 단지 산술적으로 증가한다.<br>3. 지구에는 인구와 생산이라는 이 두 힘의 자연적인 불균등이 존재한다<br>　　(1과 2로부터).<br>4. 인간의 삶에서 식량을 필수조건으로 만드는 것은 우리 본성의 법칙이다<br>5. 이 두 가지 불균등한 힘들의 결과가 균등하게 유지됨에 틀림없다<br>　　(3과 4로부터).<br>6. 식량 확보의 어려움이 인구에 대한 강력하고 지속적인 억제 수단으로 작동하고<br>　　있는 것이 틀림없다(5로부터).<br>7. 이 어려움이 어딘가에서 나타나기 마련이고, 필연적으로 인류의 대부분이 혹독<br>　　한 어려움을 체험할 것임에 틀림없다. |
| 주장 | 완전한 사회는 불가능하다. |
| 함축 | 구성원들 간의 생존경쟁은 불가피하다. |
| 배경 | 이상사회utopia의 실현 가능성에 대한 기대를 반박하려 함. |
| 관점 | 자연법칙주의(인간 사회도 자연법칙의 지배를 받을 수밖에 없다) |

완전한 사회가 존재할 수 있는가(현안문제)? 저자는 이 물음에 대해 사회의 구성원들이 안락하고 행복하게 지내며 적당한 여가를 누리고 자신과 가족을 위한 생존 수단을 제공하는 데 어떠한 불안을 느끼지 않는 완전한 사회가 존재할 가능성은 없다(주장)는 결론을 내놓는다(핵심어3). 그 이유는 다음과 같다. 먼저 지구에는 인구와 생산이라는 두 힘의 자연적인 불균등이 존재하게(근거3) 되는데 그것은 억제되지 않을 때의 인구는 기하급수적으로 증가하지만(근거1) 식량은 단지 산술적으로 증가하기(근거2) 때문이다. 하지만 인간의 삶에서 식량을 필수조건으로 만드는 것은 우리 본성의 법칙이다(근거4). 따라서 이 두 가지 불균등한 힘들의 결과가 균등하게 유지될 것이며(근거5), 이에 따라서 식량 확보의 어려움이 인구에 대한 강력하고 지속적인 억제 수단으로 작동할 것이 틀림없다(근거6). 결국 이 어려움이 어딘가에서 나타나기 마련이고, 필연적으로 인류의 대부분이 혹독한 어려움을 체험할 것이다(근거7). 즉 완전한 사회는 불가능한 것이다.

※ 요약문의 밑줄 친 부분은 〈형식적 요약〉의 내용이 활용된 부분을 나타낸다.

## 2.4 요약 연습

### 1) 기본요소 연습

#### ① 주장

**예 시 사 례** 다음 글의 주장을 한 문장으로 진술하시오.

> 오늘날 경영에 관한 두 관점이 존재한다. 첫 번째 관점은 가치를 창조하는 경로는 엄밀하고도 계량적인 분석에서 출발한다고 본다. 이 관점의 사상적 기초는 '분석적 사고analytic thinking'이다. 연역과 귀납적 추리로 무장하고 진리와 필연을 언명하는 방식이다. 이 관점의 목표는 무수히 반복되는 엄밀한 분석과정을 통한 완벽한 숙달이다. 이 관점에 따르면 의견이나 선입견 그리고 변종은 저해 요소로 간주되며, 이와 같은 저해 요소들이 제거된다면 최선의 의사결정에 도달할 수 있고, 엄청난 가치를 창조해낼 수 있을 것으로 전망된다. 두 번째 관점은 창조성과 혁신의 우선적인 역할을 강조한다. 이 관점의 사상적 기초는 '직관적 사고intuitive thinking'이다. 즉 추론에 의거하지 않고 사물을 이해하는 방식이다. 이 관점을 지지하는 경영자들은 창조성과 혁신의 우선성을 강조하는데, 이들에 따르면 분석으로 말미암아 창조성이 제거되고 기업조직은 무능력한 곳이 되었다. 이 관점에서 진정한 혁신은 분석과 조사에서 출발하는 것이 아니라 순간적인 영감과 창조적인 직감에서 추구될 수 있다.
>
> 물론 직관적 사고가 지배하는 조직은 그렇지 않은 조직에 비하여 혁신이 매우 신속하게 이루어질 수는 있다. 하지만 기업의 지속적 성장에 있어 이 같은 사고는 자

칫 큰 문제를 발생시킬 수 있다. 특히 사업의 체계화에 있어 조사와 분석의 미비는 큰 낭패로 이어지기 십상이다. 경영자의 고뇌는 여기서 시작된다. 두 관점 중 어느 것을 선택해야 하는가? 이 쉽지 않은 선택에 있어 고려해야만 하는 것은 이 두 관점 각각이 갖고 있는 한계에도 불구하고, 두 관점 모두 경영에 필요하다는 점이다. 이러한 점에서 우리는 이 두 관점 중 하나를 선택하는 대신 또 다른 길을 대안으로 모색해 볼 필요가 있다. 만일 분석적 사고에 따른 완벽한 검증의 토대 위에 직관적 사고에 근거한 창조성이 역동적으로 상호작용하여 균형을 이룰 수 있다면 어떨까? 이 균형 속에서 우리는 두 관점이 갖고 있는 문제점을 상호 보완해 나갈 수 있을 것이다. 이 같은 두 관점의 융화가 실현될 수 있다면, 우리는 양자택일의 경우보다 더 나은 경영 조건 및 환경을 마련할 수 있을 것이다. 우리가 이와 같은 분석적 사고와 직관적 사고의 융화를 '디자인 사고design thinking'라 부른다면, 현대 경영자의 핵심 덕목은 바로 이 디자인사고를 갖추는 것이라 할 것이다.

―로저 마틴, 『디자인 싱킹』 발췌 수정

| 주장 | 현대 경영자의 핵심 덕목은 디자인 사고를 갖추는 것이다. |
|---|---|
| | (해설) 현대경영자들은 분석적 사고와 직관적 사고 능력 모두를 갖추어야 하며, 이 글에서 이 두 능력의 융화는 '디자인 사고'라고 규정되어 있다. |

 연 습 문 제  다음 글의 주장을 한 문장으로 진술하시오.

작년 봄 대한의학협회는 인간의 심장 기능의 정지 상태인 심장사뿐 아니라 (정신 활동의 물질적 기반인) 뇌(腦) 전체의 기능 소실을 의미하는 '뇌사'도 사망으로 간주한다는 선언을 채택하였다. 뇌사(腦死)란 뇌간(腦幹)을 포함하여 뇌 전체가 손

학술적 글쓰기

상을 입어 심장박동 이외에는 모든 신체적 기능이 상실된 상태를 뜻한다. 이러한 뇌사 상태에 빠지게 되면 환자는 인공호흡기 없이는 자발적 호흡이 불가능하게 되며, 설사 인공적 기계장치에 의한 호흡을 통해 연명한다고 해도 길게 잡아 14일 이내에 심장박동이 멈춰 자연사에 이른다고 한다.

또한 뇌사 상태는 식물인간의 상태와도 다르다고 한다. 식물인간 상태에서는 호흡 및 심장박동과 같은 기본적 대사기능을 하는 뇌간이 살아 있어 의료기술에 의한 생명 연장이 얼마든지 가능하다고 한다. 또 이러한 식물인간 상태에서는 상당히 오랜 시간이 경과한 후에도 종종 의식이 회복되는 경우가 있다고 한다(외국의 경우 10년 동안 식물인간으로 산 사람도 있다고 함). 따라서 식물인간의 상태는 일상적으로나 의학적으로나 사망으로 간주되지 않는다.

그러나 뇌사의 경우는 아무리 훌륭한 의사와 의료기술에 의해서도 심장사에 이르는 것을 막을 수 없는, 의학적으로 회복이 완전히 불가능한 상태이다. 뇌사로부터 심장사에 이르는 2주간의 시간은 오늘날처럼 의학과 생명과학이 발달하지 못했던 과거에는 아무런 의미도 없었다고 한다. 그렇지만 장기 이식과 같은 의료기술이 개발되면서 그 시간은 의학적으로 매우 중요한 의미를 갖게 되었다. 왜냐하면 심장이 멎기 전 뇌사 상태에 있는 환자의 장기들을(건강한 장기를 필요로 하는) 다른 환자에게 이식함으로써 고귀한 다른 생명들을 구할 수 있게 되었기 때문이다.

이와 같은 점을 고려해 볼 때, 인간의 죽음을 뇌사, 즉 뇌의 기능의 정지로 규정한 의학계의 '뇌사 선언'은 의학적 양심과 죽음에 대한 진보적 사고방식의 산물이라 평가할 수 있을 것이다.

— 원만희, 『논리로 읽는 세상』

**연 습 문 제** 다음 글의 주장을 한 문장으로 진술하시오.

압구정동 모 제과점 인질극 등 최근 정신질환자의 우발적 범죄가 사회문제화되고 있다. 더욱이 정신이상자에 의해 저질러진 강력 범죄는 지속적인 증가추세에 있기도 하다. 지금까지 조사된 바에 따르면, 범죄를 저지른 대부분의 정신질환자들은 가정에서 제대로 된 보살핌을 받지 못하고 있으며, 적절한 치료나 통제도 받지 못하고 있는 실정이다. 사실 완치율도 낮고 장기적이고 꾸준한 치료가 필요한 정신질환자에 대한 보호를 개인이나 가정에 일임하는 것은 적절하지 않다. 개인이나 가정이 그러한 책임을 온전히 떠맡기는 거의 불가능하며, 범죄의 피해는 사회적 몫으로 남게 되기 때문이다. 이러한 까닭에 정신질환자에 대한 국가 차원의 통제 필요성이 지속적으로 제기되어 왔다. '정신보건법'은 그 전형적인 예로, 그 주요 내용은 정신질환자에 대한 검사와 치료를 위한 격리, 입원, 보호 등을 국가가 강제할 수 있도록 하는 것이었다.

물론 정신질환자에 의한 우발적 범죄를 예방하고, 정신질환자에 대한 관리를 강화해야 한다는 것은 당연하다. 하지만 그 관리가 국가 차원에서 강제적인 통제 방식으로 이루어진다는 것은 국민의 자유를 침해할 수 있다는 점에서 심각한 문제를 수반할 수 있다. 정신질환자 역시 치료를 요하는 환자일 뿐이며, 어느 누구도 그가 국민의 한 사람이라는 것을 부정할 수는 없다. 또한 민주주의 국가는 그 이념상 질병의 치료를 목적으로 국민의 자유를 박탈할 수는 없으며, 이러한 자유의 박탈은 헌법의 정신에 위배되는 처사일 따름이다. 따라서 정신질환자에 대한 사회적 대처가 필요하다고 하더라도, 헌법이 보장하는 국민의 자유를 침해하거나 훼손하는 방식이어서는 안 될 것이다. 세계적인 추세 역시 정신질환자에 대한 격리나 수용의 방식을 지양하고 있을 뿐 아니라, 국가 중심의 중앙 통제가 아닌 지역사회를 기반으로 한 정신보건 서비스 체계를 구축하는 방향으로 전환되고 있음도 사회적 대처방안 마련에서 반드시 고려되어야 할 것이다.

주장

② 현안문제

 다음 글의 현안문제는 무엇인가?

재산이 많을수록 더 많은 벌금을, 경제 상황이 나쁘면 더 적은 벌금을 물리는 '재산비례 벌금제'를 정부가 추진하고 있다. 포퓰리즘 정책이라는 비판이 있지만, 현행 벌금제(총액벌금제)가 "서민에게는 지나치게 가혹하고 부유층에게는 형벌의 효과가 미약하다"는 게 정부의 입장이다.

사실 재산비례 벌금제는 많은 논란거리를 내포하고 있다. '일수벌금제'라고도 부르는 이 제도는 판사가 범죄에 대한 벌금형 일수를 먼저 정한 뒤 범죄자의 경제 사정에 따라 산정된 1일 벌금액을 곱해 벌금액을 정한다. 빈부 차이에 따라 1일 벌금액을 수백~수만 배 달리 설정해 '형벌의 실질적 평등'을 구현한다는 취지다. 독일은 1일 벌금액을 1유로에서 3만 유로(약 1300원~3900만원)까지 차이를 둔다. 프랑스(1~1000유로), 오스트리아(4~5000유로), 스위스(30~3000프랑) 등의 입법례는 다양하다.

1986년부터 이 법제가 몇 차례 추진됐으나 좌초됐고, 지금은 국회에 유사 법안이 계류 중이다. 법무부는 "의견 수렴을 거쳐 국내 실정에 맞는 제도를 마련하겠다"고 했지만 우려의 목소리는 크다. 우선 똑같은 범죄를 저지르고 훨씬 적은 벌금을 냈을 때 발생하는 '외형상의 불평등' 문제가 지적된다. 상대적으로 가벼운 벌을 받는 범죄자에게 범죄 예방 및 계도 효과가 클지도 의문이다. 피고인의 재산 상태를 조사할 현실적 방안도 마땅치 않아 신속한 재판을 받을 헌법상 권리가 침해될 수 있다. '유리 지갑' 월급소득자는 재산 파악이 어려운 자영업자에 비해 더 비싼 벌금을 내는 역차별을 당할 수도 있다. 법원행정처는 "재산이 양형의 주된 변수가 되면 '책임이 없으면 형벌이 없다'는 책임주의 원칙에 반할 위험이 있다"고 지적했다.

정부의 발표는 이런 우려에 대한 고민이 부족해 보인다. 1992년 같은 제도를 시행한 영국은 쌍방 폭행 사건에서 한 피고인에겐 64파운드, 다른 쪽엔 640파운드의 벌금이 선고돼 논란이 일자 6개월 만에 총액벌금제로 회귀했다. 불공정과 특혜 논란에 휩싸인 지금의 한국 사회에선 더욱 신중한 접근이 필요하다.

－「재산비례 벌금제 추진, 신중해야 한다」 발췌 수정

**현안문제**

일수벌금제를 도입해야 하는가?

(해설) 이 글의 주장은 일수벌금제 도입에 있어 신중한 접근이 필요하다는 것이다. 그 근거는 일수벌금제가 여러 가지 부작용을 발생시킬 수 있으며, 영국의 경우 이러한 문제로 시행 전으로 되돌아간 사례가 있다는 점이다. 이에 비추어 볼 때, 이 글의 현안문제가 일수벌금제의 정당성 여부를 묻는 것으로 보기는 어렵다.

학술적 글쓰기

창의적인 주장이나 견해를 제시하는 것은 결코 무에서 유를 창조하는 행위가 아니다. 자신의 주장이나 견해가 창의적일 수 있으려면, 다루려는 주제에 대한 다양한 입장들과 담론들을 충분히 살펴야 한다. 예를 들어 '학교에서의 체벌은 정당한가?'라는 현안 문제를 해결하는 학술적 글을 쓴다고 해보자. 많은 경우 이 글을 자신의 학교 경험에 의존하여 쓰곤 한다. 그런데 이러한 글은 극히 한정된 근거나 일반적인 상황에 의존하게 된다. 이렇게 되면, 빤한 글이 되거나 많은 사람들의 공감을 얻기 힘든 주장을 하게 된다. 그렇다면 어떻게 해야 체벌의 정당성에 대한 창의적이고 설득적인 주장을 할 수 있을까?

체벌의 정당성에 대한 논의를 예로 들어보자. 체벌의 정당성에 대한 모든 것을 알고 있는 아주 특이한 경우가 아니라면, 체벌의 정당성을 논의하기 위한 여러 경로를 마련해야 한다. 예를 들어, 왜 체벌을 하려고 하는지, 체벌의 교육적 효과는 있는지, 그 교육적 효과는 무엇인지, 체벌이 다른 방식보다 효과적인 교육인지 등을 다각적으로 검토해야 한다. 이때 우리는 교육 방법론, 아동 심리학 그리고 철학 교육론 등의 담론에서 체벌과 관련된 여러 자료를 활용할 수 있다. 이 자료들은 신뢰할 만한 권위를 갖춘 정보들을 담고 있으며, 이 정보들을 활용하여 우리는 체벌의 정당성과 관련된 문제들을 보다 설득적으로 해명할 수 있게 된다. 또한 이 정보들을 활용하는 과정에서 우리는 해명하려는 문제를 다양한 시각에서 검토하고 이것들을 비교하고 종합하는 절차를 따르게 됨으로써 기존의 관점들에서는 기대할 수 없었던 수준 높은 해결책을 새롭게 제시할 수도 있게 된다. 이처럼 다각적인 자료들을 심도 있게 검토하여 글을 쓸 때, 그 글은 일반적으로 창의적이고 설득력이 높은 주장이나 입장을 제시할 가능성이 높다.

– 원만희, 『자료 활용, 이렇게 하자 – 오프라인 자료 활용법』 발췌 수정

**연 습 문 제** 다음 글의 현안문제는 무엇인가?

리처드 도킨스(Richard Dawkins)는 《이기적 유전자 The Selfish Gene》라는 멋진 책을 썼다. 이 책 속에서 인간과 동물의 생물학적 행동적 규칙성은 DNA나 RNA 고리 속의 단백질 분자의 모임인 특정한 유전자들이 이기적이고 항상 살아남으려 한다고 가정함으로써 정량적으로 설명될 수 있다고 기술하였다. 유전자들은 생존을 위한 그들 주위의 유전적 투쟁 속에서 우리의 몸인 융통성 많은 몸체를 만들어 냈으며, 문명이란 단지 이 영리한 분자들이 자신들을 영원하고 만드는 방법일 뿐이다. 이것은 아마 이 견해의 지지가 자신들이 주장하는 것보다, 너무한 것 같겠지만 — 실제로 그것은 물질적 환원주의의 낡은 철학을 생물학에 적용한 것에 불과하다. 분자 생물 연구소의 책임자인 내 친구가 학생들로부터 도킨스의 견해에 대한 질문을 받았다. 도킨스의 생각이 정말 옳습니까? 다음날 내 친구가 그 학생들에게 도킨스는 전혀 틀렸다고 대답했다. 유전자는 이기적이 아니다; 사실은 자신이 영원하도록 이기적으로 노력하는 것은 유전자 속의 특정한 화학 결합이다. 유전자는 단지 이 화학 결합의 장난감이며, 같은 식으로 우리들은 우리 유전자의 장난감이다. ⋯⋯ 인간과 동물의 행동은 엔트로피의 증가가 분자들의 운동에 의해 물질적으로 좌우되는 것처럼 원자들의 미시적 조직에 의해 물질적으로 지배된다. 그러한 지배를 받는 데 대한 증거가 도킨스의 책 속에 확실하게 설명되어 있다. 그러나 모든 인간의 행동을 단지 미시적 유전자들로 환원시키는 것은 불가능하다. 유전자들은 단지 화학의 법칙에 의해 명령받는 대로 행동한다. 요점은

> 유전자들은 이기적일 수 없지만 인간은 가능하다.
>
> — 하인즈 R. 페이겔스, 『우주의 암호 – 양자물리학의 자연관』

**현안문제**

③ 핵심어와 그 의미

**예 시 사 례** 아래 글의 핵심어 및 그 의미를 밝히시오.

누구나 마음만 먹는다면 살아가는 동안 전자기억을 계속해서 만들어갈 수 있다. …… 당신이 선택만 한다면 당신이 보는 모든 것들은 카메라에 자동으로 찍혀 당신의 전자기억 내의 개인 이미지 함에 저장될 것이다. 당신이 듣는 모든 것들도 디지털 오디오 파일로 저장될 것이다. 음성 파일뿐만 아니라 영상도 정확하게 스캔되어 당신의 모든 생활은 검색 가능한 텍스트 파일로 저장될 것이다. …… 생물학적 기억은 주관적이고, 고르지 않고, 감정에 치우쳐 있고, 자아의 검열을 받으며, 인상에 근거하고, 변하기 쉽다. 전자기억은 이에 반해 객관적이고, 냉정하며, 무미건조하고, 가차 없이 정확하다. 우리의 두뇌 안에 있는 기억과 집중력, 감정은 경험과 시간을 왜곡시키고, 요약하거나, 편집하기도 한다. 전자기억 시대의 눈 역할을 하는 비디오카메라는 눈과 달리 절대로 눈을 감거나 윙크하지 않고, 백일몽을 꾸거나 두 번 찍지도 않는다. 예를 들어 교통량을 기록한다면, 카메라는 정확하게 한 시간 동안 보행자 신호 교통량을 기록할 것이다. 전자기억은 우리의 의미기억 속에 있는 의미, 정의, 개념에 대해 진실성을 확인할 것이다. 이러한 것을 살펴보려 할 때 구글이나 위키피디아를 이미 사용하고 있을 것이다. 그러나 당신이 원하는 모든 것을 인터넷상에서 찾기는 쉽지 않으며, 때로는 정보가 존재하지 않을 수도 있다. 그러나 당신의 전자기억 속에는 존재할 수 있다. 오히려 전자기억 속에서 찾는 것이 더 쉬울 수도 있다. 왜냐하면 전체 인터넷을 찾는 것이 아니라 당신의 기억만 검색하면 되기 때문이다. …… 전자기억은 우리의 일화적 기억에도 중요한 역할을 하게 될 것이다. 당신이 살아가는 동안, 개인기기는 당신이 녹화하고 싶은 것들을 하나도 놓치지 않을 것이다. 생물학적 기억은 시간이 지날수록 점점 희미해지고, 여러 기억과 합쳐지며 변이된다. 그러나 전자기억은 변함없이 상세한 내용들을 저장할 것이다.

― 고든 벨, 짐 겜멜, 『디지털 혁명의 미래』

**핵심어와 그 의미**   전자기억 : 디지털 파일로 전환되어 저장된 기억

 **연 습 문 제**  다음 글의 핵심어와 그 의미를 밝히시오.

플라톤의 대화편 『파이드로스』에서 언급되는 이집트의 신화 속 대화는 문자와 인지 능력이 밀접한 연관을 갖는다는 점을 잘 보여준다. 이 신화에 따르면, 테우트 신은 자신이 기억과 지혜의 묘약으로 문자를 발명하였고, 이집트 사람들이 이

학술적 글쓰기

문자를 배우게 되면 더욱 지혜롭고 기억력이 높아질 것이라고 타무스 왕에게 자랑삼아 이야기 한다. 그렇지만 테우트 신의 이야기를 들은 타무스 왕은 테우트 신과는 상반된 부정적 평가를 내어 놓는다. 타무스 왕의 말에 따르면, 문자는 망각을 낳게 될 것인데, 그러한 까닭은 사람들이 문자를 배우게 되면 스스로 상기(想起)의 노력을 하지 않을 것이기 때문이다. 이 옛 이야기는 문자라는 기술적 도구가 인간의 인지 환경을 변경시킴으로써 인간의 인지 능력에 심각한 변화를 발생시킨다는 것을 말해준다. 문자는 하나의 매체이며, 이 매체를 통해 기억은 보존될 수 있다. 잘 알려진 것처럼, 인쇄술은 문자가 갖는 기억 보존의 매체라는 특성을 크게 강화시킨다.

- 이종관 외, 『디지털 철학』

**핵심어와 그 의미**

**연 습 문 제** 다음 글의 핵심어와 그 의미를 밝히시오.

디지털 기기 없는 생활은 이제 상상할 수 없을 정도가 되었다. 단지 우리가 사용하는 디지털 기기의 종류와 수가 많아서가 아니다. 디지털 기기를 통해 우리는 세상을 보고 이해하게 된 것이다. 우리는 점점 기억이 필요한 수많은 일들을 디지털 기기에 의존하여 처리하고 있다. 이러한 경향 속에서 디지털 기기의 대폭적인 기능 향상이 우리의 인지능력을 확장시킬 것이라는 전망도 제시되었다. 그러나 이 전망은 곧 지나친 낙관이라는 비판에 직면하였다. 디지털 기기의 사용에 따른 정반대의 경향이 나타나고 있기 때문이다. 디지털 치매는 바로 그것이다. 디지털 치매란 디지털 기기의 과도한 사용과 지나친 의존으로 인해 인간의 인지 기능이 저하되는 증상을 일컫는다. 이러한 증상에 '치매'라는 표현을 사용하는 것은 기억력과 계산 능력 등의 인지 기능 저하 양상이 실제 치매 증상과 매우 흡사하기 때문이다. 예를 들어, 휴대전화의 정보저장 기능에 대한 의존은 전화번호 등 기억의 경험을 줄임으로써 실제 기억력이 저하되는 결과를 낳기도 하며, 길에 대한 정보를 제공해주는 네비게이션에 대한 의존의 증대는 길을 기억하는 능력의 저하를 촉발하여 네비게이션의 도움이 없을 경우 목적지를 찾아가는 데 큰 어려움을 겪게 된다.

**핵심어와 그 의미**

④ 근거

**예 시 사 례** 다음 글의 주장은 '미디어는 단순한 도구가 아니라 인간 인식 및 의사소통 체계에 커다란 영향을 미친다'는 것이다. 이 주장의 근거를 서술하시오.

어떠한 상황에서든 커뮤니케이션이 가능하기 위해서는 발신자와 수신자의 메시지를 건네고 받아줄 매개물 즉 미디어가 필요하다. 미디어는 정보를 시공간적으로 이동시켜주는 역할을 한다. 미디어는 마치 정보를 전달하는 도구처럼 보인다. 그러나 맥루언은 미디어를 가치중립적 도구로 보는 태도를 미디어 이론의 근본적 오류라 비판했다. 그렇다면 맥루언에게 있어 미디어란 무엇인가? 그에 따르면, "미디어는 메시지다." 전화라는 미디어를 예로 들어보자. 얼핏 생각하며 전화는 편지로 주고받던 정보를 다른 방식으로 주고받을 수 있는 발명품일 뿐이다. 그러나 맥루언에 따르면 전화라는 미디어는 귀와 말소리의 확장이며 새로운 정보 인식과 지각 방식이다. 편지와 문자에 익숙했던 인간의 지각은 전화의 확대와 함께 소리 중심으로 변화한다. 새로운 미디어의 등장으로 인간이 주로 활용하는 감각의 비율과 지각패턴이 바뀌는 것이다. 이러한 변화는 개인적 수준을 넘어 사회적으로 의사, 정보전달 체계를 바꾸고 인간관계를 새롭게 규정하게 된다. 전화의 등장 후 공적인 의사전달이 확산되면서도 프라이버시 보호의 중요성이 부각되었기 때문이다. 맥루언은 문자, 라디오, TV 등 모든 미디어가 이러한 강력한 힘을 가지고 있음을 강조했다. 미디어는 단순한 도구가 아니라 인간의 인식과 소통 방식 및 의사소통 체계에 커다란 영향을 미친다는 것이다.

**근거**

1. 미디어는 인간의 인식구조에 영향을 미친다.
   1) 미디어는 정보 인식과 지각 방식이다.
   2) 미디어는 인간이 활용하는 감각비율과 지각패턴을 바꾼다.
      ① 전화는 문자 중심의 지각을 소리 중심의 지각으로 변환시켰다.

2. 미디어는 의사소통 체계에 커다란 영향을 미친다.
   1) 전화는 공적 의사전달 확산과 동시에 프라이버시 보호의 중요성을 부각시켰다.

(해설) 이 주장을 도출하는 핵심 근거는 전화의 사례에서 찾아볼 수 있는 것처럼 새로운 미디어의 등장이 초래한 인간 인식 및 사회에 미친 변화에 대한 서술들이다.

**연 습 문 제** 다음 글의 주장은 '한국의 자동차 산업은 차세대 전기자동차와 고급자동차 중심으로 재편되는 중국 시장의 수요 변화에 전략적으로 대응해야 한다.'이다. 이 주장의 근거를 논리적 순서로 배열하시오.

---

자동차는 지금 대중국 수출 효자품이다. 소형차를 만드는 한국의 모 자동차 회사의 주가는 지난 2년 사이에 11배 가까이 상승했다. 중국 바람이 그렇게 강했다. 그러나 중국의 석유를 먹는 자동차 시장은 얼마나 갈까?

지금 중국수출 효자상품인 자동차도 중국이 현재와 같은 속도로 자동차를 사기 시작하면 5년을 못 간다. 한국에서 모토라이제이션이 시작된 1988년 이후 보급률을 중국에 적용해 보면 현재 1억 대의 차량을 보유한 중국은 2016년이면 자동차 보급 대수가 2억 대, 2020년이면 3억 대를 초과한다. 베이징의 도로 사정을 감안한 최대 자동차 수용 능력은 670만 대인데, 2015년이면 이 수준에 도달한다.

그러면 베이징 시내에서 시속 15km로 달리기도 어려워질 것이다. 그때쯤 되면 주차장과 도로 부족으로 차량 수요는 한풀 꺾일 가능성이 크다. 중국 정부는 앞으로 전기자동차에 집중할 계획인데, 한국은 이 분야에서 중국보다도 뒤처져 있다.

한국 자동차 산업은 중국에서 전기자동차 연구센터를 만들고 중국에 맞는 전기자동차를 중국에서 개발할 필요가 있다. 한국 자동차가 오래 가려면 중국에 전기자동차를 팔아야 한다. 중국에서 석유자동차의 수명은 5~10년을 못 간다. 석유 먹는 자동차의 증설에 목을 맬 게 아니라 중국에 전기 자동차를 직접 개발하고 생산하는 것도 추진할 필요가 있다. 중국은 전기자동차에서 한국보다 이미 그 수준이 낮지 않기 때문이다.

자동차와 전자의 기초 소재인 철강 산업을 보면 중국의 철강 산업은 이미 4차 이동이 시작됐다고 보고 있다. 미국, 유럽에서 일본으로, 일본에서 한국, 한국에서 중국, 이젠 중국에서 동남아로 이전되고 있다는 것이다. 이를 다른 측면에서 해석해 보면 중국에서 전통적인 철강 산업이 한물가고 있고 굴뚝산업 그 자체는 끝났다는 것이다.

　　CEO가 '중국의 헨리 포드'라고 불리는 중국의 지리자동차가 유럽의 명차 볼보를 인수했고, 사브가 다시 중국 기업에 넘어간다. 최근 볼보는 상하이, 대경, 칭다오에 공장을 짓는다고 발표했다. 현재 중국정부의 관용차인 아우디를 볼보로 바꾼다는 설도 나돈다. 고급 자동차의 수요에 대응하는 중국의 전략은 이런 식이다. 고급자동차와 차세대 전기자동차에서 중국의 변화에 대응할 한국의 전략이 있어야 한다.

– 전병서, 『5년 후 중국』 발췌·수정

근거

**연 습 문 제** 다음 글의 주장은 '현재의 뉴타운사업은 원주민을 위한 사업이 아니다.'이다. 이 주장의 근거를 논리적 순서로 배열하시오.

　　뉴타운사업의 가장 심각한 문제는 주민을 위한 사업이 아닐 수 있다는 사실이다. 사실 뉴타운사업은 이미 대단히 불의한 상황을 빚어냈다. 3개 시범지구 중의 하나인 길음 뉴타운 2구역을 대상으로 한 『한겨레신문』의 조사는 그 생생한 예이다. 2005년 7월에 『한겨레신문』은 이 구역을 대상으로 뉴타운사업에 따른 모든 주민의 변화를 추적했다. 그 결과 놀라운 사실이 드러났다. 이곳의 원주민 입주율이 10%밖에 되지 않는다는 것이다. 길음 뉴타운 2구역의 결과를 예로 해서 말하자면, 뉴타운사업은 명백히 '가난한 원주민을 내쫓기 위해 벌이는 사업'의 성격을 갖는다. 가난한 주민들은 값비싼 아파트에서 도저히 살 수가 없다. 분양권이나 입주권을 받더라도 실제로 분양받거나 입주할 수 있는 경제적 능력이 없고, 또한 관리비를 낼 경제적 능력도 안 되기 때문에 또 다른 가난한 지역으로 떠나야 한다. 이들은 투기꾼들의 먹이일 뿐이다. 뉴타운사업이 정말로 가난한 주민들을 위한 사업이라면, 가난한 사람들이 살 수 있는 임대아파트 중심의 사업이어야 한다.

— 홍성태, 「개발주의를 비판한다」

근거

## 2) 기본요소 종합연습

① 다음 글에서 형식적 요약의 네 가지 기본 요소를 찾아 서술하시오.

대부분의 민주주의 국가에서 누군가를 정치인이라 부르는 것은 그 사람을 비웃는 얘기로 통한다. 공동체에서 여론이 좋은 사람들은 거의 예외 없이, 투표에서 이기려고 아등바등하지 않기 때문에 혹시 시도해도 실패하기 마련이고, 투표에서 이기는 사람들은 전적으로 훌륭하다고만 할 수 없는 분야의 전문가들인 경우가 많다.

이것은 민주주의의 개척자들이 미처 예견하지 못한 자가당착이다. 사실 그들의 시대에는 이런 현상이 없었다. 민주주의가 새것일 때는 위대한 사람들을 전면으로 불러내지만, 민주주의가 확고하게 자리를 잡게 되면 이 장점을 잃게 되어 있다. 왜 이런 일이 벌어지는가? …… 한 가지 이유는, 독자 출마한 후보는 어마어마한 규모의 운동자금을 주무르지 못하며 따라서 정치인들이 숙달해 있는 테크닉으로 대중의 열정을 불러일으킬 수 없다는 데 있다. 그러나 이 이유 역시도 우리를 끝까지 데려가지는 못한다. 사람들이 독자후보의 운동기금에 기부하는 것을 왜 그렇게 꺼리는가 하는 궁금증을 남기기 때문이다. 그 대답은 물론, 독자 후보들이 당선될 가능성이 별로 없다는 데 있으며, 이것은 독자 후부에게 표를 던지지 않는 이유이기도 하다. 그러나 이 대답은 우리를 맨 처음의 질문으로 되돌아가게 만들 뿐이다. 왜 그들은 당선될 가능성이 없는가?

내가 볼 때 그 궁극적인 이유는 습관만큼도 심오하지 못한 것에 있다. 사람들은 대부분 특정 후보의 장단점을 캐보지도 않고, 자신들이 항상 찍어왔던 표를 던진다. 그리고 그들이 항상 찍어주는 표는 그들의 아버지가 항상 찍었던 표와 동일하다. 이 얘기는 보수주의자들뿐 아니라 개혁주의자들에게도 똑같이 적용된다. …… 습관의 힘에서 벗어날 수 있는 사림은 아무도 없으며 설사 벗어난다 하더라도 의혹에 시달리는 상태가 되어 결국 아무것도 성취하지 못하는 것이다. 그러나 습관이 계속 지배하는 한, 훌륭한 사람들이 정치에서 기회를 갖기란 어려울 것이다.

그렇다면 아무 해결책이 없는가? 그렇다. 하지만 이것은 정도의 문제이다. 우리는 어느 정도까지는 습관의 지배를 받게 되지만 지금보다는 정도를 줄여서 받을 수 있을 것이다. 그리고 그 감소가 모든 것을 달라지게 할 수도 있다.

다른 한편으로 민주주의에서 정치인을 비판하는 것은 우리 자신들을 비판하는 것과 같다는 점을 기억하자. 우리의 수준이 곧 우리 정치인들의 수준이다.

– 버트런드 러셀, 「인간과 그 밖의 것들」

기본요소 형식적 요약지

| 구분 | 내용 |
|---|---|
| 현안문제 | |
| 핵심어와<br>그 의미 | |
| 주장 | |
| 근거 | |

학술적 글쓰기

② 다음 글에서 형식적 요약의 네 가지 기본 요소를 찾아 서술하시오.

디지털 기기의 도입은 음악 소비 패턴을 크게 바꾸었다. 물론 여전히 예전과 같은 음반 구매가 없는 것은 아니지만, 대개의 소비자들은 음반이 아닌 음원을 구매한다. 얼마 전까지만 해도 음원의 불법 다운로드로 인한 피해가 발생하여, 업계뿐만 아니라 연예인들까지 나서 불법 다운로드를 규탄하기도 하였지만, 요즘의 음원 시장은 비교적 정직해졌다. 소비자가 좋아하는 음원에 대한 정당한 대가를 지불하고 음악을 즐기는 경향이 일반화되었다. 이러한 음원 시장 내의 환경 변화에 결정적인 영향을 미친 것은 애플 아이팟의 성공이었다. 애플은 어떻게 음원 시장에서 성공할 수 있었던 것인가?

애플이 음원 시장에서 성공할 수 있었던 가장 중요한 이유는 소비자가 음원이라는 상품을 구매하고 사용하는 소비태도를 애플이 정확히 이해하고 있었기 때문이었다.

디지털 음원은 많은 기대를 받으며 등장하였지만, 불법적인 디지털 음원 유통으로 인해 관련 업계는 기대만큼의 수익을 얻을 수 없었다. 그 당시 관련 업계에서는 이러한 불법적 디지털 음원 유통이 음원 플레이어 기기의 성능 부족과 소비자의 부도덕성에서 기인하는 것으로 보았다. 이러한 원인 파악에 따라 불법 유통에 대한 대처는 한 편으로는 기기의 성능 향상에, 다른 한편으로는 소비자의 부도덕성에 대한 비난에 집중되었다. 그러나 애플의 대처는 달랐다. 애플은 디지털 음원의 소비자들이 사실 기기에 거는 기대치가 크지 않다는 것을 파악하였다. 매우 높은 성능을 갖춘 오디오 시스템이 아니더라도 즐기는 데 큰 문제가 없는 음원들이 많이 유통되었기 때문이었다.

또한 실제 소비자의 상품 구매에서 구매의 편리성이 매우 중요한 판단 요소라는 점에 착안하여, 디지털 음원의 불법 유통이 디지털 음원에 대한 접근성의 문제이지 소비자의 부도덕성의 문제는 아니라고 애플은 파악하였다. 이에 애플은 소비자의 부도덕성에 대한 비난이 아니라 오히려 디지털 음원에 대한 접근성을 단순화시키는 전략을 채택하였다. 이러한 전략 하에 애플은 음원의 구매와 다운로드의 과정을 편리하게 만드는 데 주력하였다. 이렇게 애플은 아이팟이라는 기기를 통해 음원의 유통과 소비가 일원될 수 있는 편리한 소비 환경을 조성하였으며, 이 소비 환경 속에서 소비자들은 기꺼이 자신의 돈을 지불하였고, 애플은 디지털 음원 시장을 지배하는 데 성공을 거두게 되었다.

형식적 요약(기본요소)

| 구분 | 내용 |
|---|---|
| 현안문제 | |
| 핵심어와 그 의미 | |
| 주장 | |
| 근거 | |

③ 다음 글에서 형식적 요약의 네 가지 기본 요소를 찾아 서술하시오.

사람들은 왜 글을 읽는가? 거의 대다수 사람들이 '읽지 않는다'고 대답할 것이다. 인류의 과반수가 아무것도 읽지 않는다. 그리고 그 나머지 가운데 과반수는 그림이 들어간 종이만 읽는다. 그림 종이보다 나은 것을 읽는 사람들 가운데 과반수도 절대로 책 수준까지는 가지 못한다. 아무튼 책─심각한 책, 가벼운 책, 깊이 있는 책, 피상적인 책, 과학도서, 문학도서, 소름끼치는 책까지 모두 통틀어─을 읽는 사람들을 몽땅 합쳐도 인구의 아주 작은 일부에 불과하다.

그런데 그들끼리도 온갖 잡다한 방식으로 차이를 보인다. 우선 정보를 얻기 위해 읽는 사람들이 있는데 대체로 아주 어린 사람들이다. 자기의 편견을 확증받기 위해 읽는 사람들도 있는데 이른바 다 자란 사람들이다. 그러나 상당수의 독자들이 추구하는 것은 지식이나 자기소견에 대한 지지가 아니라, 현실에서 벗어나 상상의 세계로 들어가는 것이다.

이 도피는 갖가지 형태를 띤다. 가장 노골적인 종류는 무수한 삼류소설이나 영화들에 의해 공급되는데, 무명의 젊은 남자 혹은 여자가 두드러진 성공을 거두거나 부자와 결혼하는 식의 내용이다. 그보다 약간 더 높은 수준에서는, 역사에서 혹은 지난 시대의 영광을 상상하는 데서 도피를 구하는 사람들이 있다. 훨씬 더 높은 단계의 사람들은 천문학 같은 주제들로 들어간다. 진스나 애딩턴(둘 다 영국의 천문학자)의 책들이 성공을 거두는 데는 별들이 아주 조용한 생활을 하는 듯 보인다는 점이 한 이유로 작용한다. 별들은 세금징수원 때문에, 아이들이 아파서, 혹은 직장 스트레스로 고생하는 일이 없다. 당신이 상상 속에서 별 혹은 성운과 자신을 동일시할 수 있게 되면 놀라우리만치 위로가 된다는 것을 알게 될 것이다.

그러나 사람들이 위로 받기만 원하는 것은 아니다. 짜릿한 흥분도 얻고 싶어한다. 내 경우에도 바로 이 후자의 욕구가 독서의 대부분을 지휘한다. 나는 내가 쓰는 유의 책들을 절대로 읽지 않는다고 말하는 게 습관이 되었다. 내가 읽는 유(類)의 책을 쓸 수 있었다면 내가 썼을 테지만, 그 재능은 받지 못했다. 내가 즐기는 독서는 탐정소설들로 구성된다. 만약 내가 탐정소설을 쓸 수 있었다면 오늘날처럼 의문 상태인 인간의 행복에 기여한다고 나 스스로 믿어 의심치 않았을 것이다.

탐정소설, 시, 천문학 이 모든 것들이 이른바 '현실' 도피의 다양한 형태들을 대변한다. 현실도피욕은 아주 나쁜 것이라고 정신 분석가들은 말하지만 내가 볼 때는 과장된 얘기다. 그리고 그들은 몇 가지 필수적인 구분조차 하지 못하고 있다. 현실에서 벗어나고픈 욕구가 나쁜 것으로 되는 경우는, 그 욕구가 망상을 유발하거나 자신의 일을 소홀히 하게끔 만들거나 할 때이다. 사람이 아주 곤궁해지거나 채권자들한테 심하게 부대끼게 되면 자신을 프랑스 은행의 총수라고 믿음으로써 위안을 얻기도 한다. 이런 형태의 현실도피는 비난받아 마땅하다. 젊은 여성이 코페투아 왕과 거지 소녀(엘리자베스 여왕 시대의 유명한 민담. 번존스의 그림과 테니슨의 시에서도 다루어졌음)식의 낭만적 이야기에 푹 빠져 일을 소홀히 하다 결국 직장을 잃게 될 수도 있다. 이 경우 역시도 개탄할 일이다.

그러나 완벽하게 바람직한 현실도피도 있다. 모차르트는 빚 독촉과 부채를 잊어버리기 위해 곡을 만들었고 환상의 세계로 달아날 수 있었다. 만약 그가 저명한 정신 분석가들의 충고에 따랐다면 곡을 만들기보다는, 받는 돈과 지출의 대차대조표를 세밀하게 작성하고 그 두 항목의 균형을 맞출 수 있는 절약 방안을 짜기 시작했을 것이다. 그 짓을 하느라 수입마저 끊겨버렸을 것이니 우리는 그의 음악을 영원히 듣지 못했을 것이다. 이처럼, 그런 유의 상상의 세계로 들어감으로써 현실을 좀 더 잘 견뎌낼 수 있는 수단으로 사용되는 현실도피는 문제될 것이 없다.

내가 볼 때, 현실도피라는 이러한 동기가 없었다면 세상에서 가장 큰 즐거움을 주는 것들 대다수가 탄생되지 못했을 것이다. 따라서 이 동기―달아나고자 하는 욕구―에 이끌려 독서하는 사람들을 그 이유로 비난해서는 안 된다는 것이 내 생각이다.

― 버트런드 러셀, 『인간과 그 밖의 것들』

형식적 요약(기본요소)

| 구분 | 내용 |
|---|---|
| 현안문제 | |
| 핵심어와 그 의미 | |
| 주장 | |
| 근거 | |
| 현안문제 | |

## 3) 부가지침 연습

### ① 함축

**예 시 사 례** 다음 글에서 저자의 견해가 함축하는 바를 서술하시오.

어떤 이가 마치 레이건처럼 다음과 같이 말했다고 해보자. "나는 개인적으로 낙태에 반대하지만, 태아가 언제부터 생명을 가진 것으로 간주하는가의 문제는 과학에 맡겨야 한다." 이는 개인적인 수준에서 표출된 과학만능주의다. 이 주장에 이의를 제기하는 과학자가 없을 때, 어떤 신문도 '과학' 면을 통해 반박하지 않을 때, 모든 사람들이 알게 모르게 이런 환상의 영속화에 협조할 때, 과학만능주의는 문화적 수준으로 확장된다. 과학은 언제 태아의 심장박동이 시작되고, 언제부터 움직이기 시작하는지를 말해줄 수 있으며, 임신기간에 따른 태아의 생존비율에 대한 통계치도 알려줄 수 있다. 그러나 '인생', 인간의 상태, 혹은 인간성과 같은 것에 대한 '참된' 정의를 내리는 데 있어서 과학은 평범한 인간들보다 더 나은 권위를 갖지 않는다. 사회연구는 사람들이 스스로 합법적이라고 인정하는 권위 앞에서 어떻게 행동하는지를 말해줄 수 있다. 그러나 언제 그 권위가 '합법성'을 갖추게 되며, 우리가 어떤 결정을 내려야 하는지, 그리고 그것이 언제 복종하는 것이 옳고 그른지에 대해서는 말해줄 수 없다.

– 닐 포스트먼, 『테크노폴리』

**함축**

과학만능주의를 경계해야 한다.

(해설) 위 글의 주장은 '태아를 언제부터 인간으로 볼 것인가를 정하는 데 있어 과학에 의존할 수 없다'는 것이다. 이 주장이 함축하는 바를 이 글의 세부논점과 관련하여 찾는다면 무엇이 될까?

**연 습 문 제** 다음 글에서 '나'의 주장은 "개의 죽음과 이의 죽음이 다를 것이 없다."는 것이다. 이 주장이 함축하는 바를 서술하시오.

어떤 손(客)이 나에게 이런 말을 했다. "어제 저녁에 아주 처참한 광경을 보았습니다. 어떤 불량한 사람이 큰 몽둥이로 돌아다니는 개를 쳐서 죽이는데, 보기에도 너무 참혹하여 실로 마음이 아파서 견딜 수가 없었습니다. 그래서 이제부터 맹세코 개나 돼지의 고기를 먹지 않기로 했습니다." 이 말을 듣고, 나는 이렇게 대답했다. "어떤 사람이 불이 이글이글하는 화로를 끼고 앉아서, 이(蝨)를 잡아서 그 불 속에 넣어 태워 죽이는 것을 보고, 나는 마음이 아파서 다시는 이를 잡지 않기로 맹세했습니다." 손이 실망하는 듯한 표정으로, "이는 미물이 아닙니까? 나는 덩그렇게 크고 육중한 짐승이 죽는 것을 보고 불쌍히 여겨서 한 말인데, 당신은 구태여 이를 예로 들어서 대꾸하니, 이는 필연코 나를 놀리는 것이 아닙니까?" 하고 대들었다. 나는 좀 구체적으로 설명할 필요를 느꼈다. "무릇 피(血)와 기운(氣)이 있는 것은 사람으로부터 소, 말, 돼지, 양, 벌레, 개미에 이르기까지 모두가 한결같이 살기를 원하고 죽기를 싫어하는 것입니다. 어찌 큰 놈만 죽기를 싫어하고, 작은 놈만 죽기를 좋아하겠습니까? 그런즉, 개와 이의 죽음은 같은 것입니다. 그래서 예를 들어서 큰 놈과 작은 놈을 적절히 대조한 것이지, 당신을 놀리기 위해서 한 말은 아닙니다. 당신이 내 말을 믿지 못하겠으면, 당신의 열 손가락을 깨물어보십시오. 엄지손가락만이 아프고 그 나머지는 아프지 않습니까? 한 몸에 붙어 있는 큰 지절(支節)과 작은 부분이 골고루 피와 고기가 있으니, 그 아픔은 같은 것이 아니겠습니까? 하물며, 각기 기운과 숨을 받은 자로서 어찌 저 놈은 죽음을 싫어하고 이놈은 좋아할 턱이 있겠습니까? 당신은 물러가서 눈 감고 고요히 생각해보십시오. 그리하여 달팽이의 뿔을 쇠뿔과 같이 보고, 메추리를 대붕(大鵬)과 동일시하도록 해보십시오. 연후에 나는 당신과 함께 도(道)를 이야기하겠습니다."

라고 했다.

─이규보, 『슬견설』

함축

연 습 문 제 다음 글에서 저자의 견해가 함축하는 바를 서술하시오.

다음과 같은 질문을 제기하는 역사학자는 드물다. 역사학자들은 우루크와 바빌론의 시민이 자신들의 수렵채집인 선조보다 행복했을까, 이슬람교가 등장해서 이집트인들의 삶이 더욱 만족스러워졌을까, 아프리카에서 유럽 제국이 붕괴한 것이 수없이 많은 사람들의 행복에 어떤 영향을 미쳤을까를 묻지 않는다. 하지만 이것은 사람이 역사를 향해 물을 수 있는 가장 중요한 질문들이다. 현대 이데올로기와 정치 프로그램 대부분은 무엇이 진정 인간을 행복하게 하는가에 대해서는 거의 모른다. 민족주의자는 정치적 자기결정권이 우리 행복에 필수요소라고 믿는다. 공산주의자는 프롤레타리아 독재가 시행되면 모두가 행복해질 것이라고 가정한다. 자본주의자는 오로지 자유시장만이 최대다수의 최대행복을 보장할 수 있다고 주장한다. 자유시장이 경제를 성장시키고 물질적 풍요를 가져오면, 사람들로 하여금 자립적이고 기업가적인 진취성을 갖도록 가르친다는 것이다.

학술적 글쓰기

만일 진지한 연구조사 결과 이런 가정이 틀렸다는 것이 증명된다면 어떨까? 만일 경제성장과 자립이 사람들을 행복하게 만들지 않는다면, 자본주의의 이점은 무엇일까? 만일 대제국의 신민이 독립국의 신민보다 일반적으로 더 행복하다는 사실이 확인된다면, 예컨대 가나 사람들이 영국의 식민지배를 받았던 때가 내부에서 자라난 독재자의 지배를 받을 때보다 더 행복했을 것으로 판단된다면, 어찌 되는가? 이것이 사실이라면 우리는 탈식민지화 과정에 대해, 민족 자결의 가치에 대해 뭐라고 말할 것인가?

이 모두는 가설적 가능성에 불과하다. 지금까지 역사학자들은 이런 질문에 대답하는 것은 고사하고 질문을 제기하는 것 자체를 피해왔기 때문이다. 그들은 모든 것의 역사를 연구했다. 정치, 사회, 경제, 성 역할, 질병, 성적 특질, 식량, 의복…… 하지만 이것들이 인류의 행복에 어떤 영향을 미치는지 멈춰서 생각하는 일은 드물었다.

— 유발 하라리, 『사피엔스』

함축

② 배경

**예시사례** 다음 글의 논의 배경을 추정하여 서술하시오.

2004년 여름, 멕시코 만에서 세력을 일으킨 허리케인 찰리가 플로리다를 휩쓸고 대서양으로 빠져나갔다. 그 결과 스물두 명이 목숨을 잃고 110억 달러에 이르는 손실이 발생했다. 뒤이어 가격 폭리 논쟁이 불붙었다. 올랜도에 있는 어느 주유소는 평소 2달러에 팔던 얼음주머니를 10달러에 팔았다. 건설업자들은 지붕을 덮친 나무 두 그루를 치우는 데 무려 2만 3000달러를 요구했다. 일흔일곱의 할머니는 나이 든 남편과 장애가 있는 딸을 데리고 허리케인을 피해 모텔에서 묵었다가 하루 방값으로 160달러를 지불해야 했다. 평소 요금은 40달러였다. 플로리다 주민들은 바가지요금에 분통을 터뜨렸다. 《USA 투데이》는 '폭풍 뒤에 찾아온 약탈자'라는 머리기사를 실었다. 한 주민은 지붕 위로 쓰러진 나무 한 그루를 치우려면 1만 500달러가 들 것이라며 "남의 고통과 불행을 이용해 이익을 챙기는" 행위는 옳지 않다고 말했다. 플로리다 주 법무장관 찰리 크리스트도 같은 생각이다. "기가 막힐 일이다. 허리케인이 지나간 뒤에 남의 고통을 이용해먹으려는 사람들의 탐욕이 도를 넘었다." 그러나 일부 경제학자들은 주민들의 분노에 오해의 소지가 있다고 주장했다. 중세 철학자와 신학자들은 전통이나 물건 본래의 가치로 결정되는 '공정 가격'에 따라 물물교환을 해야 한다고 생각했다. 그러나 경제학자들이 지켜본 결과, 시장 사회로 진입하면서 가격은 수요와 공급으로 결정되었을 뿐 '공정 가격' 따위는 존재하지 않았다. 자유 시장 경제학자인 토머스 소웰에 따르면 얼음, 생수, 지붕 수리, 발전기, 모텔 방의 가격이 높아지면 수요자는 소비를 억제하고 공급자는 허리케인 피해를 입은 먼 곳까지도 재화와 용역을 공급하려는 요구가 높아지는 장점이 있다. 뜨거운 8월에

학술적 글쓰기

플로리다가 정전되었을 때 얼음주머니 가격이 10달러라면, 제조업자는 얼음을 더 많이 생산해 나르려 할 것이다. 소웰은 비싼 값이 전혀 부당하지 않다면서, 그것은 구매자와 판매자가 서로 교환할 물건에 부여하기로 한 가치일 뿐이라고 설명했다.

– 마이클 샌델, 『정의란 무엇인가』

| 배경 | 시장 사회가 공정한가를 논의하기 위함 |
| --- | --- |
| | (해설) 논의의 소재가 되는 특정 사건에 주목하기보다는 현안문제가 다루어지게 된 배경에 주목해야 한다. |

**연 습 문 제** 다음 글의 논의 배경을 서술하시오.

고백하건대, 나도 한다. 대다수 서구 여성처럼 정기적으로 하며, 그때마다 죄책감을 동반한 즐거움을 느낀다. 엄청난 유혹을 느낄 때 양심의 소리에 귀를 기울이기란 쉽지 않다. 스페인의 자라나 스웨덴의 H&M, 영국의 프리마크 같은 싸고 트랜디한 패션 쇼핑 이야기다.

최근 패션산업은 솜씨 좋은 디자이너들을 고용해 트랜드에 맞는 의류와 액세서리들을 찍어내는 소매체인의 등장으로 새롭게 탈바꿈하고 있다. 이런 혁명은 과거에 특정 스타일을 명령하고 의상을 업데이트하는 데 과도한 투자를 하도록 강요하던 패션산업의 횡포로부터 서구 여성들을 자유롭게 했다.

서구 여성들은 이런 대량생산 매장에 들어가면 올여름의 '머스트 해브 아이템'인, 그러나 불과 내년이면 지저분해 보일 게 뻔한 꽃무늬 드레스를 단돈 12달러에 사는 달콤하고 자유로운 선택권을 갖는다. 그러나 서구 여성의 이런 자유는 문자 그대로 전 세계 개발도상국 여성들의 희생 덕분이다. 어떻게 프리마크 및 서구의 그 경쟁업체들과 시내 중심가 상가들은 이런 멋진 옷들을 그렇게 싸게 파는가? 방글라데시, 중국, 멕시코, 아이티 등지의 여성들을 굶주리게 하고 억압해서다.

우리 모두는 싼 옷들이 대개 저임금 노동착취 조건에서 여성에 의해 만들어진 다는 것을 알고 있다. 그리고 우리는 전 세계 노동착취 현장에서 여성들이 문이 잠긴 작업장에서 오랜 시간 화장실 사용조차 금지된 채 일하며, 성적 학대에 시 달리고, 노조는 폭력적 방법으로 파괴되고, 각종 형태의 억압적 상황에서 일한다 는 보도를 알고 있으며, 알아야만 한다. 그러나 가족의 어떤 비밀이든 직접적으로 맞닥뜨리면 불편해지는 것처럼, 서구 여성들은 이런 현실에 눈을 감았다.

미국에서는 노동력 착취 공장에서 생산되는 티셔츠 불매운동이 더 공정한 무 역을 이끌었고, 여성 소비자들이 주도한 커피와 농산물 불매운동이 대형 슈퍼마 켓들에 공정무역품을 구매하도록 만들었다. 더 부유한 여성들도 과거에 효과적인 노동착취 제품 불매운동을 벌인 역사가 있다. 빅토리아시대에 가난한 여성들은 부유한 여성들을 위한 정교한 자수들을 만드는 '바느질 산업'에 종사하며 시력을 잃어갔다. 이에 혐오감을 느낀 부유층 여성 소비자들은 상황을 개선하라고 압력 을 넣었다. 이와 대조적으로, 오늘날에는 선진국 여성들이 저가 물건 제조업자들 의 세계적 착취에 반대하는 운동은 찾아보기 힘들다. 우리들의 돈이 변화를 만들 어내기에 충분히 강력한 도구인데도 말이다.

이유는 간단하다. 우리가 노동착취 방식으로 만들어진 제품들을 좋아하기 때 문이다. 하지만 착취를 당하고 억압받는 전 세계 저개발국 여성들이 목소리를 높 이고 있다. 지난달에는 마크스, 스펜서, 테스코, 월마트 같은 서구 바이어들에 제 품을 공급하는 방글라데시 의류공장 수백 곳에서 수만 명의 노동자들이 임금인상을 요구하며 며칠 동안 격렬한 저항을 벌였다. 경찰이 고무총탄과 최루탄을 발사해 수백 명이 다쳤으나, 노동자들은 물러서지 않았다.

　방글라데시 의류산업에서 일하는 200만 노동자의 대부분은 여성이며, 한 달에 겨우 25달러를 받는다. 의류제조 노동으로는 세계 최저 임금이다. 이들은 월급을 70달러로 올려줄 것을 요구하고 있다. 방글라데시 정부는 최저임금 인상을 고려 중이다. 만약 그렇게 된다면, 세계에서 가장 억압받는 노동자들 중 하나였던 이들은 중요한 승리를 거두고 세계의 다른 여성 노동자들도 고무할 것이다.

　서구 여성들은 소비 패턴을 올바르게 바꾸는 방법을 찾아야 한다. 공정무역 경제를 지지하자. 그리고 불공정한 고용 관행으로 지목된 할인점에서의 쇼핑을 거부하자. 노동력 착취의 속박에 묶인 세계 여성들이 이 중대한 싸움에서 이긴다면, 프리마크의 멋진 옷에는 좀 더 공정한 가격이 매겨질 것이다. 레이스가 달린 사랑스러운 샌들이 한 컬레에 겨우 3달러? 노동자의 희생을 고려할 때 그 가격은 지나치게 싸다.

－ 나오미 울프, 「값싼 패션을 위한 비싼 대가」

배경

1795년 봄, 영국 노동자와 빈민들의 분위기가 심상치 않았다. 한 해 전 농사가 흉작인데다가 프랑스에는 혁명이 일어나고 있어 곡물 수입도 막혔다. 대중은 기아에 지치고 분노했다. 혁명의 불씨가 곧 영국으로 넘어올 기세였다. 영국 남부 버크셔 주 치안판사들은 무언가 혁신적인 빈민구제책이 없으면 곧 큰일이 닥치리라는 위기의식을 느끼고 있다.

치안판사들은 스피넘랜드에 있는 한 여관에 회합해 머리를 맞댔다. 그들은 성인 남자를 기준으로 1주일에 빵 12kg에 해당하는 소득이 최소한 필요하다고 보고, 노동자의 임금이 그 소득에 못 미칠 때는 보조금을 지급하기로 결정했다. …… 보조금은 지방의 구빈세(救貧稅)로 충당하기로 했다. 누구든 노동 여부에 상관없이 최소소득을 보장하기로 한 이 제도는 '스피넘랜드법'으로 불렸다.

보수파는 스피넘랜드법에 반대했으며, 정부는 왕립 조사위원회를 구성하여 농촌 빈곤을 조사하였으며, 스피넘랜드법도 함께 조사하였다. 조사위원회 보고서에서 스피넘랜드법 시행 후 노동자의 삶이 타락했고 궁핍해졌다고 주장했다. 노동자들은 게을러졌다. 최소소득이 보장되기 때문이다. 임금이 떨어졌다. 고용주들이 정부가 어차피 보조금을 줄 것이라며 노동자 임금을 낮추었기 때문이다. 노동자의 성도덕이 문란해지면서 인구가 빠르게 늘어 궁핍의 원인이 되었다. 원조를 기대하고 스스로 빈민이 되는 이들도 있었다. 국가의 빈민 구제 예산은 증가했다. 한마디로 스피넘랜드법은 부도덕의 원천이었다.

그러나 역사학자들에 따르면 스피넘랜드법은 성공적이었다. 노동자들은 나태해지지 않았다. 노동자의 소득이 증가해도 보조금이 사라지지 않고 어느 정도까지는 지급되었기 때문에 일을 그만두지 않을 동기가 있었다. 지주들이 임금을 깎으려 했지만, 1790년에서 1830년까지 경기가 상승하면서 노동력을 구하기 위한 지주들의 경쟁이 치열해져 임금 수준은 유지되었다.

하지만 1834년 스피넘랜드법은 완전히 폐지되었다. 최저생계보장을 인간의 기본권으로 본 법, 최초로 현금 지급 방식을 택한 복지제도는 사라졌다. 그 뒤를 이은 '신빈민법'은 무자비했다. 스피넘랜드법에 대한 잘못된 평가는 잘못된 교훈, 즉 가난한 사람에게는 엄격한 관리와 규율이 필요하며, 노동 능력이 없는 사람에게 무조건적인 복지를 제공해서는 안 된다는 생각을 낳았다. 그러나 스피넘랜드의 진짜 교훈은 알려진 것과는 정반대다. 생계를 보장하는 최소소득을 기본권으로 제공하더라도, 노동자는 도덕적으로 타락하지 않는다는 점이다. 결국, 가난한 사람에게 공짜 돈을 주면 문제를 악화시킨다는 생각은 선입견에 불과한 것이다.

– 오준호, 『기본소득이 세상을 바꾼다』 발췌 수정

배경

③ 관점

**예 시 사 례** 다음 글에서 저자의 관점을 추정해 밝히시오.

인공유산과 관련된 찬반 논쟁에서 "태아가 인간인가 아닌가?"는 중요한 쟁점이다. 아직 태어나지 않은 태아를 언제부터 인간으로 볼 것인가에 관해, 어떤 사람은 뇌가 기능하기 시작하고 뇌파가 관찰될 수 있을 때 인간 생명이 시작한다고 주장하고, 어떤 사람은 태동(胎動)을 인간 생명의 시작이라고 주장하고, 어떤 사람은 태아가 산모로부터 독립되는 출생 후부터라고 주장한다. 그러나 이렇게 경계선을 긋는 노력보다는 임신과 동시에 생명이 작동한다는 점에서 생명 보호라는 대전제를 통하여 새로운 풍토 조성에 노력해야 한다. 즉 하나님께서 생명을 주신 목적을 살리고, 인간은 받은 생명을 책임 있게 관리하는 노력을 해야 한다는 것이다.

| 관점 | 기독교적 관점<br><br>(해설) 이 글의 저자는 태아의 생명을 빼앗는 인공유산을 해서는 안 된다는 주장을 하고 있다. 이 주장을 정당화시키는 근거들을 주의 깊게 살펴보면, 저자의 관점을 추정할 수 있다. |
| --- | --- |

**연 습 문 제** 다음 글에서 저자의 관점을 추정해 밝히시오.

기린의 목은 원래 길었을까? 화석 증거에 따르면, 기린의 조상은 지금의 목 길이를 가지고 있지 않았다고 한다. 이러한 기린의 목 길이 변화에 대한 설명 중의 하나는 라마르크의 용불용설(用不用說)이었다. 이 학설에 따르면 신체의 기관은 사용하면 할수록 발달하고 사용하지 않으면 않을수록 퇴화하며, 이 결과는 후손에게 전달된다. 따라서 기린의 목 길이가 늘어난 것은 목의 반복적인 사용과 그 결과의 유전에 기인된 것으로, 높이 있는 나뭇잎을 먹기 위한 기린의 생존 노력이 근원적인 원인인 것이다. 하지만 이 설명의 가장 큰 문제는 획득형질이 후대에 유전될 수 없다는 점이다. 획득형질이 후대에 유전될 수 없다면, 제아무리 목을 많이 사용한다고 하더라도, 그것이 후대의 목 길이에 영향을 미칠 수 없기 때문이다. 획득된 형질이 유전되지 못한다면, 기린의 목 길이 변화는 형질 그 자체에서 설명되어야 한다. 다시 말해 기린의 목 길이는 원래 짧은 것에서 긴 것까지 다양하게 있었으며, 이것들 간의 경쟁의 결과 목이 긴 형질을 가진 기린들이 생존하게 된 것이다. 그리고 이 형질의 진화를 통해 기린들이 현재의 목 길이를 갖게 된 것이다.

**관점**

**연 습 문 제** 다음 글에서 저자의 관점을 추정해 밝히시오.

원자력 발전의 경제성을 확인하기 위해서는 다른 발전 방법과 비교해볼 필요가 있다. 총 비용 대비 발전전력량을 계산하여 비교해보면, 1kWh 당 비용은 석탄은 약 120원, 천연가스는 135원, 석유는 약 350원으로, 약 100원인 원전보다 모두 높았다. 한편 재생 에너지의 경우 원전에 비하여 연료비가 들지 않지만, 발전비용에 차지하는 건설비용과 공사비 등의 초기 자본비용이 매우 높다. 결국 원전은 화력발전보다 저렴하고, 재생에너지에 비해 약 절반의 비용이 든다. 물론 원전의 위험성도 경제성의 중요한 고려 대상이다. 사고 발생으로 인한 비용이 엄청날 수 있기 때문이다. 실제 후쿠시마사고의 경우 20조원이 넘는 대응비용뿐 아니라, 재발 방지를 위한 부대비용이 지속적으로 발생하고 있다. 그렇지만 원전사고는 매우 드 문 일이다. 게다가 합리적인 투자를 통해서 원전의 안전성을 지속적으로 향상시 킨다면, 경제적으로 화력이나 재생에너지 발전보다 훨씬 더 큰 효율성을 기대할 수 있다. 원전은 약 40년에 걸쳐 장기적으로 운용할 수 있기 때문에, 장기간 엄청 난 양의 전기를 안정적으로 생산해낼 수 있다. 따라서 현재로서는 발전 비용 측면 에서 원전에 다른 발전에 비하여 우위를 점하고 있다는 점은 분명하다.

관점

④ 기본 가정

**예 시 사 례** 다음 글의 기본 가정을 서술하시오.

최근 보고된 연구는 생활의 복잡성과 폭력성이 밀접하게 연관된다는 점을 잘 보여준다. 이 보고서에 따르면, 실험실의 쥐들을 좁은 공간 내에 가두어 생활공 간의 밀집 수준을 크게 늘린 결과, 그 이전보다 쥐들이 난폭한 행동을 하는 비 율이 크게 증가하였다. 이 연구 결과는 도시 폭행범죄율 증가가 도시 내에 거주 하는 사람들의 복잡한 생활에서 기인된다는 견해를 뒷받침한다.

| 기본 가정 | 쥐의 행태와 인간의 행태는 유사하다. |
|---|---|
| | (해설) 쥐를 이용한 실험 결과가 인간의 행위를 예측하는 데 활용되고 있다는 점에 주목해보자. |

**연 습 문 제** 다음 글의 기본 가정을 서술하시오.

> 재판은 인간이 하는 심판이므로 오판을 절대적으로 배제할 수는 없고 오판이 시정되기 이전에 사형이 집행되었을 경우에는 비록 후일에 오판임이 판명되더라도 인간의 생명을 원상으로 복원시킬 수는 없는 것이므로 사형 제도는 어떠한 이유로도 그 정당성을 설명할 수는 없다고 할 것이다.
>
> — 헌법재판소 1996년 11월 28일 판결문 중 소수 의견

| 기본 가정 | |
|---|---|

**연 습 문 제** 다음 글의 기본 가정을 서술하시오.

> "행복감을 인간이 왜 느낄까?"라는 질문으로 이 챕터를 시작했다. 여러분은 어떤 대답을 했을지 궁금하다. 나의 간결하고도 건조한 답은 "생존, 그리고 번식"이다. 아무리 쥐어짜봐도 낭만이라고는 한 방울도 나오지 않을 이런 얘기를 나는 왜 굳이 주장하는가? 지금까지 행복을 연구하는 학자들을 포함해 대부분의 사람이 행복을 너무 로맨틱하고 관념적인 관점에서 바라보고 있다. 아리스토텔레스 이후

이런 '행복 신비주의'가 탄생했을 것이다. 앞에서 말했듯이 그는 행복이 최상의 선이라고 규정하며 존재의 최종적인 이유와 목적이 행복이라고 주장했다. 많은 사람에게 익숙한 생각이다. 모든 것은 결국 행복해지기 위해서라는. 이 생각이 틀렸다는 건 아니다. 다만 상당히 인간중심적이고 비과학적인 생각이다. 벌집을 비집고 들어가 벌들에게 존재의 이유를 물으면, 그 녀석들은 아마도 한 목소리로 "꿀"이라고 외칠 것 같다. 역시 틀렸다기보다는 벌의 관점에서 좁게 생각하고 있는 것이다. 하지만 자연의 대법칙에 스티븐 호킹(Stephen Hawking) 박사가 쓰는 확성기를 대면 이런 말이 나올 것이다. "아아— 주목. 인간과 벌, 특히 인간. 모든 생명체의 최종 목적은 행복도 꿀도 아니란다. 오직 하나, 생존이다." 그렇다. 생명체는 행복하기 위해 사는 것이 아니다. 호모 사피엔스의 존재 이유도 벌, 선인장, 꽃게와 마찬가지로 생존이다. 당연한 얘기다. 하지만 이것을 행복과 연결시키면 당연하지 않은 결론이 나온다. 이 새로운 관점으로 보면 행복은 삶의 최종적인 이유도 목적도 아니고, 다만 생존을 위해 절대적으로 필요한 정신적 도구일 뿐이다. 행복하기 위해 사는 것이 아니라, 생존하기 위해 필요한 상황에서 행복을 느껴야만 했던 것이다.

— 서은국, 『행복의 기원』

기본 가정

# 2.5 요약 종합 연습

① 다음 글을 형식적으로 요약하시오.

전직 과학기술 담당 장차관과 과학자 등 원로들이 한 목소리로 "탈원전 에너지 정책을 전면 철회하라"고 촉구했다. 김우식 전 부총리 겸 과학기술부 장관, 김명자 전 환경부 장관 등 원로 13명은 19일 "탈원전 중심의 에너지 전환 정책 추진으로 원자력 산업 생태계 붕괴와 수출 경쟁력 쇠퇴 등 부작용이 나타나고 있어 심히 우려된다"며 대통령에게 건의문을 전달했다.

이들은 원자력 산업의 핵심인 고급인력이 경쟁국가로 유출되고 있는 데 대해서도 우려를 표명했다. 원전 인력의 엑소더스는 기술 유출, 산업 생태계 파괴로 이어질 가능성이 크다는 점에서 실로 걱정스럽다. 원자력 연구와 산업 발전에 일생을 바친 5명의 원로 과학자들도 "원자력이 무너지면 대한민국이 망한다"며 정부 정책을 강하게 비판했다. 장인순 전 원자력연구원장은 "전 세계에서 원전기술이 가장 뛰어난 대한민국에서 탈원전은 21세기 미스터리"라고 했다. 세계적인 기술을 보유하고도 탈원전 정책에 매몰돼 스스로 먹거리를 팽개치고 있는 현 상황에 대해 불만을 토로한 것이다.

올해는 원자력연구원 설립 60주년으로 의미 있는 해이지만 탈원전 정책 탓에 원전산업은 더 홀대받고 있다. 원전산업의 미래가 어두워지면서 전문인력을 배출해온 관련 학과들도 어려움을 겪고 있다. 올해 하반기 KAIST 원자력 및 양자공학과 전공선택자가 한 명도 없었던 것은 교육 생태계가 소리 없이 무너지고 있다는 방증이다. 원전 수출 기반도 붕괴 위기에 처했다. 2009년 12월 아랍에미리트 (UAE)로부터 원전 4기를 수주하는 쾌거를 거뒀지만 탈원전을 추진한 이후 영국 무어사이드 원전이 좌초되는 등 이렇다 할 성과를 내지 못하고 있다. 정부는 국내에서는 탈원전, 해외 원전 수출은 확대라는 '투트랙 전략'을 고수하고 있지만 우리가 안전을 이유로 꺼리는데 어느 나라가 우리에게 원전 건설을 맡기겠는가. 중국과 러시아가 정부의 전폭적인 지원에 힘입어 해외 원전시장을 공략하고 있으니 이러다간 원전시장을 다 뺏길지도 모른다.

원로들은 수출 확대 전략 수립뿐 아니라 공정률이 30%나 진척된 상태에서 중단된 신한울 3·4호기 원전 건설의 조속한 재개를 건의했다. 오죽하면 과학계 원로들이 탈원전 정책의 궤도 수정을 호소하고 나섰겠는가. 원자력 불모지 한국을 수출국 반열에 올려놓은 원로들의 의견에 귀 기울여야 한다.

－「최고 기술 한국 탈원전은 21세기 미스테리」 발췌 수정

형식적 요약(종합)

| 구분 | 내용 |
| --- | --- |
| 현안문제 | |
| 핵심어와 그 의미 | |
| 주장 | |
| 근거 | |

| | |
|---|---|
| 근거 | |
| 함축 | |
| 배경 | |
| 관점 | |
| 기본가정 | |

② 다음 글을 형식적으로 요약하시오.

경제학의 아버지 아담 스미스는 "우리가 밥을 먹을 수 있는 것은 푸줏간 주인, 양조장 주인, 빵집 주인들의 자비심 때문이 아니라, 그들이 자기 이익을 챙기기 때문이다"라는 유명한 말을 했다.

이 말은 지난 30여 년 간 세계를 지배해 온 시장주의 경제학의 가장 중요한 전제 ─ 즉, 인간은 모두 이기적이라는 전제 ─ 를 잘 요약해 준다. 개인들이 본성대로 자기 이익을 추구하다 보면, 시장 기제라는 '보이지 않는 손'을 통해 조화가 이루어지고, 그 과정에서 사회 전체가 이익을 본다는 것이다.

그런데 최근 이러한 인간의 '본성'에 어긋나는 일들이 많이 벌어지고 있다. 세계 여러 나라에서 일부 부자들이 나서서 부자들에게 세금을 더 매기자고 주장하고 있는 것이다.

미국에서는 유명한 금융투자가 워런 버핏이 이끄는 일군의 갑부들이 더 이상 부자감세 정책은 안 된다며 경제 위기 속에서 '고통 분담'을 위해 최상층 부자들 mega-rich에 대한 세금을 올려야 한다고 주장하고 나왔다. 특히 버핏은 뉴욕타임스 기고를 통해 자신의 실질 소득세율은 18% 정도로 자기 직원들보다도 낮다며 미국 의회가 최상층 부자들을 마치 무슨 멸종위기에 처한 동물이라도 되는 것처럼 보호해 왔다고 공개적으로 비난하였다.

프랑스에서는 프랑스 최고의 여자 부자인 로레알 그룹의 최대주주 릴리안 베탕쿠르 등 16명의 갑부들이 공개서한을 통해 경제위기 극복을 위해서는 1년에 50만 유로 이상 돈을 버는 고소득자들이 한시적으로 세금을 더 내야 한다고 제안하였다. 미국이나 프랑스에서 '부자 증세' 운동을 주도하는 사람들과 같은 초갑부들은 아니지만, 독일에서도 '부유세를 지지하는 부자들의 모임'이라는 단체가 결성돼 50만 유로 이상의 재산을 가진 사람들에게 당분간 재산세를 더 물려야 한다고 주장하고 나섰다. 세금뿐이 아니다. 마이크로소프트 창립자 빌 게이츠는 재산의 99%를 기부하기로 약속했고, 워런 버핏도 재산의 대부분을 기부하기로 약속했다.

우리나라에서도 최근 현대자동차 정몽구 회장이 사재 5000억 원을 기부하였고, 이와 비슷한 시기에 정몽준 의원의 사재 2000억 원을 비롯하여 소위 범현대가가 5000억 원을 기부하고 나섰다. 이런 속에서 기부가 사회적으로 주요 이슈가 되면서 기부금에 매겨지는 증여세를 없애서 기부를 장려해야 한다는 주장이 대두되고 있고, 일부 국회의원들은 100억 원대 기부를 하고도 전셋집에 사는 가수 김장훈 씨의 이름을 따서 기부를 많이 한 사람이 노후에 생계가 어려워지면 나라에서 지원해주자는, 소위 '김장훈법'을 발의하기까지 했다.

기부행위는 칭찬받아야 한다. 아무리 돈이 많아도 대가 없이 돈을 남에게 준다는 것은 쉬운 일이 아니며 따라서 이런 어려운 결정을 한 사람들, 특히 자신의 안위를 해쳐가면서까지 기부한 사람들은 사회적으로 존경해주어야 한다.

그러나 기부가 사회에 진정으로 도움이 되기 위해서는 적절한 조세 그리고 적절한 규제와 삼위일체를 이루지 않으면 안 된다. 버핏처럼 부자들이 기부도 더 하고 세금도 더 내야 한다고 생각하는 사람도 있지만, 기부를 강조하는 사람들 중 많은 이들이 기부를 세금에 대한 대체물로 보는 경향이 있다. 이들의 논리는, 개인의 자유를 강조하는 자유시장주의적 사고에 따른 것으로, 정부가 강제로 돈을 빼앗아가는 세금보다는 돈 있는 사람이 자진해서 돈을 내는 기부가 개인의 자유를 덜 침해하면서 부를 더 넓게 나누는 더 바람직한 길이라는 것이다. 부자들이 더 기부를 많이 해야 한다고 이야기하는 사람들이 동시에 부자 감세 정책을 추진할 수 있는 것이 바로 이런 이유이다.

그러나 기부가 세금을 대체할 수는 없다. 첫째, 자기 재산의 99%를 기부한 빌 게이츠나 85%를 기부한 워런 버핏 같은 사람들도 있지만, 많은 사람들이 돈이 있어도 기부를 하지 않는다. 기부가 훌륭한 행위라고 칭송받는 것이 바로 대부분의 사람이 기부를 하지 않는다는 증거라고 할 수 있다. 기부를 많이 한다고 하는 미국에서도 1년 기부액이 국민총생산의 2%가 채 안 되는데, 이에 의존해서 정부 재정을 운용할 수는 없다. 자신의 재산을 거의 전부 기부한 버핏이 자신을 비롯한 부자들이 세금을 더 내도록 법을 바꾸자고 하는 것이 바로 이런 이유에서이다.

둘째, 기부하는 사람들이 자기가 기부한 돈이 어떻게 쓰이는지를 지정하는 것이 인지상정이고 관례인데, 이는 기부할 수 있는 돈이 많은 사람들이 정하는 대로 돈이 쓰이게 된다는 것을 의미한다. 얼핏 생각하면 별 문제가 없는 것 같지만, 여러 가지 다른 견해를 가진 사람들이 공존해야 하는 민주사회에서는 문제가 될 수 있다. 예를 들어, 우리나라에서 기부하는 사람들은 주로 빈곤층 아동의 교육 문제에 관심이 많아 그런 쪽에 기부를 많이 하는데, 그렇게 되면 자연히 노인 문제, 여성 취업 문제, 이주 노동자 문제 등 다른 중요한 문제들이 상대적으로 경시될 수밖에 없다. 물론 정부예산 중에서 기부가 많이 되는 쪽에 쓰이는 부분을 전용하여 상대적으로 기부가 적은 쪽에 쓸 수 있지만, 경직적인 정부 예산의 성질상, 시시각각으로 바뀌는 기부의 액수와 지정 용도에 따라 예산 구성을 바꿀 수는 없는 노릇이다.

셋째, 같은 액수의 돈을 내더라도, 세금이 아닌 기부로 내게 되면, 개인이 돈을 많이 벌고 적게 벌고는 전적으로 개인의 능력과 노력에 따른 것이라는, 시장주의 이데올로기를 강화하게 된다. 세금을 내는 것은 아무리 능력이 뛰어난 개인이라도 사회의 덕을 보아 성공했고, 따라서 자신이 번 돈의 일정 부분을 사회에 돌려줄 의무가 있다는 전제에서 출발하는 것이고, 기부를 하는 것은, 성공한 사람은 기본적으로 자기가 잘나고 열심히 노력해서 성공한 것이므로 자기 소득의 일부를 사회에 돌려줄 의무는 없지만, 그래도 좋은 마음에서 되돌려주는 것이라는 전제에서 출발하는 것이니, 얼핏 보기에는 비슷한 것 같아도, 완전히 다른 접근 방법이다. '성공은 전적으로 개인에게 달린 것'이라는 사고가 퍼지게 되면, 개인들이 자신을 키워 준 사회에 환원을 하는 것이 '선택 사항'이 되면서 결국 기부 문화의 기반마저 좀 먹게 될 수 있다.

　적절한 세제와 더불어 제대로 된 기부 문화의 확립에 또 한 가지 필요한 것은 이윤 추구 활동에 대한 적절한 규제이다. 시장주의자들은 흔히 기업들이 괜히 어줍지 않게 '사회적 책임'을 지려 하는 것보다, 냉혹하게 이윤을 극대화하고 그를 통해 국민소득을 최대화하는 것이 기업이 진정으로 사회에 공헌하는 길이라고 주장한다. 기업가가 그래도 다른 사람을 더 직접적으로 도와주고 싶으면, 극대화한 이윤에서 일부를 헐어 기부를 하면 되니까, 기부를 많이 하기 위해서도 이윤을 극대화하는 것이 효과적이라고 주장한다.

　그러나 문제는 이윤 극대화 과정에서 기업이 사회적인 해악을 끼칠 수 있다는 것이다. 공해 문제가 대표적인 예이지만, 작업장의 안전 경시, 중소기업 착취, 소비자 권익 침해 등, 제대로 규제를 안 할 경우에 기업의 이윤 추구에는 도움이 되지만, 다른 사회 구성원들의 복지를 해칠 수 있는 것들이 많다. 극단적인 예를 들자면, 마약 거래상이 마약을 더 많이 팔아 번 돈으로 기부를 더 많이 한다면 그것이 사회적으로 좋은 것인가 아닌가를 생각해보면 된다.

　기부를 강조하는 시장주의자들은 대개 규제완화를 주장하는데, 규제를 완화하여 돈을 많이 번 기업주가 기부를 더 많이 한다고 해도, 만일 그 규제 완화 때문에 다른 사회적 문제가 생긴다면, 기부를 더 하는 것이 사회에 진정한 도움이 되지 않을 수도 있는 것이다.

　기부는 아름다운 일이고 사회적으로 장려돼야 한다. 그러나 요즘 우리나라의 시장주의자들이 생각하는 것처럼 최대한 규제완화를 하고 감세를 하여 기업들이 돈을 많이 벌게 하고, 그 다음에 기부를 많이 하도록 장려해 복잡한 현대사회의 문제들을 해결할 수 있다고 생각하면 오산이다. 기부가 세금과 규제와 삼위일체를 이룰 때만이 진정으로 '함께 사는' 사회가 건설될 수 있는 것이다.

– 장하준, 「부자들의 기부만으론 부족하다」

형식적 요약(종합)

| 구분 | 내용 |
|---|---|
| 현안문제 | |
| 핵심어와 그 의미 | |
| 주장 | |
| 근거 | |
| | |
| | |
| | |
| | |
| | |
| | |

| | |
|---|---|
| 근거 | |
| 함축 | |
| 배경 | |
| 관점 | |
| 기본가정 | |

③ 다음 글을 형식적으로 요약하시오.

도요토미 히데요시가 왜 조선 출병이라는 어리석은 사업에 손을 댔을까? 그 이유는 오늘날까지도 역사학의 관점에서 충분히 고증되고 있지 않다. 대다수의 통속적인 연구가들은 히데요시의 야심과 기우장대*한 성격, 허풍이 센 인격 등에서 그 원인을 찾고 있다. 그 가운데에는 아들 쓰루마쓰의 죽음이라든가, 외교 사절의 불손한 태도 등 정서적인 동기를 늘어놓는 이들도 있다.

물론 그런 점들이 전혀 이유가 되지 않는다고는 할 수 없겠으나, 7년간에 걸쳐서 10여만 명의 대군을 전국의 영주들로부터 동원했던 대사업이 특정 개인의 성격이나 감정적 동기만으로 추진될 리는 없다.

그러나 기록을 찾아보면 조선 출병에 찬성한 중신은 거의 보이질 않는다. 히데요시 말고는 책임질 사람이 거의 존재하지 않았던 것이다. "실패를 책임질 사람은 언제나 단 한 사람뿐이고 성공 후 그 공로를 가질 사람은 한없이 많다"고들 이야기하는데, 히데요시의 조선 출병도 그 한 본보기이다. 도쿠가와 이에야스나 마에다 도시이에는 시종 회의적이었다고 하며 모오리 데루모토나 우기타 히데이에는 명확히 중지시키려고 했다. 이시다 미쓰나리, 고니시 유키나가 등은 조선 출병이 시작된 뒤에도 초지일관 평화를 외치며 전쟁을 중지시키기 위한 노력을 필사적으로 기울였다. 그 가운데에서도 선봉을 명령받은 고니시 유키나가는 조선군과 밀통하면서까지 이 군사 행동을 중지시키려고 하였다. 이 사업에 적극적이었던 사람을 감히 찾는다면 가토 기요마사 정도일 것이다.

그럼에도 불구하고 조선 출병이 실행에 옮겨져 7년간이나 계속된 것은 인사 압력 신드롬에 따른 성장 계속 지향의 분위기가 조직 전체를 뒤덮고 있었기 때문이었다.

조직 전체의 분위기는 종종 '시대의 흐름'이나 '시대의 풍조' 같은 말로 표현되는

데, 거기에도 반드시 조직적인 원인이 존재한다. 여러 영주들이 조선 출병을 반대한 것은 분명하나, 그들에게 성장을 포기하고 사업을 간소화하는 데에 찬성하겠느냐고 물었다면 찬성하지 않았을 것이다. 왜냐하면 인사 압력을 물리칠 만한 결단과 지혜와 경험이 없었기 때문이다.

인사 압력 아래에서 사업 확대를 추구하게 되면 큰 위험이 따른다. 왜냐하면 처음부터 '무엇인가를 한다'는 전제 하에서 계획을 세우고 실행에 옮기기 때문이다.

예컨대 성장 확대를 계속하기 위한 사업안이 A, B, C, D로 나와 있다고 하자. 그 하나하나를 놓고 가능성을 검토할 경우 이미 '그 중에서 어느 하나를 선택해야 한다'는 전제가 검토하는 이의 마음속에 들어 있는 것이다. 그런데 4가지 모두가 나쁜 안일 수도 있다. 그러나 무엇인가를 선택해야 한다는 전제가 서 있기 때문에 결국 그 가운데에서 비교적 더 낫다고 생각되는 것을 고를 수밖에 없다. 그리고 그 비교적 낫다고 판단해서 고른 안이 대개의 경우 성공 가능성이 높다기보다는 착수하기가 쉬운 것이기 십상이다.

실무적인 세계에서는 자주 '현실적'이라는 말을 쓴다. 그 '현실적'이란 말의 진정한 의미는 '목적을 달성하기 쉬운' 것을 말하지, '착수하기 쉬운' 것을 말하는 것은 아니다. 그런데 보통의 경우 이런 식의 구분이 되지 않고 착수하기 쉬운 쪽을 고른 후 성공 가능성이 높은 것처럼 착각하는 수가 많다. 게다가 그것은 종래와 같은 수법의 되풀이, 곧 성장 체험 속으로 매몰되고 만다.

도요토미 히데요시의 가신단은 멍텅구리도 악인도 아니었다. 그러나 오랜 급성장에 길들어졌던 그들에게서 비록 더 이상 성장할 수 없는 환경이긴 했지만 성장 지향을 나쁜 것으로 하자는 발상이 나오기는 도저히 불가능했다. 그 때문에 성장을 계속할 다양한 방법들을 그들은 떠올리기 시작했다. 그 가운데에는 사업 전환에 따른 다각화 방법도 있었다.

이시다 미쓰나리나 고니시 유키나가 등이 주장한 것은 상업 이익에 따른 영주의 수입 증가였다. 그들은 군사국가에서 무역 입국으로 전환하자는 방법을 들고 나왔던 것이다. 그 방법으로는 조선이나 명나라와의 교역을 늘려서 수익을 키우고자 시도했다. 이시다 미쓰나리는 강렬한 성장 지향의 소유자였으나, 오오미**인의 기질인 상업 지향까지도 겸비하고 있었다.

히데요시로부터 영토의 증가 제안을 받은 이시다 미쓰나리는 영토 대신 요도가와 제방의 갈대 채취권을 갖겠다고 해서 허가를 받았다는 에피소드를 남기고 있다. 주변의 농민들이 멋대로 채취하던 갈대밭의 관리자가 된 그는 갈대를 팔아 해마다 1천 석 이상의 수입을 올렸다고 한다. 농지 이외의 새로운 수입원을 찾아내려는 의식은 상업 지향의 발상인 것이다.

고니시 유키나가도 사카이의 상인 고니시 다카사의 아들이었다. 그래선지 그도 상업 이익에 대해서는 아주 민감하였다. 그들이 무역 이익, 더욱이 가공업을 발달시켜 영주의 수입을 늘리면서 도요토미가 전체의 성장을 계속하려고 하는 발상을 한 것도 그런 기질에서 연유하였으리라.

그런데 이 안을 선택하면 일찍이 상업 이익에 눈을 뜬 이시다나 고니시는 많이 윤택해지겠지만, 군사적인 성공을 거둔 종래의 공로자들에게 이익이 평등하게 돌아가기란 힘든 일이었다. 따라서 가토 기요마사나 구로다 간베에와 같은 군사전문가들은 반대하였다.

이것이 앞서 말한 조직의 근대화를 둘러싼 대립과도 엉켜져서 권력 투쟁으로까지 발전하였다. 소위 문치파와 무단파의 심각했던 대립이 그것이다.

히데요시는 이 대립에 대해서 명확한 결론을 내리지 않고 양쪽의 의견 모두에 긍정하는 태도를 보이면서 조선 출병에 나섰다. 그 스스로가 어느 쪽으로도 충분한 자신을 못 가졌던 것이다.

학술적 글쓰기

그 때문에 상업 이익을 추구하고자 했던 고니시 유키나가는 군대를 진군시키면서도 화의를 희구하였다. 그래서 후퇴하는 적과 단판하기 위해서 쫓아가는 비극적인 상황에 빠졌던 것이다.

한편 군사적 성공을 지향한 가토 기요마사는 조선에서 조공 수입을 얻을 영토를 넓히겠다는 불가능한 목적을 계속 추구했다. 이 틈바구니에 끼어서 히데요시는 애처로울 정도로 심각한 고민에 빠졌고 고니시 유키나가를 문책하면서 죽어갔다. 일대의 영걸도 성장 지향과 인사 압력을 누르지 못하고 성공 체험에 매몰되고만 것이다.

— 사카이야 다이치, 『조직의 성쇠』

*기우장대(氣宇壯大) : 기개와 도량이 웅장하고 큼.
**오오미(近江) : 일본 긴키 지방의 시가현(滋賀県) 지역으로, 이 지역을 중심으로 물품교역 활동을 벌였던 대상인을 '오오미 상인(近江商人)'이라 불렀다. 이들은 '신용'을 가장 중요한 덕목으로 여겨, 사는 사람도 파는 사람도 좋으며 세상도 좋아야 한다는 '산보요시(三方よし)'의 상도덕을 이행하였다.

형식적 요약(종합)

| 구분 | 내용 |
|---|---|
| 현안문제 | |
| 핵심어와 그 의미 | |
| 주장 | |
| 근거 | |

| 근거 | |
|------|---|
| 함축 | |
| 배경 | |
| 관점 | |
| 기본가정 | |

## 2.6 일상적 요약문

요약문은 텍스트에 대한 형식적 요약을 토대로 하여 일상적 문맥의 형태로 완성한다.

**연 습 문 제** 앞에서 작성한 형식적 요약 중 한 개를 선택하여 일상적 요약문을 작성하시오.

# 3

# 논평

이제 단계별 글쓰기 프로그램SWP의 두 번째 단계인 '논평comment'에 대해 알아보자. 논평은 주어진 텍스트를 논리적 관점에서 비판하는 글, 즉 텍스트를 통해 저자가 자신의 견해를 제대로 정당화(객관적으로 입증)하는지 여부를 비판적으로 평가하는 글을 말한다. 논평은 형식적 논평과 논평문 작성의 과정으로 이루어진다.

형식적 논평은 먼저 텍스트의 핵심 내용을 파악하는 형식적 요약에서 출발한다. 그렇게 하는 이유는 논평이 '주관적 관점에 얽매이거나', '사소한 내용을 문제 삼거나', '논의의 초점을 빗나간' 비판이 되지 않기 위해서이다. 텍스트를 형식적으로 요약한 다음, 그것에 다섯 개의 비판적 평가의 기준을 적용한다.

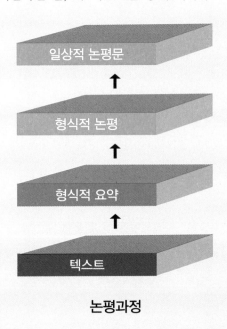

**논평과정**

# 3.1 논평 기준

주어진 텍스트가 정당화 문맥으로서 성공적이기 위해서는, 다시 말해서 저자 자신의 견해를 그 텍스트를 통해 충분히 정당화하기 위해서는 아래의 다섯 개의 속성을 모두 지녀야 한다.

### ① 명확성

글에서 중요한 역할을 담당하는 핵심어 또는 핵심 문장이 애매하거나 모호하게 사용되어선 안 된다. 여기서 '애매함'은 '다의적임'을 뜻하며, '모호함'은 의미의 '불명료함'을 뜻한다.

### ② 유관성

글의 내용이 전체적으로 현안문제와 밀접한 연관성을 지님으로써 논점에서 일탈하지 말아야 한다.

### ③ 타당성(넓은 의미)

주장은 제시된 근거(들)로부터, 필연적으로 혹은 개연적으로 도출될 수 있어야 한다. 주어진 텍스트가 필연적 정당화를 의도할 경우, 주장은 근거들로부터 반드시 도출되어야 하는 반면, 개연적 정당화를 의도할 경우 주장은 근거들로부터 도출될 가능성이 높기만 하면 된다.

※ 좁은 의미의 '타당성'은 연역 논증에서만 성립하는 논리적 필연성을 말한다.

④ 옳음

주장을 입증하기 위해 제시된 근거들은 모두 이성의 관점에서 받아들일 수 있는 것들이어야 한다. 그렇지 못할 경우 그 근거들은 주장 도출을 위해 적절할지 모르나 주장의 '참'임을 입증해주지는 못한다. 여기서 '옳음'은 근거의 내용에 따라 자료적 정확성에서 규범적 올바름까지를 포괄하는 넓은 의미의 개념으로 사용된다.

⑤ 논의의 폭과 깊이

현안문제에 대한 저자의 주장 혹은 해결책은 폭넓고 깊이 있는 사고를 통해 제시되어야 한다. 다시 말해서, 특정한 관점에만 치우쳐 문제를 해결하거나(편협), 현상적 차원에 머무른 채(피상) 문제에 접근해서는 안 된다.

위의 다섯 가지 속성의 유무를 평가의 기준으로 활용하는 것이 논평지침이다. 이로써 아래와 같은 5개의 논평지침이 성립한다.

- 핵심어의 의미는 명확한가?(명확성의 기준)
- 논의 내용이 현안문제에 집중되어 있는가?(유관성의 기준)
- 근거들로부터 주장이 제대로 도출되는가?(타당성의 기준)
- 근거들은 합리성의 관점에서 받아들일 만한가?(옳음의 기준)
- 논의 내용이 폭넓고 깊이 있는 사고를 반영하고 있는가?(논의의 폭과 깊이의 기준)

위의 논평 지침들을 하나씩 머리에 떠올리고, 각 물음과 관련해서 텍스트에 문제가 있을 경우 문제가 되는 내용을 구체적으로 진술하는 것이 형식적 논평이다. 논평지침을 활용한 형식적 논평 과정에서 수행되는 비판적 평가가 형식적 요약의 기본 요소들뿐 아니라 부가 요소들에게도 가해진다는 점을 유의해야 한다. 다시 말해 형식

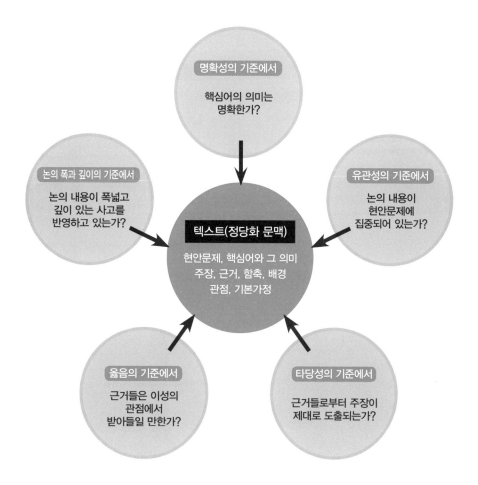

**명확성의 기준에서**

핵심어의 의미는
명확한가?

**논의 폭과 깊이의 기준에서**

논의 내용이 폭넓고
깊이 있는 사고를
반영하고 있는가?

**유관성의 기준에서**

논의 내용이
현안문제에
집중되어 있는가?

**텍스트(정당화 문맥)**

현안문제, 핵심어와 그 의미
주장, 근거, 함축, 배경
관점, 기본가정

**옳음의 기준에서**

근거들은 이성의
관점에서
받아들일 만한가?

**타당성의 기준에서**

근거들로부터 주장이
제대로 도출되는가?

적 논평은 형식적 요약의 모든 요소를 비판적 사고의 5가지 속성에 비추어 검토하는 것이다. 특히 많은 경우 핵심어와 근거들의 일부 그리고 함축과 기본 가정 등에 논평의 초점이 놓이곤 하는데, 여기서 함축과 기본 가정은 모두 부가 요소들이다.

이상의 논평 지침을 활용한 형식적 논평을 토대로 논평문을 작성한다. 논평문의 작성 요령은 다음과 같다.

- 논평 지침을 활용하여 형식적 요약에 대한 비판적 물음을 제기한다.
- 그리고 이에 대한 답변으로서 논평을 수행한다.
- 논평의 내용들 가운데서 논평문의 논점이 될 내용들을 선별한다. 즉 논평문은 논평의 여러 내용들 중에서 언급할 만한 가치가 있는 중요한 내용에 초점을 맞춘다.
- 선별한 논점에 대한 비판과 그러한 비판의 근거를 제시함으로써 논평문을 완성한다.

## 3.2 예시 사례

① 예시 사례 1

> 인간과 동물의 신체적 유사성에 근거하여 동물들도 다소 불완전하나마 인간들처럼 사고할 수 있을는지도 모른다는 견해에 대해 다음과 같이 답변할 수밖에 없습니다. 만약 그들이 우리가 하듯 사고할 수 있다면, 그들도 우리처럼 불멸의, 영혼을 가졌을 것입니다. 그러나 동물들은 그런 것을 가지고 있지 않은 것 같습니다. 왜냐하면 동물들이 영혼을 가졌다면 모든 동물이 그럴 것인데, 굴이나 해면 같은 것들은 너무도 불완전해서 그것들이 불멸의 영혼을 가진다고 믿기는 사실상 불가능하기 때문입니다. 그러므로 동물들은 사고할 수 없습니다.
>
> — 르네 데카르트, 「뉴캐슬의 후작에게 보내는 서한」

학술적 글쓰기

## 형식적 요약

| | |
|---|---|
| **현안문제** | 과연 동물이 사고할 수 있는가? |
| **핵심어와 그 의미** | 핵심어 1: 사고　　　　　　　　　　핵심어 2: 영혼 |
| **근거** | 1. 동물이 사고할 수 있다면, 그것은 불멸의 영혼을 가졌을 것이다.<br><br>2. 동물은 불멸의 영혼을 가지지 않았다<br> 1) 동물이 불멸의 영혼을 가졌다면, 모든 동물이 다 가졌을 것이다.<br> 2) 굴과 해면 같은 동물들은 너무도 불완전하다<br> 3) 이들은 불멸의 영혼을 가지지 않았다(2의 2) 로부터). |
| **주장** | 동물은 사고할 수 없다. |
| **함축** | 인간과 동물은 근본적으로 다르다. |
| **기본 가정** | 1. 같은 종에 속하는 동물은 같은 본성을 지닌다.<br>2. 불멸의 영혼이 존재한다.<br>3. 불완전한 것은 불멸의 영혼을 가지지 못한다. |

## 논평지침의 적용

| | |
|---|---|
| **명확성의 기준** | '사고'와 '영혼'의 의미는 명확한가? |
| **유관성의 기준** | 글의 내용은 전체적으로 "동물이 사고할 수 있는가?"와 밀접히 연관되어 있는가? |
| **타당성의 기준** | "동물은 사고할 수 없다"는 주장이 근거들로부터 제대로 도출되는가? |
| **옳음의 기준** | • 근거1과 관련해서<br>　영혼이 있어야만 사고할 수 있다는 생각은 과연 옳은가?<br><br>• 근거2의 3)과 관련해서<br>　동물이 불멸의 영혼을 가지지 않았다는 것은 과연 옳은가?<br>　일부 동물들이 영혼을 갖지 않았다고 해서 모든 동물이 그렇다고 하는 것은 지나치지 않은가? |
| **논의의 폭과<br>깊이의 기준** | • 기본 가정과 관련해서<br>　불멸의 영혼이 존재하는가?<br>　같은 종에 속하는 동물은 모두 동일한 속성을 지녀야 하는가? |

| | |
|---|---|
| (명확성, 유관성, 타당성)의 기준에서 | 비판 내용 없음<br>(이 글에서 '사고'와 '영혼'은 정의나 해명 없이 사용되었지만, 그것이 글의 혼란이나 애매성을 초래하지 않으므로 문제 삼기 어렵다. 특히 '영혼' 개념은 매우 불명확한 것이 사실이다. 그러나 이는 전체 글에서 짧은 일부 내용을 발췌하다 보니 맥락이 잘려 생긴 결과이므로 여기서 문제 삼지 않기로 한다.) |
| (옳음)의 기준에서 | "동물이 사고할 수 있다면, 그것은 불멸의 영혼을 가졌다"는 근거1은 받아들이기 어렵다. 그것은 영혼의 소유를 사고할 수 있기 위한 필요조건이라고 보는 것인데, 이는 사실적으로 옳지 않다. 왜냐하면 영혼이 실제로 존재하든 존재하지 않던 간에 정상적인 기능을 하는 두뇌만 가지면 사고할 수 있기 때문이다.<br>"동물들이 불멸의 영혼을 가지지 않았다"는 근거2 또한 받아들이기 어렵다. 왜냐하면 그것은 받아들이기 힘든 하위 근거2의 1), 즉 "동물이 불멸의 영혼을 가졌다면, 모든 동물이 다 가졌을 것이다"에 의해 지지되고 있기 때문이다. 불멸의 영혼을 일부 동물은 갖고 일부 동물은 갖지 못할 수도 있다. 게다가 불멸의 영혼의 소유 여부를 외견적 불완전성에서 찾는 근거 2의 3) 또한 받아들이기 쉽지 않다. |
| (논의의 폭과 깊이)의 기준에서 | 저자는 불멸의 영혼의 존재를 당연시하고 그것을 사고의 존재론적 기반으로 삼고 있다. 이는 의심스런 존재를 적절한 근거도 없이 도입하는 문제점을 지닌다. 또 그와 더불어 사고 능력의 기반을 오로지 불멸의 영혼에서만 찾는 편협함을 보이고 있다. (그러나 이 글의 저자가 아직 두뇌 과학이 생겨나기 전 시기의 사람이라는 시대적 한계를 감안한다면, 저자의 과학적 몽매함을 과도하게 물고 늘어지는 것은 다소 지나친 비판이 될 것이다.) |

| 텍스트 요약 | 이 글의 저자는 과연 동물이 사고할 수 있는가라는 물음에 대해 동물은 사고할 수 없다고 주장한다. 저자에 따르면, 동물이 사고할 수 있다면, 그것은 불멸의 영혼을 가졌을 것인데, 동물은 불멸의 영혼을 가지지 않았기 때문이다. 왜냐하면 저자는, 동물이 불멸의 영혼을 가졌다면 모든 동물이 다 가졌을 것이고, 굴과 해면 같은 동물들은 너무나 불완전하여 불멸의 영혼을 가지지 않았다고 보기 때문이다. |
|---|---|
| 비판 | 그렇지만 동물이 결코 사고할 수 없다는 위의 글은 두 가지 점에서 비판될 수 있다. 첫째, 저자는 동물이 사고하고 있다면 그것은 불멸의 영혼을 가졌을 것이라고 전제하는데 이것은 받아들이기 어렵다. 왜냐하면 불멸의 영혼이 없더라도 두뇌만 있다면 사고할 수 있다는 주장 역시 가능하기 때문이다. 둘째, 불멸의 영혼이 존재한다는 기본 가정 역시 의심스럽다. 왜냐하면 불멸의 영혼이 존재하지 않는다고 해도 아무런 모순이 생기는 것은 아니기 때문이다. 또한 사고 능력의 기반을 불멸의 영혼에서만 찾을 필요가 없다는 점에서 이 기본 가정은 편협한 것이기도 하다. |

② 예시 사례 2

당신이 해변을 걷다가 모래 위에 떨어져 있는 시계를 발견했다고 상상해 보자. 그것을 들여다봄으로써 당신은 그 시계가 정교하고 복잡한 기계라는 것을 발견할 것이다. 이와 같이 정교한 사물의 존재를 어떻게 설명할 수 있을까? 파도가 모래를 때림으로써 시계가 우연적으로 만들어졌다는 설명은 설득력이 없다. 그것은 원숭이가 타자기 위를 아무렇게 뛰어다님으로써 셰익스피어의 작품들이 씌어졌다고 주장하는 것과 마찬가지 정도의 설득력을 가질 뿐이다. 시계의 정교함은 그것이 지성의 산물임을 보여준다. 시계를 만든 지성적인 존재자가 있었기 때문에 시계는 존재한다.

생명의 세계를 한번 둘러보자. 생명의 세계에는 엄청나게 정교하고 환경에 잘 적응된 생명체들로 꽉 차 있다는 사실을 당신은 발견할 것이다. 사실 생명체들은 시계보다 훨씬 더 복잡하다. 그리고 시계가 시간을 측정하는 일에 알맞게 되어 있듯이, 생명체들도 생존하고 복제하는 일에 매우 적합하게 되어 있다. 우리는 생명체들이 그렇게 놀라울 정도로 정교하고 잘 적응되어 있다는 사실을 어떻게 설명할 수 있을까? 파도가 모래를 때리는 것과 같은 제멋대로의 과정에 의해 우연히 난초들, 악어들, 사람들이 존재하게 되었다고 설명하는 것은 설득력이 없다. 엄청난 지성을 가진 창조자가 생명체라 불리는 대단히 정교하고 잘 적응된 기계들을 만들었다고 설명하는 것이 최상의 설명일 것이다. 그러한 존재자를 우리는 "신"이라 부른다.

– 윌리엄 페일리, 『자연신학』

## 형식적 요약

| | |
|---|---|
| **현안문제** | 생명체(생명의 세계)는 어떻게 생겨났는가? |

| **핵심어와 그 의미** | 핵심어1 : 지성<br>의미: 정교하고 복잡한 기계를 만드는 능력 | 핵심어2 : 만듦<br>의미: 지성의 능력 실현 |
|---|---|---|

| **근거** | 1. 시계는 시간을 측정하는 데 알맞은 정교하고 복잡한 기계다.<br>2. 시계는 우연의 산물이 아니라 지성적 존재에 의해 만들어진 것이다.(1로부터)<br>3. 생명체(생명의 세계)는 생존과 복제에 적합한, 시계보다 훨씬 더 정교하고 복잡한 기계다.<br>4. 엄청난 지성을 지진 창조자만이 이러한 기계를 만들 수 있다(2+3으로부터).<br>5. 우리는 그러한 존재자를 '신'이라고 부른다. |
|---|---|

| **주장** | 신이 생명체(혹은 생명의 세계)를 만들었다. |
|---|---|
| **함축** | 창조주 신이 존재한다. |
| **배경** | 신의 창조 행위를 지성적으로 설득하기 위함. 즉 창조론을 지성적으로 설득하기 위함. |

학술적 글쓰기

| 관점 | 목적론적 관점 |
|---|---|
| 기본 가정 | 1. 지성적 존재만이 어떤 목적을 갖고, 그것을 실현하기 위해 정교하고 복잡한 사물을 만들 수 있다.<br>2. 생명체도 만들어진 목적이 있다는 점에서 사물과 유사하다. |

## 논평지침의 적용

| 명확성의 기준 | '지성'과 '만듦'의 의미는 명확한가? |
|---|---|
| 유관성의 기준 | 글의 내용이 전체적으로 "생명체가 어떻게 생겨났는가?"와 밀접하게 연관되어있는가? |
| 타당성의 기준 | 제시된 근거 다섯 가지로부터 "신이 생명체를 만들었다"는 주장이 제대로 도출되는가? |
| 옳음의 기준 | 선행하는 근거들에서 "엄청난 지성을 가진 창조자만이 이러한 기계를 만들 수 있다"는 근거를 합리적으로 도출할 수 있는가? |
| 논의의 폭과 깊이의 기준 | 1. 생명체의 존재를 설명하기 위해 '지성'의 도입이 불가피한가?<br>2. 모든 대상이 반드시 존재하는 목적을 지녀야 하는가? |

## 형식적 논평

| (명확성)의 기준에서 | 위 글의 핵심어 '지성'과 '만듦'은 엄밀히 말하면 명확성을 결여한 용어이다. 저자는 '지성'을 명확히 정의하지 않은 채, '사물의 존재 목적을 의식하고 이를 실현하는 제작 능력'의 의미로 사용하고 있다. 그런데 이러한 암묵적 정의는 '지성'에 대한 상식적 이해와 크게 다르다. 왜냐하면 그 정의는 '지성'에 '목적을 의식하는' 지적 능력 이외에도 목적을 실현하는 제작 능력, 즉 '만듦의 능력'을 더 부여하고 있기 때문이다. '만듦'도 불명확하기는 마찬가지다. 이 글에서는 '시계'도 '생명체'도 모두 정교하고 복잡한 기계로 지성의 산물로 규정한다. 그러나 이러한 만듦은 흔히 '창조'와는 구별된다. 흔히 후자는 무에서 유를 있게 하는 행위로, 재료를 가지고 특정한 사물을 제작하는 '만듦'과는 다르게 사용되는 개념이다. |
|---|---|

| | |
|---|---|
| (유관성)의 기준에서 | 비판할 만한 내용 없음 |
| (타당성)의 기준에서 | 비판할 만한 내용 없음 |
| (옳음)의 기준에서 | 위 요약문의 핵심 근거 4는 논리적으로 커다란 약점을 지닌, 받아들이기 힘든 근거이다. 우선 근거 4는 독립적인 근거가 아니다. 요약문에도 표시되었듯이 그것은 근거 2, 3으로부터 도출된 것이다(논리학에서 이러한 논증 유형을 '유비' 혹은 '유추'라고 부른다). 문제는 근거 4가 근거 2와 3으로부터 제대로 도출되지 않는다는 것이다. 그 이유는 '시계'와 '생명체'가 지닌 공통점은 '정교하고 복잡한 기계'라는 점밖에는 없으며 오히려 차이가 더 많은 이질적 대상이므로 유비가 이뤄지기 힘들기 때문이다. |
| (논의의 폭과 깊이)의 기준에서 | 이 글은 논의의 폭에 있어서도 약점을 갖고 있다. 기본 가정에서 알 수 있듯이, 저자는 현안문제에 접근함에 있어서 '모든 존재 혹은 대상이 각기 존재하는 목적을 지니고 있고, 또 이러한 목적을 의식하고 실현하고자 하는 존재가 있다'고 암묵적으로 전제하고 있는 듯하다. 이는 '지성'이나 '창조자'와 같은 용어를 사용하는 것만 보더라도 충분히 알 수 있다. 이러한 가정은 특정한 관점 하에서만 성립하는 편협한 전제라는 비판을 면할 수 없다. |

### 일상적 논평문

| | |
|---|---|
| 요약 | 이 글에서 저자는 생명체(생명의 세계)는 어떻게 생겨났는가라는 문제에 대해 신이 만들었다고 주장한다. 이 주장을 위해서 저자는 생명체(생명의 세계)와 시계와의 비유를 동원한다. 즉 시계는 시간을 측정하기 위해 만들어진 정교하고 복잡한 기계다. 그런 시계가 있다면 그것은 그 목적을 실현하고자 하는 지성적존재에 의해 만들어졌음에 틀림없다고 생각할 수밖에 없다. 마찬가지로 생명체(생명의 세계)는 생존과 복제를 위해 만들어진, 시계보다 훨씬 더 정교하고 복잡한 기계이므로 엄청난 지성을 가진 창조자만이 이러한 기계인 생명체를 만들 수 있다고 생각할 수밖에 없다. 우리는 그러한 존재자를 '신'이라고 부른다. |
| 비판 | 이 글에 대해서는 여러 비판이 가능하겠지만 필자는 그 중에서 가장 중요한 비판 두 가지를 제시하고자 한다. 첫째, 이 글의 논증에서 논리적으로 약점을 가진 근거를 |

사용한다. 저자는 엄청난 지성을 가진 창조자만이 생명체와 같은 복잡한 기계를 만들 수 있다고 전제하는데, 이 근거는 "시계는 그 목적을 실현하고자 하는 지성적 존재에 의해 만들어졌음에 틀림없다"는 것과 "생명체(생명의 세계)는 생존과 복제를 위해 만들어진, 시계보다 훨씬 더 정교하고 복잡한 기계다"는 근거에서 도출된다. 하지만 이 도출은 타당하지 않다. 왜냐하면 '시계'와 '생명체'가 근본적으로 다른 종류의 대상이기 때문이다. 시계는 인공물임에 반해서 생명체는 스스로 인식할 수 있는 존재라는 점에서 유비가 이루어질 수 없는 전혀 다른 대상이라고 보아야 한다.

둘째, 이 글은 논의의 폭에 있어서도 약점을 갖고 있다. 기본 가정에서 알 수 있듯이, 저자는 현안문제에 접근함에 있어서 '모든 존재 혹은 대상이 각기 존재하는 목적을 지니고 있고, 또 이러한 목적을 의식하고 실현하고자 하는 존재가 있다'고 암묵적으로 전제하고 있는 듯하다. 이는 '지성'이나 '창조자'와 같은 용어를 사용하는 것만 보더라도 충분히 알 수 있다. 이러한 가정은 특정한 관점 하에서만 성립하는 편협한 전제라는 비판을 면할 수 없다.

# 3.3 논평 연습

## 1) 명확성

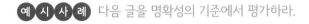 다음 글을 명확성의 기준에서 평가하라.

> 리디아의 왕 크로이소스는 페르시아 왕국에 대한 전쟁을 계획하고 있었다. 그는 조심스러운 사람이었기 때문에, 승리가 보장되지 않는 한 싸울 생각이 전혀 없었다. 그는 이 문제에 대하여 신탁을 구했으며 신탁은 다음과 같았다. "크로이소스가 페르시아와 전쟁을 하면 그는 강한 왕국 하나를 멸망시키게 될 것이다." 크로이소스는 이 예언을 듣고 기뻐하며 즉시 페르시아를 멸망시키기 위하

여 전쟁을 시작했다. 그러나 전쟁에서 리디아 왕국은 키루스 왕이 이끄는 페르시아 왕국에 의해 괴멸당했다. 자신의 목숨만을 겨우 부지하게 된 다음에 크로이소스는 신탁에 대하여 심하게 불평하는 편지를 보냈으나 신탁을 담당하는 사제는 신탁은 적중했다는 답장을 보냈다. 크로이소스는 결국 리디아라는 강한 왕국을 멸망으로 이끌었기 때문이었다.

명확성의
기준에서

신탁의 '강한 왕국'이 리디아를 가리키는지 페르시아를 가리키는지 분명하지 않다.

(해설) 위 글의 핵심어는 '강한 왕국'이다. 그런데 신탁의 내용에서 사용된 이 용어의 의미와 크로이소스가 이해한 그 용어의 의미가 다르다.

 **연 습 문 제** 다음 글을 명확성의 기준에서 평가하라.

나는 오늘 두부 냉이전이 몹시도 생각났다. 자주 가던 가게에서 종종 술안주로 사먹던 향긋한 두부 냉이전. 아쉽게도 사라진 그 가게 근처를 지나면서 기억나는 그 맛에 침을 꿀꺽 삼키기도 하였다. 집에서 해먹기로 다짐하고 두부 냉이전 레시피를 찾아 장을 보고 집에 왔다. 이제 맛있게 만들어 먹으리라. 손을 깨끗하게 씻고, 재료들을 펼쳐놓고 레시피에 따라 두부 냉이전을 만들기 시작하였다.

〈두부 냉이전 레시피〉

1. 냉이는 떡잎과 불순물을 제거하고 물에 한 번 씻어 건지고요 냉이 데칠 물을 불에 올려주세요.
2. 두부는 면포에 싸서 수분을 잡아주세요.

3. 끓은 물에 소금 1/2큰술 넣고 살짝 넣었다 빼는 정도로 하고 찬물에 흔들어 씻은 후 수분을 제거해주세요.

4. 냉이를 식감이 살아 있도록 적당히 다져주세요.

5. 대파, 청양고추, 양파, 마늘, 건고추 모두 다져주세요.

6. 볼에 다진 재료들을 모두 넣어주세요.

7. 두부는 면포에서 풀고 칼등으로 두부를 적당히 다져주세요.

8. 소금, 설탕, 후추, 전분을 넣고 먼저 냉이에 섞은 후 두부 으깬 것을 넣고 참기름 두르고 통깨를 넣어주세요.

9. 반죽은 동글동글 납작하게 빚어주세요.

10. 도마에 전분가루나 밀가루를 뿌리고 반죽을 올린 뒤 한 번씩 뒤집어주세요.

11. 팬 예열 후 기름을 두르고 계란 물에 두부 냉이전 반죽을 넣어 중약불에 은근히 지져주세요. 노릇노릇하게 지져주면 완성!!

〈출처 : https://story.kakao.com/_bDBtT7/gKldgWm35q0〉

그런데 이게 무슨 일이지? 왜 부친 냉이 두부전 색깔이 이렇지? 노릇하지도 않고 냉이를 씹는 느낌도 전혀 나질 않아. 게다가 두부는 너무 질척거려. 레시피를 따라 한 것인데 왜 이런 거지?

명확성의
기준에서

몇 년 전 나는 함께 산행에 참가한 친구들이 벌인 격렬한 논쟁을 목격한 적이 있다. 논쟁거리는 다람쥐였다. 논쟁자들은 나무줄기의 한 편에 살아 있는 다람쥐가 붙어 있는 것으로 가정하였다. 그리고 줄기의 다른 편에 한 사람이 서 있는 것으로 가정하였다. 그는 나무 주위를 재빨리 돌아서 다람쥐를 보려고 애썼지만, 자신이 아무리 빨리 돌아도 다람쥐를 볼 수 없다는 것을 알게 되었다. 다람쥐도 같은 빠르기로 그의 반대쪽에서 돌고 나무는 언제나 그와 다람쥐 사이에 있었기 때문에 그는 다람쥐를 한 번도 볼 수 없는 것이다. 여기서 발생한 문제는 다음과 같다. 그는 다람쥐 주위를 돌고 있는 것인가, 아닌가? 그가 나무 주위를 돌고, 다람쥐는 나무에 붙어서 돌고 있는 것은 분명하다. 그러나 그는 다람쥐의 주위를 돌고 있는 것이라 밀할 수 있는가? 논쟁을 벌었던 힌 친구는 디람쥐의 북쪽에서 동쪽으로 그리고 남쪽으로 그 다음에는 서쪽으로 지나가는 것이라면, 그 사람은 분명히 다람쥐 주위를 돈 것이라고 주장했다. 왜냐하면 그는 각 북, 동, 남, 서의 위치들을 순차적으로 이동해갔기 때문이다. 그러나 다른 한 친구는 그가 다람쥐 주위를 돌지 않았다고 주장하였다. 왜냐하면 그가 처음에는 다람쥐의 앞에 있다가 다람쥐의 오른쪽에 있다가 뒤쪽에 있다가 마지막에 다시 다람쥐의 앞에 있는 것이라면, 그는 다람쥐 주위를 돌지 못하는 것이기 때문이다. 다람쥐도 사람의 운동과 상응하는 반대 방향의 운동을 함으로써 자신의 배가 늘 그 사람을 향하고 등이 보이지 않도록 유지하고 있었을 뿐이다. 이를 둘러싼 논쟁은 도저히 끝날 것 같지 않았다.

명확성의
기준에서

## 2) 유관성

언론인 : 현 정부는 작은 정부를 지향한다고 하면서도 정부의 재정 규모가 GDP의 약 40%에 이르고 있습니다.

정부 관료 : 아닙니다. 현재의 정부 재정 규모는 GDP의 약 25% 정도로써 미국이나 일본에 비하여 정부의 씀씀이가 작습니다.

언론인 : 제가 조사한 바에 따르면, 공기업을 포함한 정부 산하기관에서 사용되는 재정의 규모를 종합해보면, 정부의 재정 규모는 GDP의 약 40%에 이르는 것이 맞습니다. 그러니 미국이나 일본의 정부 씀씀이와 비슷한 것입니다. 이것은 결코 작은 정부가 아닙니다.

정부 관료 : 저희도 자료를 검토해보았는데요, 당신의 주장은 악의적인 왜곡일 따름입니다. 왜냐하면 어떤 기관의 활동에 시장성이 없을 때에만 공기업을 정부 산하기관으로 포함시킬 수 있는데, 당신은 웬만한 공기업은 다 정부 산하기관에 포함시켜 씀씀이를 산출했기 때문입니다. 이런 식으로 국가의 기본 통계를 자의적으로 해석해 하루아침에 1년에 90조 원을 더 쓴 정부로 만든 것이 과연 언론의 건전한 비판과 감시 기능인지 묻고 싶군요.

언론인 : 당신의 거친 언행은 도를 넘어섰습니다. 재정지출과 관련해 이 정부가 큰 정부냐, 작은 정부냐 하는 논란은 학계나 정치권의 핵심 논쟁거리입니다. 따라서 이를 검증하는 것은 언론의 당연한 의무죠. 따라서 현직 관료인 당신이 이와 같은 언론의 의무 수행을 거칠게 비판

하는 것은 언론의 입에 재갈을 물리려는 현 정부의 언론관을 적나라하게 보여주는 것이라 생각합니다.

**유관성의 기준에서**

자료의 정확성을 논의하는 과정에서 언론인은 논점을 일탈하여 정부 관료의 언행과 현 정부의 언론관의 적절성을 문제 삼고 있다.

(해설) 위 글의 현안 문제는 '언론이 보도한 정부 재정 규모가 정확한가?'이다. 마지막 단락에서 언론인이 제기한 비판이 그 현안 문제와 밀접하게 연관되는지 살펴보자.

**연 습 문 제** 다음 글을 유관성의 기준에서 평가하시오.

19세기 말 세계적인 식물 및 식량학자였던 구(舊) 소련의 니콜라이 바빌로프는 식량 증산을 위해서는 씨앗의 다양성이 중요하다는 것을 깨달았다. 이에 그는 15개의 언어를 학습하면서까지 다양한 지역에서 씨앗을 수집하였으며, 종자은행을 설립하여 멘델의 유전 법칙에 근거하여 땅이 척박한 소련에서도 잘 자랄 수 있는 종자 개량에 힘을 쏟았다.

한편 같은 시기 트로핌 리센코는 구(舊) 소련의 한 지방 연구소에서 식물의 춘화처리(일부 식물이 저온 경험 후, 파종 시 꽃눈 형성이 잘 된다는 경험을 바탕으로, 식물에 인위적으로 저온 체험을 하게 하는 것)를 연구하고 있었다. 리센코는 벼에 대한 춘화처리는 성과를 거두었으며, 이 성과를 바탕으로 다른 식물들의 춘화처리 연구를 진행하고 있었던 것이다. 그는 춘화처리가 된 식물들의 형질이 자손에게 전달되기 때문에, 별도의 춘화처리를 하지 않아도 된다는 이론을 정립하였다. 춘화처리를 하지 않았던 씨앗에서 유의미한 소출을 얻게 된 그는 자신의 춘화처리 이론이 옳다고 확신하였다. 이러한 확신에는 유독 따뜻한 날씨가 유지되었던 그 해 겨울의 날씨는 고려되지 않았다.

학술적 글쓰기

리센코는 특히 니콜라이 바빌로프를 비판하고 나섰다. 니콜라이 바빌로프가 씨앗을 수집하기 위해 탐사를 다니는 것은 서방의 생물학과 유전학을 신봉하기 때문이라는 것이 그 핵심적인 이유였다. 바빌로프와 달리 농민의 아들로서 국가에 대한 충성심이 높은 자신이야말로 고질적인 식량문제를 해결할 수 있는 적임자이며, 이에 자신의 춘화처리이론을 토대로 한 농업 방식으로 식량 문제를 해결할 수 있다고 당에 호소하였다. 그는 더 많은 소출을 위해서는 식물들을 빽빽하게 심고, 땅은 깊이 갈아 경작해야 하며, 비료는 삼가고, 극단적으로 해충을 박멸해야 한다고 주장하였다.

유관성의
기준에서

**연 습 문 제** 다음 글을 유관성의 기준에서 평가하시오.

친구 사이인 A와 B는 살인과 사체 유기 혐의로 구속되어 조사를 받고 있는 중이었다. B는 살인에는 가담하지 않았지만, 친구 A의 요청으로 살해당한 C의 사체를 은닉하는 데 가담하였고, 현재로는 A와 공범으로 조사 중에 있다.

수사관 : 당신은 C를 살해하였습니까?

B : 아닙니다. 저는 C를 살해한 적이 없습니다. 게다가 저는 C와 일면식도 없습니다.

수사관 : 당신은 A와 어렸을 때부터 한 동네에서 살아온 가장 친한 친구 중 한 명입니다. 맞습니까?

B       : 예 맞습니다.

수사관 : 그렇다면 당신은 A에 대해 잘 알고 있겠군요.

B       : 예 다른 사람들에 비하여 비교적 제가 A에 대해 잘 알고 있는 편입니다.

수사관 : 당신은 A와 이런저런 일들도 함께 많이 했던데요. A가 C와 함께 사업을 하고 있었던 것을 몰랐습니까?

B       : A가 C와 사업을 하고 있다는 것은 A로부터 이야기들은 바 있습니다. 그렇지만 제아무리 친하다고 해서 개인적으로 진행하는 일의 파트너까지 제가 알지는 못합니다.

조사관 : 좋습니다. 그렇다면 당신이 A로부터 C에 대하여 들은 얘기는 무엇입니까?

B       : 금전적인 문제로 갈등이 심하다는 얘기였습니다. 많이 다투고 있다고 말이죠. 한 번은 술자리에서 말다툼이 심해져 서로 주먹질까지 했다고 들었습니다.

조사관 : A가 그때 좀 다쳤죠?

B       : 예? 조금 다쳐요? 아니 그 일로 병원에 입원까지 했는데, 조금 다치다니요? 게다가 C는 A가 입원해 있는 병원에 한 번도 오지 않았습니다.

조사관 : 그렇다면 당신도 C에 대한 원한이 있겠군요. 아닌가요?

B       : 아니 조사관님! 아까도 말씀드렸지만, 저는 C와 일면식도 없고, C를 살해하지 않았습니다. 자꾸 그런 식으로 몰아가지 마십시오.

조사관 : A는 이미 C의 살인을 자백하였습니다. 그리고 B 당신과 C의 사체를 유기한 것에 대해서도 자백을 하였지요. 당신도 자백하시지요? 당신은 A와 공모하여 C를 살인하고 시체를 은닉한 것 맞죠?

           학술적 글쓰기

B       : 아닙니다. 저는 결코 C를 살해하지 않았습니다. C는 A가 죽였습니다. A가 C를 죽였다는 그 시간에 저는 명확한 알리바이가 있습니다.

조사관 : 좋습니다. 그렇다고 하더라도, 여전히 C의 시체은닉 혐의는 남습니다. 당신의 범행 사실을 인정하십니까?

B       : 저는 C를 결코 죽이지 않았습니다. 다만 저는 제 친구인 A의 편의를 도왔을 뿐입니다. 진정한 친구 사이란 정말 힘들 때 도와주는 사이라고 저는 생각합니다. 가장 힘들 때 친구를 돕는 것이 바로 신의(信義)일 겁니다. 제가 생각하기에 A는 아마도 그의 인생에서 가장 큰 위기의 순간을 맞았을 것입니다. 그 상황에 다른 사람이 아닌 제게 도움을 요청한 것도 그 이유 때문이었을 것입니다. 자신이 가장 힘들 때, 가장 신뢰하는 친구인 제게 도움을 요청한 것이지요. 저는 신의를 지켰습니다. 아니 한 번 생각해보세요 조사관님. 친구와의 신의를 지키는 것이 당연한 것이 아닌가요?

유관성의
기준에서

## 3) 타당성(넓은 의미)

 다음 글을 타당성의 기준에서 평가하시오.

> 친구 A : B야. 아무리 힘들어도 술에 의존하는 것은 좋지 않아. 몸도 생각해. 그리고 너 지금 너무 많이 취했어.
>
> 친구 B : 고맙다. 그래도 나 생각해주는 것은 너밖에는 없네.
>
> 친구 A : 야! 내 마음 알았으면 이제 그만 마시고 일어나자.
>
> 친구 B : 괜찮아. 너무 걱정하지 마. 내가 술독에 빠져 사는 것 같지만, 그렇다고 술이 나를 어쩌지는 못해.
>
> 친구 A : 취한 녀석이 말은 또 그럴 듯하게 하네. 헛소리 말고 일어나 빨리!
>
> 친구 B : 허헐! 나 참. 나 안 취했다니까! 멀쩡해 지금!
>
> 친구 A : 야! 이 녀석아. 그게 취했다는 증거야! 취한 놈이 언제 취했다고 하냐. 술 취한 놈들은 항상 자기가 안 취했다고 그래요. 네가 그런 말 하는 것 보면, 넌 취한 것이 분명한 거야. 그러니까 빨리 일어나!

**타당성의 기준에서**

위의 대화에서 친구 A는 취한 사람은 자신이 취했다고 말하지 않는다는 것을 근거로 친구 B가 자신이 취하지 않았다고 말했으므로, 친구 B가 취했다고 주장하고 있다.

(해설) 논리학에서는 이를 '후건긍정의 오류'라고 한다.

다음 글을 읽고 여론조사기관 B의 발표 내용을 타당성의 기준에서 평가하시오.

20XX년 세계는 또다시 대공황을 맞이하게 되었다. 어느 나라나 할 것 없이 모든 국가들에서 빈부격차는 극에 달하였으며, 잇따른 세금 정책에도 불구하고 불평등 문제는 점점 더 심해져가고 있었다. 때마침 Y국의 새로운 대통령을 선출해야 하는 시기가 다가오면서, 누가 이 문제를 해결하는 데 적합한 대권주자인지가 초미의 관심사가 되었다. 한 유력한 여론조사기관은 여론조사 최종 공표일에 맞추어 대권주자들의 승리 여부를 묻는 여론조사를 실시하여 그 결과를 발표하였다. 이에 따르면, 이번 대선은 유력 경쟁자 A와 B 중 A의 압도적 승리가 될 것으로 전망되었다. 어느 누구도 이 기관의 발표를 의심하지 않았다. 이 기관은 엄청난 자금력을 바탕으로 전 국민 8천만 명 중 8만 명의 유권자들에게 여론조사를 시행하였으며, 이 유권자들은 이 기관의 대표와 가족관계에 있는 당대 최고 기업이 운영하는 호화 백화점의 고객명부와 자사 고급 브랜드의 자동차 구매자 및 보험회사 고액 가입자 목록에 있는 고객들이었다. 그렇지만 선거 결과는 이 기관의 발표와 달리 B의 승리로 끝났다.

**타당성의 기준에서**

여론조사기관은 Y국 대통령 선거 결과를 예측하기 위해 양적으로는 충분한 여론조사를 시행하였다. 하지만 그 당시의 경제 상황을 고려할 때, 표본이 된 여론조사 대상자들은 특정한 경제적 지위를 누리고 있는 사람들이며, 이러한 까닭에 이 여론조사는 각계각층의 의견들을 종합적으로 반영하지 못하였다.

(해설) 논리학에서는 이를 편향된 통계의 오류라고 한다.

육아휴직은 근로자가 일정 연령 이하의 자녀를 양육하기 위하여 휴가를 신청하여 사용하는 휴직을 말한다. 근로자가 고용된 상태를 유지하면서 일정 기간 동안 휴직을 할 수 있기 때문에 근로자는 육아부담 해소와 함께 생활 안정을 도모할 수 있고, 기업은 숙련인력을 확보할 수 있는 장점이 있다. 육아휴직은 '남녀고용평등과 일·가정 양립 지원에 관한 법률(남녀고용평등법) 제19조'에 근거하고 있다.

육아휴직 제도가 1987년에 처음 도입된 이래로 최근 육아휴직을 사용하는 근로자들이 크게 증가하였다는 통계 결과가 발표되었다. 이 결과에 대하여 한 전문가는 이 현상이 비정규직의 정규직 전환 비율 증가에서 설명될 수 있다고 주장하였다. 그에 따르면, 비정규직에서 정규직으로 전환되는 직원이 많아지게 될 경우 육아휴직이 크게 증가하게 된다. 비정규직의 경우 신분적 불안정성과 더불어 5개월의 출산휴가만을 사용할 수 있지만, 정규직의 경우 직업적 안정성과 더불어 1년 유급 휴가와 더불어 1년간의 무급 휴가를 추가적으로 사용할 수 있기 때문에 비정규직의 경우보다 육아휴직을 더 많이 신청하게 된다는 것이다. 따라서 현재 육아휴직이 크게 증가한 것은 비정규직의 정규직 전환 비율이 높아진 데서 기인되는 것이다.

타당성의
기준에서

어떤 교차로에서 수 억 원을 호가하는 고급 스포츠카를 운전하던 부유한 상속녀 P와 오토바이를 타고 신문배달을 하고 있던 청년 K 간에 접촉사고가 발생하였다. 이 둘은 서로 사고의 책임이 자신에게 있지 않다고 주장하였으며, 목격자와 CCTV 등의 다른 증거가 없는 상황에서 이 사건은 재판부로 이송되었다. 판결의 핵심은 과연 누가 교차로에서 신호를 위반하였는가에 있었다. 상속녀 P의 변호인 A와 청년 K의 변호인 B는 모두 상대방의 과실을 입증하기 위하여 치열한 법정 공방을 벌였다. 재판 과정에서 변호인 A와 변호인 B 사이의 논쟁은 다음과 같이 진행 되었다.

변호인 B : 본 사건의 책임이 제 의뢰인인 K에 있다고 보기는 어렵습니다. 왜냐하면 K는 이미 10년 이상 이 지역에 거주해왔고, 신문배달을 한 지도 이미 5년이 지났습니다. 따라서 K는 이 지역의 모든 도로와 교통신호에 매우 익숙한 상태입니다. 이에 반해 P는 이 지역으로 이사 온 지 이제 겨우 한 달여가 지났을 뿐입니다. 그러니 P는 K보다 이 지역의 도로사정과 교통신호 체계에 익숙하지 않은 것이 분명합니다. 따라서 신호 위반의 책임은 K가 아니라 P에게 있다고 보는 것이 옳습니다.

변호인 A : 아닙니다. 제 의뢰인은 본 사건이 발생하기 이전에도 같은 길로 수차례에 걸쳐 자신의 스포츠카를 이용했지만, 한 번도 사고는커녕 신호를 위반한 적이 없었습니다. 따라서 변호인 B의 주장은 설득력이 부족합니다. 게다가 저의 의뢰인인 P는 당시 지극히 정상적인 상태로 운전 중이었습니다. 저의 의뢰인은 술을 전혀 마시지 않았을 뿐만 아니라, 휴대전화나 그 밖의 운전에 방해될 만한 어떠한 전자기기도 사용하지 않았습니다.

변호인 B : 누가 교차로 신호를 위반했는지를 밝히기 위해 우리는 당시 P와 K가 무엇을 하려고 했는지에 주목할 필요가 있습니다. 한번 생각해봅시다. 당시 P는 고가의 스포츠카를 몰고 나이트클럽에 가던 길이었습니다. 이에 반해서 제 의뢰인인 K는 평소와 다름없이 신문배달을 하고 있었을 뿐이었습니다. 평소와 다름없이 성실하게 자신의 업무를 수행하는 사람과 비싼 스포츠카를 몰고 나이트클럽에 놀러가는 사람 중에서 누가 심리적으로 더 흥분상태에 있겠습니까? 게다가 K를 가해자로 보는 것은 너무 가혹한 처사입니다. P는 가해자라 하더라도 K에게 변상해야 할 금액은 그녀의 재산 중 극히 일부에 지나지 않습니다. 하지만 만약 K가 가해자라면, 그는 자신의 1년치 월급을 상회하는 금액을 P에게 변상해야만 합니다. 우리 중에서 누가 이와 같은 불합리한 결과를 용인할 수 있겠습니까?

**타당성의 기준에서**

## 4) 옳음

**예 시 사 례** 다음 글을 옳음의 기준에서 평가하시오.

저는 당신들이 우리 군대를 이라크에 파견하는 데 그렇게 반대하는 것을 이해할 수 없습니다. 당신들은 그것이 마치 애국인양 떠들지만 결코 그렇지 않습니다. 오히려 이라크에 우리 군대를 파견하는 데 반대하는 것이야말로 매국적인 행위입니다. 다시 말해 이라크에 우리 군대를 파견하는데 동의하든지 아니면 매국노가 되어야 하는 것입니다. 그런데 당신들은 우리 군대를 이라크에 파견하는 것에 동의하고 있지 않습니다. 그러니 당신들은 매국노가 되려 하는 것일 뿐이지요.

이 글의 화자는 '당신들은 매국노가 될 수밖에 없다.'고 주장한다. 그리고 이 주장을 정당화하기 위해 다음의 근거들을 제시하고 있다.

1. 이라크게 우리 군대를 파견하는 데 동의하거나 매국노가 되어야 한다.
2. 당신들은 군대 파견에 동의하지 않는다.

위의 근거들을 옳음의 기준에서 평가하시오.

| 옳음의<br>기준에서 | 이 글의 두 근거 중 근거1은 이성적으로 수용되기 어렵다. 왜냐하면 군대 파견에 동의하는 것과 매국노가 되는 것은 반대관계일 뿐 모순 관계가 아니어서, 군대 파견에 동의하지 않더라도 반드시 매국노가 되어야 하는 것은 아니기 때문이다.<br><br>(해설) 논리학에서 이를 '흑백사고의 오류'라고 한다. |
| --- | --- |

 **연 습 문 제** 다음 글을 읽고 물음에 답하시오.

"전쟁 장관 스팀슨에게 명령해 군사 목표물은 (일본의) 지상군과 해군일 뿐, 민

간인이 아님을 분명히 했다. 그들이 아무리 야만적이고 무자비하며 광란적이라 하지만, 목표물은 역시 군사적인 것만을 대상으로 국한시켜야 하기 때문이다……"

이것은 미국의 트루먼 대통령이 1945년 8월 가공할 위력의 원자폭탄을 일본의 히로시마와 나가사키에 투하하기로 최종 결정하던 날에 쓴 일기의 일부다. 그러나 당시 히로시마와 나가사키는 분명히 일본 전선에서 인구 밀집 지역에 속해 있었다. 트루먼이 그 사실을 모를 리 없었다고 한다면 일기에 적힌 트루먼의 말을 우리는 어떻게 받아들여야 할까?

독일의 드레스덴 시市는 17세기 이후 문화, 예술이 크게 발달해 '엘베 강의 피렌체'로 불릴 만큼 유서 깊은 도시였다. 그런데 1945년 2월 13일부터 두 달 동안 연합군은 이 드레스덴 시에 다섯 차례에 걸쳐 무차별 공습을 퍼부었다. 연합군 측은 아무런 군사적 목적의 시설도 없는 이 도시에 의도적으로 공습을 감행했던 것이다.

저간의 사정은 이러했다. 연합군의 노르망디 상륙 후 독일군은 계속 후퇴를 거듭했고, 많은 피난민들이 연합군의 공격을 피해 드레스덴으로 몰려들었다. 피난민들이 몰려들었던 이유는 드레스덴이 바로크 양식의 건축물들이 즐비한 문화 유적의 도시이기 때문에 연합군의 폭격을 피할 수 있다는 소문 때문이었다. 그러나 그것은 엄청난 착각이었다. 영국의 랭커스터 폭격기 850대와 미국의 B-17기 450대로 구성된 연합군 공군의 무차별 융단 폭격으로 13만 5천 명이 사망했고, 숱한 문화유산들은 잿더미가 되었다.

히로시마와 나가사키 원폭 투하 그리고 드레스덴 공습뿐만이 아니다. 월남전에서 미군이 월맹군을 상대로 채택한 폭격 전술, 그리고 최근 걸프전에서 이라크의 수도 바그다드에 대한 연합군의 공습과 같은 일들도 전쟁에 직접 참가해 있는 군인 및 군사 시설에 국한된 전쟁 행위로 보기 어렵다. 그렇다면 이와 같은 무차별 집중 포격은 정당한 전쟁 행위인가, 아니면 반복되어서는 안 될 비도덕적 만행일까?

무차별 집중 포격은 바람직하진 않지만 어쩔 수 없는 경우 택할 수도 있는 전쟁 수행의 한 가지 수단이라고 볼 수 있다. 전쟁 당사국의 목표는 적군의 군사력을 분쇄하여 승리하는 것이다. 이 점에서 볼 때 할 수만 있다면 적국의 주요 인구 밀집 지역에 집중적 포격을 가함으로써 적군의 사기를 급격히 저하시키는 것도 하나의 효과적인 전략이 될 수 있다. 왜냐하면 그 전략이 성공적으로 수행되어 전쟁이 하루라도 빨리 끝날 수 있다면, 그만큼 전쟁으로 인해 희생될, 아군이건 적군이건 간에, 더 많은 인명의 손상을 막게 될 것이기 때문이다.

게다가 전후방이 따로 없는 현대전에서 전쟁과 완전히 무관한 시민이란 사실상 존재하지 않는다. 그들도 직접 또는 간접적으로 전력에 기여하고 있다고 보아야 한다. 또한 적군의 군사적 시설에 대한 조준 포격을 가했는데 부근에 사는 무고한 시민이 살상되는 경우는 전쟁에서 흔히 있는 일이다. 이런 경우에 포격 명령자에게 도덕적 책임을 물을 수 있겠는가? 전쟁이라는 특수 상황에서 조준 포격과 무차별 포격 사이를 엄밀하게 구분한다는 것이 의미 있는 일인가?

– 원만희, 『논리로 읽는 세상』.

이 글의 저자는 다수의 희생을 막기 위한 무차별 포격은 정당한 전쟁 수단이라고 주장하고 있다. 이 주장을 정당화하는 근거들은 다음과 같이 재구성될 수 있다.

① 많은 인명의 살상을 초래하는 전쟁은 가급적 빨리 끝날수록 좋다.
② 무차별 포격은 전쟁을 빨리 끝내기 위한 살상 행위이다.
③ 더 많은 인명의 살상을 막기 위해서 소수의 희생을 (의도적으로) 택할 수 있다.

④ 전쟁 중에는 무고한 인명의 손상이 어느 정도 불가피하다(조준 포격을 하더라도 부근 무고한 시민의 살상이 초래될 수 있다).

위의 근거들을 옳음의 기준에서 평가하시오.

옳음의
기준에서

**연 습 문 제** 다음 글을 옳음의 기준에서 평가하시오.

인공지능 기반의 자동화는 노동시장의 일시적 붕괴를 초래하고, 이와 더불어 노동자들에 대한 수요를 극적으로 감소시킬 수도 있다. 지금까지 인간은 자신의 노동력을 상품으로 제공하고 이에 대한 보상을 받는 방식으로 사회적 삶을 유지해 왔다. 그러나 인간의 노동력이 불필요해진다면, 이와 같은 방식의 보상은 더 이상 유효하지 않게 된다. 따라서 노동에 대한 보상이라는 기존 방식과는 다른 방식이 모색되어야 한다. 예를 들어 자원 분배에 대한 대안적인 접근 방법을 택하거나, 경제를 새로운 체계로 조직화하는 방법을 근본적으로 고민해야 할 것이다.

이러한 시나리오가 비록 추측으로 보일지라도, 이에 대한 근거가 없는 것은 아니다. 우리는 지난 1, 2차 산업혁명을 겪으면서 유사한 사례들을 경험했다. 새로운 기술적 조건과 상황의 도래가 노동 조건을 악화시키기도 하였지만, 그러한 상황은 소비 진작 등의 여러 가지 요인들에 의해 해소되었고, 결국 기존에 없던 더 많은 일자리가 창출되었다. 이에 비추어 볼 때, 인공지능은 이전의 기술과 같은 방식으로 개발되고 활용될 가능성이 높다. 과거 다수의 개인들이 새로운 일자리를 얻은 것처럼, 앞으로도 인공지능을 활용한 새로운 상품들과 서비스들은 인간을 위한 새로운 일자리를 창출하게 될 것이다.

옳음의
기준에서

## 5) 논의의 폭과 깊이

**예시사례** 다음 글을 논의의 폭과 깊이의 기준에서 평가하시오.

파리와 서울을 집권당 대표가 강변 풍경으로 비교했다. 그는 "서울은 한강변에 아파트만 들어서서 단가 얼마 얼마라고 하는데, 이런 천박한 도시를 만들어서는 안 된다"고 했다. 그러면서 그는 "센강 같은 곳을 가면 노트르담성당 등 역사 유적이 쭉 있고 프랑스가 어떻게 살아왔는지를 안다"고 했다. 물론 그는 서울의 과열된 아파트 열기를 비판하려는 의도였을 것이다. 한국인들이 부동산에 집착하는 것도 사실이다.

그러나 센강 변에는 역사 유적만 있는 게 아니다. 부동산 열기도 함께 흐른다. 센강의 양대 하중도(河中島) 중 행정기관이 많은 시테섬과 달리 생루이섬에는 낡긴 해도 아파트가 적당히 있다. 생루이섬에 살면 노트르담성당을 비롯한 여러 세계적 명소를 지척에 두고 생활할 수 있다. 센강의 중심에 거주한다는 각별함도 누린다. 가격은 얼마나 할까. 침실 하나와 주방 겸 거실 하나가 있는 전용 52

㎡(약 15.7평)짜리가 99만 9000유로에 나와 있다. 센강 전망도 없고 주차장도 없다. 그래도 14억 원에 달한다는 얘기다. 이만 한 집에 세 들어 살려면 적어도 월세 350만 원쯤을 내야 한다. 한강 변과 마찬가지로 센강 변 아파트도 '단가 얼마 얼마'라는 말이 나온다.

프랑스인들은 '천박한' 욕망을 억제하지 않는다. 일간 르파리지앵은 지난 7일 자에서 파리 근교 부촌(富村)인 뇌이쉬르센의 집값을 해부했다. 큼직한 지도를 그려 골목 단위로 집값을 표시해놨다. 사람들의 관심이 많아서다. 이뿐 아니다. 부동산 정보업체들은 아파트 값으로 파리 시내 20구의 순위를 매기고, 이런 서열이 언론 보도에 등장한다. 노골적이고 솔직한 부동산 정보가 넘쳐난다. 대표적인 좌파 신문인 르몽드조차 자체 부동산 사이트를 운영할 정도다. 파리, 서울 같은 세계적인 도시에서 살고 싶어 하는 이들은 넘쳐난다. 그런 대도시의 안에서는 조금이라도 나은 곳에 몸을 누이려는 경쟁이 멈추지 않는다.

'천박하다'는 표현에는 '더 좋은 곳에 살고 싶다'는 욕망을 저급한 것으로 여기는 특유의 시각이 담겨 있다. 그들은 주택 보급률이 높다 면서 "집은 충분한데 투기꾼들이 문제"라 주장한다. 더 좋은 집에 대한 갈망을 무시하는 사회주의식 배급 논리다. 100명에게 꿀꿀이죽 100인분을 던져주고 '배를 채우는 데 문제없지 않느냐'고 하는 것과 같다.

정부는 집을 둘러싼 인간 본성과 시장 원리를 다 무시한다. 국민 눈높이에 맞는 집을 늘리려는 시도는 뒷전이고 유주택자와 무주택자 편 가르는 정치 게임에 몰두한다. 부작용이 생기지 않을 리 없다. 국가의 정책 목표는 국민의 욕구를 채워주는 것이라야 한다. 의식주와 관련된 것이라면 더욱 그렇다. 파리에서든 서울에서든 더 좋은 집에 대한 열망은 죄가 아니다.

– 손진석, 「센강 변은 다른 줄 아나」

학술적 글쓰기

위 글은 부동산에 대한 정부 정책의 특정 방향을 비판하고자 하는 의도를 가지고 있다. 그렇지만 이 글의 저자는 정부정책을 사회주의식 배급논리라는 특정 시각에만 입각하여 설명하고 있다. 또한 높은 집값이라는 하나의 조건만을 고려하고 있을 뿐, 서울과 파리의 차이를 다각적으로 검토하지 못하였다. 이는 정부의 부동산 정책에 대한 심도 있는 비판으로 보기 어렵다.

(해설) 특정 정책에 대한 비판의 폭과 깊이가 적절한지 생각해보자.

**연 습 문 제** 다음 글을 논의의 폭과 깊이의 기준에서 평가하시오.

---

　　새로운 미디어가 생겨나면 그 미디어의 기능에 대한 갖가지 희망적인 전망들을 한다. 텔레비전이 탄생하자 많은 학자들은 이 전자기술이 민주주의를 확대시킬 새로운 커뮤니케이션 기술이라는 높은 평가를 했다. 텔레비전은 참여민주주의를 확대시킬 새로운 커뮤니케이션 기술이며, 텔레비전을 활용하는 담론은 대의민주주의의 약점을 치유할 것으로 내다봤다. 그러나 텔레비전은 이 같은 기대와는 달리 민주주의의 걸림돌이라는 비판이 지배적이다.

　　텔레비전은 상업주의에 매몰되어 정치뉴스보다는 오락과 연예에 대부분의 시간을 할애했다. 그나마 정치뉴스도 편견이 심하고 불안전하다. …… 더욱이 강력한 이미지를 활용하는 텔레비전의 정치 광고는 상대방을 무자비하게 공격하는 도구로 활용되고, 시청자들의 감성에 호소하여 이성과 합리에 따른 판단을 흐리게 한다. …… 인터넷이 등장하자 많은 사람들은 이 디지털 매체가 텔레비전의 이 같은 폐해를 극복할 '슈퍼미디어'가 될 것이라고 평가했다. 인터넷의 특성인 쌍방향성, 수평성, 비권위성, 신속성, 익명성 등은 사람들이 평등하게 정보에 접근할 수 있게 하고 대중의 참여를 증가시켜 민주주의의 확산을 가져올 것이라는 기대를 하게 했다.

인터넷은 직접민주주의, 참여민주주의의 선봉장이 될 것이라는 평가까지 했다. 그러나 인터넷이 본격적으로 정치무대에 등장하자 인터넷의 폐해가 불거졌다. 인터넷은 갈수록 상업화하고 오락의 도구로 활용되는가 하면, 인터넷의 특성인 즉시성, 신속성, 익명성 등은 오히려 민주주의의 심각한 걸림돌이 될 것이라는 우려의 목소리가 높다. 특히 우리나라의 인터넷 문화는 거칠고 잔인하다. 온갖 욕설과 루머, 비방으로 가득 차 있다. 최소한의 예의나 이성과 합리는 찾기 힘들다. …… 특히 인터넷 목소리는 소셜네트워크서비스(SNS)를 바탕으로 표출된다. 통상적으로 SNS는 20-30대 젊은이들의 소통수단이다. 자연히 이들의 목소리가 크게 반영되고 소통 빈도에서도 주를 이룬다. 진보 성향이 강한 이들과 다른 의견이 제시되면 '꼴통'으로 몰리고 집단 공격을 당한다.

SNS로 무장한 이들의 소리는 과대 포장되고 마치 일반적인 소리인 양 둔갑된다. 그래서 SNS를 통해 표출된 의견은 대표성을 갖지 못한다. 정치참여확대라는 미명하에 행해지고 있는 이 같은 인터넷 소통의 행태가 지배하고 있는 상황 속에서 4·11 총선부터 SNS 선거 운동을 합법화했다. 국민의 선거참여 활성화와 정치표현의 자유가 침해받아서는 안 된다는 점을 중시해 SNS 선거 운동을 합법화한 것이다. 문제는 각종 루머를 양산하고 감정의 싸움터가 된 인터넷 공간에서 SNS 선거가 올바른 선거 문화 확립과 정치 발전에 무슨 도움이 되겠는가 하는 점이다. 선거의 대표성과 공정성을 크게 훼손하는 부작용이 심히 우려되기 때문이다. SNS 선거로 네티즌 집단의 정치 참여가 확대되는 대신, 노년층과 저소득층 등 인터넷 소외 계층의 의사는 과소화하거나 묻혀버린다. SNS의 감성적 속성은 끼리끼리의 특정 집단의 편견을 증폭시키고 분파 간 갈등을 심화시킨다. 이기심과 편견을 부추기는 선동의 도구가 되기 십상이다. 이해관계가 얽힌 집단이 악의적인 내용을 퍼 나르거나 악의적인 댓글을 붙여 여론몰이를 하는 폐해가 적지 않다.

SNS를 통한 비방과 모략과 마녀 사냥식 SNS 재판도 우려된다. 이미 지난 4·11 총선 때 SNS 선거 운동의 부작용이 속출했다. 후보자에 대한 허위사실 유포 등 네거티브 공세로 선관위의 경고를 받은 사례가 잇따랐다. 이른바 참여민주주의의 과잉과 왜곡의 폐해가 극복되지 않은 상황에서의 SNS 선거가 민주주의의 독이 되지 않을지 심히 우려된다.

– 윤석홍, 「검증 안 된 온갖 '說' 쏟아내는 SNS」

논의의
폭과 깊이의
기준에서

## 3.4 논평 종합 연습

① 다음 글을 형식적으로 논평하시오.

신체에 상해를 가하여 벌하는 것. 옛날에 이 주제를 이론화했던 모든 사람이 이런 벌을 지지했다. 3백년 전의 개화된 사회에서도 귀나 혀를 잘라내는 경우가 드물지 않았다. 『주홍글씨The Scarlet Letter』를 통해 다들 알고 계시듯, 뉴잉글랜드에서는 죄인에게 낙인을 찍는 것도 온당하게 여겨졌다. 자백을 강요하는 고문이 당연시되었다. 얼마 전 위커샴 위원회가 '폭력적 심문third degree'을 조사하는 과정에서 드러났듯 여전히 고문이 존재한다. 그러나 지금은 법 집행인이 행사하는 고문이라도 고문은 불법이다. 대체로 볼 때 모든 문명의 진보에는 처벌 강도의 완화와 신체적 응징의 감소가 동반되는 법이다. 보다 엄격한 도덕가들의 갖가지 우려에도 불구하고 일반적으로 보다 너그러운 형법이 범죄를 줄여준다. 통계학적으로든 개별 범죄자들의 심리 측면에서든 체형 옹호론이 들어설 자리는 없다.

그럼에도 불구하고 적어도 영국에서는 태형이 형사판결로 되살아났다. 학창 시절에 매질이나 채찍질을 당했던 사람들 대다수가 그 덕분에 자신이 향상되었다고 믿고 있다. 내가 볼 때는 이렇게 믿는 그 자체가 체형의 악영향 중의 하나이다. 성인이 되어서든 어렸을 때든 이런 일을 당하는 사람은 마음에 분노가 차게 되고 이 분노가 그를 사나운 반항자로 만들어버리거나, 자기 차례가 되었을 때 태만한 타인을 괴롭히고 싶은 격한 욕망의 소유자로 바꾸어놓는다. 후자의 감정은 도의적 분개로 정당화될 수도 있지만 사실은 이 감정을 느끼는 사람 자신이 과거에 당했던 것을 타인들에게 가하고픈 욕구에 불과하다. 그러나 본인은 이 사실을 절대로 깨닫지 못한다.

영국의 경우, 특별히 가증스럽다고 여겨지는 범죄가 사람에 의해 저질러졌을 때는 태형으로 처벌할 수 있다. 이를테면 여자가 부도덕한 방법으로 벌어오는 소득으로 살아가거나 여자를 폭행하는 경우가 여기에 속한다. 태형을 명하는 판사들은 판결 내용을 발표하면서 뚜렷한 만족감을 과시한다. 그들은 그것을 미덕이라고 생각하지만 사실은 잔인한 본능의 배출일 뿐이다.

최근에 런던 《타임스The Times》지에 한 성직자가 보내온 편지가 실렸는데, 건강에 심각한 타격을 줄 가능성이 있을 때는 교도소 의사의 소견에 따라 이 형벌을 가할 수 없다는 규정에 대해 몹시 유감스러워하는 내용이었다. 이 훌륭한 기독교 목사는 자신이 '피에 굶주렸거나 특별히 양심이 깊은' 사람은 절대 아니라고

학술적 글쓰기

공언한 다음 이렇게 주장한다. "타인들에게 폭력을 가하는 사람은 본인의 건강 상태가 어떠하든 자기행위의 결과를 철저히 감수해야 한다." 얼마 전 상원에서는, 학생들이 특정한 형사상 위반을 했을 때는 태형을 가할 수 있게끔 만드는 데 성공했다. 상원 나으리들 대다수가 학창시절에 가혹한 체형을 당한 사람들이라는 점을 감안할 때 지극히 당연한 결과이다.

범죄에 대해 분개하는 것은 자연스러운 감정이며, 가혹한 처벌을 바람직한 것으로 생각하게끔 만든다. 그러나 벌을 가하는 사람들에게 쾌감을 주는 거사만이 목적이 아니고 범죄를 막는 것이 목적이라면 보다 과학적인 태도가 바람직하다. 모든 폭력과 잔인성은 그 답례로 다시 폭력과 잔인성을 야기하는 경향이 있다. 반드시 직접 보복의 형태는 아니더라도 전반적으로 가혹하고 잔인한 형태로 말이다. 환자가 아프다는 이유로 의사가 화를 낸다면 환자들을 보다 효과적으로 치료하지 못할 것이다. 마찬가지로 형법이 범죄자에 대한 분노로 가득 차 있으면 보다 효과적이기 어렵다. 범죄자는 심리학적, 교육적, 사회학적, 경제적으로 어떤 문제점을 제시한다. 맹목적인 분노 상태에서는 이 어려운 문제를 바람직하게 다룰 수 없다. 체형을 지지하는 모든 주장들이 과학적 이해가 아니라 분노에 근원을 두고 있다. 인간이 보다 과학적으로 변하면 그런 야만적인 관행은 더 이상 용인되지 않을 것이다.

— 버트런드 러셀, 『인간과 그 밖의 것들』

형식적 논평(요약)

| 구분 | 내용 |
|---|---|
| 현안문제 | |
| 핵심어와<br>그 의미 | |
| 주장 | |
| 근거 | |
| 함축 | |
| 배경 | |
| 관점 | |
| 기본가정 | |

형식적 논평(비판)

| ( )의 기준에서 |
| --- |
| |

| ( )의 기준에서 |
| --- |
| |

| ( )의 기준에서 |
| --- |
| |

② 다음 글을 형식적으로 논평하시오.

> 행복은 건강에서 매우 유익하다. 행복한 사람은 코르티솔 호르몬의 수치가 더 낮은데, 이 호르몬의 수치가 높으면 당뇨병과 고혈압 같은 질병에 걸리기 쉽다. 또 행복한 사람은 큰 수술을 받아도 회복 속도가 빠르다. 그뿐만이 아니다. 행복한 사람은 면역 체계가 더 강한 편이다. 심리 테스트에서 행복 수준이 높게 나온 사람은 그렇지 않은 사람에 비해 독감 백신을 맞았을 때 항체가 50%나 더 많이 생성된다.
>
> – 리즈 호가드, 『행복: 영국 BBC 다큐멘터리』

형식적 논평(요약)

| 구분 | 내용 |
| --- | --- |
| 현안문제 | |
| 핵심어와 그 의미 | |
| 주장 | |
| 근거 | |

| | |
|---|---|
| 근거 | |
| 함축 | |
| 배경 | |
| 관점 | |
| 기본가정 | |

형식적 논평(비판)

| ( )의 기준에서 |
|---|
| |
| |
| |
| |
| |

| ( )의 기준에서 |
|---|
| |
| |
| |
| |
| |

| ( )의 기준에서 |
|---|
| |
| |
| |
| |
| |

③ 다음 대화에서 나타난 섭공의 견해를 형식적으로 논평하시오.

섭공 : 모처럼 먼 길을 오셨으니, 오늘은 삼가 선생님께 정치를 하는 바른 도리에
대해 듣고 싶습니다.

공자 : 허허, 공께서 그리 청하시니 말씀드리겠습니다. 먼저 가까이 사는 백성들
이 늘 기쁜 마음으로 살도록 해주십시오.

섭공 : 그거야 당연한 것 아니겠습니까. 저의 백성들은 모두가 기뻐하며 잘 살고
있습니다.

공자 : 그렇다면 멀리 사는 사람들이 공의 덕을 흠모하여 가까운 곳으로 이주할
수 있도록 하실 수 있겠습니까?

섭공 : 아니, 이거 부끄럽습니다. 아직 거기까지는 제 힘이 미치지 못하고 있습니
다. 앞으로 한층 더 신경을 쓰도록 하겠습니다. 그런데 정치란 백성을 기쁘
게 하는 것만이 능사는 아니지 않습니까? 백성을 올바르게 하는 게 더 중
요하지 않겠습니까?

공자 : 말씀하신 그대로입니다. 정치(政治)란 잘못된 것을 바로잡는 정치(正治)인 것

이기도 하지요.

섭공 : 예, 부끄럽지만 저는 백성을 바르게 이끄는 일에서는 아주 자신합니다.

공자 : 그거 잘된 일입니다. 그런데 공께서 백성들을 어떤 식으로 바르게 이끄는지 구체적으로 말씀해 주실 수 있겠습니까?

섭공 : 바로 얼마 전에 일어났던 일을 말씀드리겠습니다. 어떤 사람이 길을 잃은 양이 자기 집에 들어오자 시치미를 뚝 떼고 제 것인 양 챙겼습니다. 물론 이웃은 고발을 했지만 증거가 없었기에 달리 방법이 없었습니다. 그런데 그 사람의 아들이 관청에까지 나와 "국법을 속일 수 없다"라고 하면서 제 아비가 거짓말을 했다는 것을 알려주었습니다. 그래서 관청에서는 아비에게 벌을 주고 아들에게는 상금을 주어 처리했습니다. 우리나라에서는 이런 사람을 바르다고 말합니다.

공자 : 아하, 공의 나라에서는 그런 부류의 인간을 바르다고 하는군요!

섭공 : 그 젊은이는 국법을 지키고자 했던 것입니다. 법이 지켜지지 않으면 나라의 기강을 어떻게 세우겠습니까? 그 젊은이는 가족이라는 사적인 관계보다 공적인 것을 더 먼저 생각한 것이니 장하지 않습니까?

공자 : 그렇지 않습니다. 공께서 이야기한 예에 따르면 아비는 도둑놈이고 그 아들은 그걸 고자질한 파렴치한 놈일 뿐입니다. 공의 나라에서는 그럴지 모르지만 우리나라에서는, 아비는 자식을 위해 나쁜 일을 감춰주고 자식은 아비를 위해 나쁜 일을 감춰 주는 것을 바르다고 합니다. 인(仁)을 바탕으로 하지 않은 올바름이란 게 무슨 소용이 있겠습니까?

섭공 : 법이란 반드시 지켜야 하는 것입니다. 군주라 해서, 아버지라 해서 숨겨주고 덮어준다면 그게 어찌 법이겠습니까?

－「논어」「자로」편

형식적 논평(요약)

| 구분 | 내용 |
|---|---|
| 현안문제 | |
| 핵심어와 그 의미 | |
| 주장 | |
| 근거 | |
| 함축 | |
| 배경 | |
| 관점 | |
| 기본가정 | |

형식적 논평(비판)

| (                                      )의 기준에서 |
| --- |
|  |
|  |
|  |
|  |

| (                                      )의 기준에서 |
| --- |
|  |
|  |
|  |
|  |

| (                                      )의 기준에서 |
| --- |
|  |
|  |
|  |
|  |

④ 다음 글을 형식적으로 논평하시오.

새해의 바람이 경제로 모아졌다. 언론의 신년 특집도 어떻게 하면 경제를 살리느냐에 집중되어 있다. 여러 처방도 제시됐다. 병을 고치려면 의사의 처방이 중요하다. 그러나 환자가 어떤 마음을 갖느냐가 더 중요하다. 우리가 마음을 어떻게 먹느냐에 따라 경제도 달라진다. 모든 다툼의 근원은 더 많이 차지하려는 데 있다. 돈도, 권력도, 명예도 남보다 더 많이 가지려는 데서 싸움이 시작된다. 더 많이 가지려는 이유는 그것이 부족하다고 생각하기 때문이다. 부족한 데서 서로 많이 가지려니까 싸움이 벌어지는 것이다.

노사갈등이니, 계층갈등이니 하는 문제도 부족한 데서, 더 많이 가지려는 데서 비롯되는 것이다. 경제도 그렇다. 부(富)나 재화가 한정되어 있다는 생각에 빠져 있으면 싸움은 그치지 않는다. 나눌 떡은 일정한데 '저 사람이 저렇게 많이 가지면 나는 적게 가질 수밖에 없지 않으냐'고 생각할 수밖에 없다. 분배의 정의가 힘을 받는 이유도 바로 이런 생각 때문이다. 그 최고의 형태가 공산주의이다. 해결 방법은 있는 사람 것을 빼앗아 없는 사람에게 나누어 주는 것이다.

그러나 기묘하게도 이렇게 빼앗는 순간부터 사회는 점점 가난해진다. 빼앗는 바로 그 순간이 부의 정점이다. 정복자가 타국을 침략하여 약탈한 것을 나누어 가지면 그 순간은 부자가 된다. 그러나 그 순간뿐이다. 그것으로 영원히 부자가 된 예는 없다. 사회도 마찬가지다. 계속 부자로 살려면 계속 빼앗아야 하는데 빼앗을 부자가 더 이상 없기 때문이다. 분배의 모순은 바로 여기에 있는 것이다.

그러나 빼앗지 않고 같이 살아가면 부는 점점 더 커진다. 부나 재산이 일정량 한정된 것이 아니라 만들어 가는 것이라는 생각을 하면 우리는 구태여 싸울 이유가 없다. 모두가 이런 생각으로 임하면 부는 무한정 늘어난다. 남의 것을 빼앗는 것이 아니라 내 것을 주고 내가 필요한 것을 다른 사람에게서 받는 것이다. 그것이 바로 시장이고, 생산이고, 무역이다. 이러한 공생은 부를 점점 더 크게 만든다. 불과 100~200년 전을 생각해보라. 과연 지금 같은 부유한 세상을 꿈꿀 수 있었는가. 만일 부가, 재물이 일정하여 다른 사람 것을 빼앗아야만 했다면 지금 같은 풍요는 오지 않았다.

우리 경제가 어려운 가장 큰 이유는 바로 이것이다. 경제가 성장할 수 있는 조건을 다 갖추었는데 유독 한국만 지난 2년간 세계 평균 성장률을 밑돌았다. "불안 심리를 없애야 한다" "부자들의 주머니를 열게 해야 한다"는 말이 왜 나오는가. 바로 이 정부를 주도하는 사람들의 의식이 "부나 재산은 지금 눈에 보이는 것이 전부이니 이를 나누어야 한다"는 생각에 빠져 있기 때문이다. 더 나쁜 것은 그것이 정의이고, 자신들은 그런 거룩한 사명이 있다고 믿는 것이다. 그러나 부는 한정되어 있지 않다. 부와 재화는 시장을 통해 무한대로 커져 간다. 이것이 시장의 비밀이다. 물론 부자들의 금도(襟度)도 필요하다. 끝없는 욕심만 있다면 시장은 성립 안 된다. 그때부터 시장은 부자들의 약탈장이 되는 것이다. 국가 임무는 그런 약탈행위를 감시하는 것이다.

또 하나 믿어야 할 것은 세상에 가치 있는 것이 재물과 돈만은 아니라는 점이다. 이 정부 들어서 우리 생각을 병들게 한 것은 빈부 문제가 세상의 모든 것인 양 확대해 놓은 것이다. 부자 미워하기, 강남 때리기, 일류학교 학대하기……. 이 저류에는 부자에 대한 미움이 있다. 세상은 돈 말고도 가치 있는 일이 많다. 예술가는 가난해도 아름다움을 추구하며, 교육자는 소박하게 살아도 후진을 길러내는 보람에 산다. 각자가 추구하는 가치는 다르며, 다른 가치 역시 소중한 것이다. 돈 때문에, 물질 때문에 만인이 투쟁하지는 않는다.

이것이 바로 다양성의 추구이다. 이는 시장의 비밀과 연결되어 있다. 만일 모든 사람이 똑같은 가치만 추구한다면 얼마나 살벌할까. 그러나 개인마다 다른 가치를 추구한다면 싸울 필요가 없다. 각자의 영역을 극대화하면 되기 때문이다. 그 여러 가치가 시장을 통해, 혹은 공동체를 통해 합해질 때 우리는 무한대의 성장을 해 나갈 수 있는 것이다. 시장의 비밀과 다양성의 비밀을 깨닫게 되면 경제는 저절로 살아날 것이다.

– 문창극, 「풍요의 비밀」

## 형식적 논평(요약)

| 구분 | 내용 |
|---|---|
| 현안문제 | |
| 핵심어와 그 의미 | |
| 주장 | |
| 근거 | |
| 함축 | |
| 배경 | |
| 관점 | |
| 기본가정 | |

형식적 논평(비판)

| ( )의 기준에서 |
| --- |
| |
| |
| |
| |
| |

| ( )의 기준에서 |
| --- |
| |
| |
| |
| |
| |

| ( )의 기준에서 |
| --- |
| |
| |
| |
| |
| |

학술적 글쓰기

# 3.5 일상적 논평문

① 다음 글을 형식적으로 논평한 후, 그것을 토대로 일상적 논평문을 작성하시오.

### 책 없는 도서관

지난 9월 신학기가 시작될 무렵, 남북전쟁 시기에 설립된 매사추세츠주의 명문 프렙 스쿨(Prep school – 명문대 입학을 준비하는 사립 중고등학교 – 옮긴이)인 쿠싱 아카데미(Cushing Academy)는 도서관에서 책을 모조리 없애겠다고 발표했다. 도서관 건물의 서가를 가득 메웠던 수천 권의 책 대신 뭔가 대단한 걸 설치한다는 내용이었다. 이른바 "학술 연구와 독서용으로 뛰어난 고해상도 스크린을 갖춘 첨단 컴퓨터"에 "쌍방향 데이터와 전 세계에서 들어오는 뉴스를 실시간으로 학생에게 제공하는 모니터"까지 들여 놓겠다는 포부를 밝힌 것이다. 제임스 트레이시(James Tracy)교장은 쿠싱의 책 없는 도서관이 "21세기 학교의 본보기"가 될 것이라며 뿌듯해했다.

이 소식은 언론의 주목은 거의 받지 못했지만(트위터 메시지처럼 덧없이 휙 지나가 버렸다), 내 눈에는 문화적 이정표로 비쳤다. 20년 전만 해도 책 없는 도서관은 상상도 하지 못할 일이었지만, 요즘은 오히려 해묵은 뉴스처럼 보인다. 지난 몇 년 동안 수십 차례 도서관을 가봤지만, 갈 때마다 책장을 넘기는 사람보다 컴퓨터 스크린을 뚫어지게 바라보는 사람의 수가 하루가 다르게 늘고 있다. 오늘날 도서관의 주요 역할은 이미 인쇄물에 대한 접근성을 제공하는 데서 인터넷 접근성을 제공하는 것으로 변모한 지 오래다. 게다가 이런 추세는 앞으로 더 빨라질 이유가 충분하다.

"책을 보면 한물간 기술로 보인다." 트레이시 교장이 《보스턴 글로브(Boston Globe)》의 기자에게 한 말이다. 학생들도 같은 생각인 듯하다. 쿠싱 아카데미에 다니는 열여섯 살의 한 학생은 도서관에서 책이 사리진 것이 별일 아니라는 투였다. "'도서관'이란 말을 들으면 책이 떠오르지만, 실제로 읽는 애들은 거의 없잖아요."

쿠싱 아카데미 같은 교육 기관이 가볍게 책을 버릴 수 있는 것은 책에 담긴 내용이 종이에 인쇄되든 컴퓨터 스크린의 화소 형태로 나타나든 다를 게 없다는 가정 때문이다. '말'이라는 게, 결국 '말' 아니겠느냐는 것이다. 트레이시 교장은 이렇게 덧붙인다. "창을 내다봤는데 초서(Chaucer)의 작품을 읽는 학생이 눈에 들어왔다고 쳐봅시다. 내 눈에는 그 학생이 킨들을 사용해 전자책으로 읽든 종이책을 읽든 하등의 차이가 없어 보입니다." 말을 전달하는 매체가 무엇이든 상관없다는 뜻이다.

하지만 트레이시 교장의 생각은 잘못이다. 매체 또한 중요하다. 실로 엄청나게 중요하다. PC, 아이폰, 킨들 등 어떤 기기로 읽든 네트워크로 연결된 컴퓨터를 통해 말을 읽는 경험은 같은 말을 책을 통해 읽는 경험과는 사뭇 다르다. 기술적으로 보면 책은 정신을 집중하게 해준다. 정신을 사납게 하는 일상의 수많은 방해로부터 고립시켜주기 때문이다. 네트워크 컴퓨터는 정반대의 기능을 한다. 오히려 정신을 분산하도록 설계되어 있다. 사용자를 혼란스러운 환경으로부터 보호해주기는커녕 오히려 혼란을 더한다. 컴퓨터 스크린의 화소로 표현되는 말은 다른 수많은 자극과 더불어 존재한다.

과학적으로도 인간의 두뇌는 주변 환경에 쉽게 적응한다고 한다. 환경 적응은 신경 세포인 뉴런의 연결을 통해 아주 깊숙한 생물학적 차원에서 이루어진다. 정보를 취합하고 저장하고 공유하는 데 사용하는 매체를 비롯해 우리가 사고할 때 사용하는 기술은 지적 환경의 핵심 요소들이며 사고방식을 형성하는 데 중요한 역할을 한다. 실험실에서도 증명된 사실이지만, 인류의 사상사를 잠깐만 훑어봐도 잘 알 수 있다. 트레이시 교장에게는 학생이 책으로 읽든 스크린으로 읽든 상관이 없을지 모르지만, 그 학생의 정신에는 하찮은 일이 아니라는 것이다.

　나 또한 15년쯤 전인가 웹에 처음 접속한 순간부터 독서와 사고 습관이 몰라보게 달라졌다. 이제 상당량의 독서와 연구를 온라인에서 하고 있다. 그 결과 내 두뇌 또한 변화를 겪었다. 인터넷의 정보 급류를 타는 적응력은 좋아졌을지 모르지만, 집중력을 유지하는 능력은 꾸준히 하향곡선을 그렸다. 발표한「구글은 우리를 바보로 만드는가?」라는 에세이에서도 설명한 바 있다.

인터넷이 집중하고 사유하는 능력을 갉아먹고 있는 듯하다. 내 정신은 이제 인터넷이 떠먹여주는 대로 정보를 받아들이려 한다. 눈 깜짝할 새에 지나가는 정보의 급류를 당연하게 여기는 것이다.

　사고의 깊이는 주의력의 강도와 밀접한 관련이 있다. 인터넷의 지적 환경에 적응할수록 사고의 깊이는 나날이 얕아진다는 결론에 도달할 수밖에 없다.

- 니콜라스 카,「생각하지 않는 사람들」

② 다음 글을 형식적으로 논평한 후, 그것을 토대로 논평문을 작성하시오.

제 선왕 : 제 환공(桓公)과 진 문공((文公)의 사적에 관하여 말씀을 들려주시겠습니까?

맹자 : 중니(仲尼)의 문도(門徒)들 중에는 환공과 문공의 사적에 관하여 말을 한 사람이 없었습니다. 그래서 후세에 전술되지 않았습니다. 저도 그에 관하여는 아직 들어본 일이 없습니다. 제게 꼭 무슨 이야기든지 듣지 않고는 그만둘 수 없으시다면 왕도(王道)에 관해 말씀드리겠습니다.

제 선왕 : 도대체 어떠한 덕(德)이 있어야 왕자(王者)가 될 수 있습니까? 과인 같은 사람도 인민을 애호 보전할 수 있겠습니까?

맹자 : 하실 수 있습니다.

제 선왕 : 무엇을 보고 내가 할 수 있다는 것을 아십니까?

맹자 : 제가 호흘(胡齕)에게서 이런 이야기를 들은 바가 있습니다. 왕께서 당상에 앉아 계실 적에 소를 끌고 당하를 지나가는 자가 있었습니다. 왕께서 이것을 보시고, "소는 어디로 끌려가는 것인고? 소를 끌고 가던 자가 대답해 아뢰기를, 흔종(釁鍾)하는 데 쓰려고 합니다. 그만두어라 나는 그 소가 부들부들 떨면서 죄도 없이 사지에 나가는 정상을 차마 볼 수 없노라. 그러면 흔종하는 것을 그만두오리까? 어떻게 그만둘 수 있겠는가? 양하고 바꾸려무나"라고 말씀하신 일이 있었다는 이야기입니다. 잘 모르겠습니다만 과연 그러한 일이 있으셨습니까?

제 선왕 : 그런 일이 있었습니다.

맹자 : 그러한 마음이면 넉넉히 왕 노릇 하실 수 있습니다. 백성들은 다 왕께서 물건에 인색하셔서 그런 것이라고 합니다만 저는 진실로 왕께서 그 정상을 차마 볼 수 없어서 그러신 줄을 알고 있습니다.

제 선왕 : 참으로 그렇습니다. 정말 그처럼 말하는 백성들도 있습니다만 제나라가 비록 작다 하더라도 내 어찌 한 마리 소를 아끼겠습니까. 그저 그 소가 부들부들 떨면서 죄도 없이 사지에 나가는 것을 차마 볼 수 없어서 양과 바꾸라고 한 것입니다.

맹자 : 왕께서는 백성들이 왕께서 물건에 인색하신 것이라고 하는 것을 괴이하게 생각하지 마십시오. 작은 것을 가지고 큰 것과 바꾸셨으니 그들이야 왕의 참뜻을 어찌 알겠습니까. 왕께서 만약에 죄도 없이 사지에 나가는 것을 측은히 여기셨다면 소와 양에 어찌 구별이 있겠습니까?

제 선왕 : 왕이 웃으면서 그것 참 무슨 마음에서였던가. 나는 재물이 아까워서 소를 양과 바꾸도록 한 것이 아닙니다. 그러니 백성들이 나를 보고 인색하다고 생각하는 것도 무리가 아니군요.

– 『맹자강설』

# 3.6 논평형 에세이

주어진 텍스트를 논평하고 추가적으로 필자가 대안적 견해를 피력할 경우, 우리는 이를 '논평형 에세이'라 부를 수 있다.

⬤예 ⬤시 ⬤사 ⬤례

해변을 걷다가 모래 위에 떨어진 시계를 발견했다고 상상해보자. 그것을 들여다봄으로써 당신은 그 시계가 정교하고 복잡한 기계라는 것을 발견할 것이다. 이와 같이 정교한 사물의 존재를 어떻게 설명할 수 있을까? 파도가 모래를 때림으로써 시계가 우연적으로 만들어졌다는 설명은 설득력이 없다. 그것은 원숭이가 타자기 위를 아무렇게 뛰어다님으로써 셰익스피어의 작품들이 씌어졌다고 주장하는 것과 마찬가지 정도의 설득력을 가질 뿐이다. 시계의 정교함은 그것이 지성의 산물임을 보여준다. 시계를 만든 지성적인 존재자가 있었기 때문에 시계는 존재한다.

생명의 세계를 한번 둘러보라. 그 세계는 엄청나게 정교하고 환경에 잘 적응된 복잡한 생명체들로 꽉 차 있다는 사실을 당신은 발견할 것이다. 사실 생명체들은 시계보다 훨씬 더 복잡하다. 그리고 시계가 시간을 측정하는 일에 알맞게 되어 있듯이, 생명체들도 생존하고 복제하는 일에 매우 적합하게 되어 있다. 우리는 생명체들이 그렇게 놀라울 정도로 정교하게 잘 적응되어 있다는 사실을 어떻게 설명할 수 있을까? 파도가 모래를 때리는 것과 같은 제멋대로의 과정에 의해 난초들, 악어들, 사람들이 존재하게 되었다고 설명하는 것은 설득력이 없다. 엄청난 지성을 가진 창조자가 생명체라고 불리는 대단히 정교하고 잘 적응된 기계들을 만들었다고 설명하는 것이 최상의 설명일 것이다. 우리는 그러한 존재자를 '신'이라 부른다.

| | |
|---|---|
| **현안문제** | 생명체(생명의 세계)는 어떻게 생겨났는가? |
| **핵심어와 그 의미** | 핵심어1 : 지성           핵심어2 : 만듦<br>의미: 정교하고 복잡한 기계를 만드는 능력    의미: 지성의 능력 실현 |
| **근거** | 1. 시계는 시간을 측정하는 데 알맞은 정교하고 복잡한 기계다.<br>2. 시계는 지성적 존재에 의해 만들어졌음에 틀림없다(1로부터).<br>   1) 시계가 우연히 만들어졌다는 설명은 설득력이 없다.<br>3. 생명체(생명의 세계)는 생존과 복제에 적합한, 시계보다 훨씬 더 정교하고 복잡한 기계다.<br>4. 엄청난 지성을 가진 창조자만이 이러한 기계를 만들 수 있다(2와 3으로부터).<br>5. 우리는 그러한 존재자를 '신'이라고 부른다. |
| **주장** | 신이 생명체(혹은 생명의 세계)를 만들었다. |
| **함축** | 창조주 신이 존재한다. |
| **배경** | 신의 창조 행위를 지성적으로 설득하기 위함. 즉 창조론을 지성적으로 설득하기 위함. |
| **관점** | 기독교적(창조론적) 관점 |
| **기본가정** | 1. 지성적 존재만이 어떤 목적을 갖고, 그것을 실현하기 위해 정교하고 복잡한 사물을 만들 수 있다.<br>2. 생명체도 만들어진 목적이 있다는 점에서 사물과 유사하다. |

비판

**(명확성)의 기준에서**

위 글의 핵심어 '지성'과 '만듦'은 엄밀히 말하면 명확성을 결여한 용어이다. 저자는 '지성'을 명확히 정의하지 않은 채, '사물의 존재 목적을 의식하고 이를 실현하는 제작 능력'의 의미로 사용하고 있다. 그런데 이러한 암묵적 정의는 '지성'에 대한 상식적 이해와 크게 다르다. 왜냐하면 그 정의는 '지성'에 '목적을 의식하는' 지적 능력 이외에도 목적을 실현하는 제작 능력, 즉 '만듦의 능력'을 더 부여하고 있기 때문이다. '만듦'도 불명확하기는 마찬가지다. 이 글에서는 '시계'도 '생명체'도 모두 정교하고 복

| | |
|---|---|
| (명확성)의 기준에서 | 잡한 기계로 지성의 산물로 규정한다. 그러나 이러한 만듦은 흔히 '창조'와는 구별된다. 흔히 후자는 무에서 유를 있게 하는 행위로, 재료를 가지고 특정한 사물을 제작하는 '만듦'과는 다르게 사용되는 개념이다. |
| (옳음)의 기준에서 | 위 요약문의 핵심 근거 4는 논리적으로 커다란 약점을 지닌, 받아들이기 힘든 근거이다. 우선 근거 4는 독립적인 근거가 아니다. 요약문에도 표시되었듯이 그것은 근거 2, 3으로부터 도출된 것이다(논리학에서 이러한 논증 유형을 '유비' 혹은 '유추'라고 부른다). 문제는 근거 4가 근거 2와 3으로부터 제대로 도출되지 않는다는 것이다. 그 이유는 '시계'와 '생명체'가 지닌 공통점은 '정교하고 복잡한 기계'라는 점밖에는 없으며 오히려 차이가 더 많은 이질적 대상이므로 유비가 이뤄지기 힘들기 때문이다. |
| (논의의 폭과 깊이) 의 기준에서 | 이 글은 논의의 폭에 있어서도 약점을 갖고 있다. 기본 가정에서 알 수 있듯이, 저자는 현안문제에 접근함에 있어서 '모든 존재 혹은 대상이 각기 존재하는 목적을 지니고 있고, 또 이러한 목적을 의식하고 실현하고자 하는 존재가 있다'고 암묵적으로 전제하고 있는 듯하다. 이는 '지성'이나 '창조자'와 같은 용어를 사용하는 것만 보더라도 충분히 알 수 있다. 이러한 가정은 특정한 관점 하에서만 성립하는 편협한 전제라는 비판을 면할 수 없다. |

대안적 견해

열성적이고 성실한 페일리의 주장은 당대 최고 수준의 생물학 지식에 의거하였지만 잘못된 것이었다. 그것도 완전히 틀린 주장이었다. 시계와 생명체를 비교하는 것은 잘못이다. 이는 잘못된 유비(analogy)의 오류인데, 시계와 생명체는 근본적으로 다른 특성을 갖는 대상들이며, 따라서 둘 사이에 유비가 성립하기란 매우 어렵기 때문이다.

비록 매우 특별한 방법으로 그 과정을 전개하였지만 모든 자연 현상을 창조한 유일한 시계공은 '맹목적인 물리학적 힘'이다. 실제의 시계공은 앞을 내다볼 수 있다. 그는 마음의 눈으로 미래의 결과를 내다보면서, 톱니바퀴와 용수철을 설계하고 그것들의 조립 방법을 생각한다. 다윈이 발견했고, 현재 우리가 알고 있는 맹목적이고 무의식적이며 자동적인 과정인 자연선택은 확실히 어떤 용도를 위해 만들어진 모든 생명체의 형태와 그들의 존재에 대한 설명이며, 거기에는 미리 계획한 의도 따위는 들어 있지 않다. 그것은 마음도, 마음의 눈도 갖고 있지 않으며 통찰력도 없고 전혀 앞을 보지 못한다. 만약 그것이 자연의 시계공 노릇을 한다면, 그것은 '눈먼' 시계공이다.

— 리처드 도킨스, 『눈먼 시계공』 중 발췌·수정

# 학술에세이

'에세이(essay)'라는 명칭은 프랑스의 사상가 몽테뉴의 『수상록(Les Essais)』에서 유래한 것으로 알려져 있다. 일반적으로 '에세이(essay)'는 수필로 번역되며, 자신의 느낌이나 생각을 특별한 형식에 얽매이지 않고 자유롭게 서술하는 글로 인식된다. 사실 '수필(隨筆)'은 그 한자어의 뜻을 그대로 새긴다면, '붓을 따른다'는 의미, 즉 필자가 생각이 진행되는 그대로 쓰는 모든 글을 의미한다. 그런데 이 말이 우리에게는 통상은 '느낌이나 감상을 담담히 적어 나가는 글' 정도로 통용되고 있으며, 그래서 에세이를 쓰라고 하면, 대개 감상문류의 글을 쓰라는 의미로 받아들인다. 하지만 '에세이'라는 명칭으로 불릴 수 있는 글은 개인적인 일상의 경험이나 느낌 등을 자유롭게 서술한 글에서부터 논증의 방법을 통해 자신의 주장을 정당화하는 논리적인 글까지 매우 다양한 형식과 내용을 포괄한다.

수필에도 경수필(輕隨筆)과 중수필(重隨筆)이 있는데, 일상의 소소한 일들을 소재로 하여 감성적, 주관적, 개인적 특성을 보여주는 글을 경수필, 다소 무거운 주제를 비판적, 논리적, 객관적으로 다루는 글을 중수필이라 한다. 흔히 '수필'이라 할 때에는 대체로 경수필을 가리키는 경우가 많은데, 이 책에서 말하는 '에세이'는 이와는 성격이 다르며 군이 따지자면 중수필에 가깝다고 할 수 있다. 우리가 목표로 하는 글은 어떤 주제를 자신의 관점에서 분석적, 비판적으로 살펴보고 자신의 견해나 주장을 정립한 후, 이에 대한 합리적인 근거를 제시함으로써 견해나 주장의 정당성을 입증하는 글이다. 따라서 기존에 흔히 '에세이'라 불린 글들과는 다소 차이가 있으므로 이러한 차이점을 분명히 하기 위해 '학술'이란 수식어를 붙여 '학술에세이'라 부르기로 한다. 주장의 정당성을 객관적으로 입증하는 것이 학술적인 글의 핵심이기 때문이다.

일반적으로 학술 활동의 결과는 학술논문으로 생산된다. 학술논문은 학문 발전에 기여하는 데 의의가 있으며 그 기여도에 따라 평가를 받게 된다. 따라서 학술논문에서 가장 중요한 것은 주제나 견해, 그리고 이를 뒷받침하는 근거들이 얼마나 독창적이고 논리적인가 하는 점이다. 또한 학술논문은 기존의 연구 업적에 대한 비판적 고찰과 연구자 스스로 자료를 수집, 분석하는 과정이 선행되어야만 하며, 학문 분야마다 각각 정해져 있는 논문 형식에 따라 작성하여야 한다. 물론 학술에세이를 통해 학술논문과 유사한 수준의 연구와 글을 작성할 수 있다면, 더할 나위가 없을 것이다. 하지만 학술에세이가 학술논문의 수준을 요구하는 것은 아니다. 학술에세이는 학문 발전에 기여해야 한다거나 해당 주제와 관련하여 반드시 새로운 발견이나 주장을 제시해야 한다거나, 전문성이 필수적으로 요구되는 글은 아니다. 또한 인용 및 주석 달기 등의 몇 가지 규약을 제외한다면 형식도 비교적 자유롭다. 학술에세이에서 필수적으로 요구되는 사항은 자신의 주장(견해)을 제시하되 그것을 논리적으로 입증하여야 한다는 점과 이를 위해 관련 자료를 충분히 연구 조사하여 자신의 주장이나 근거에 반영해야 한다는 점이다.

보편적인 사고나 현실적인 타당성이 결여된 주장이나 견해는 아무리 그것이 창의적이고 흥미롭다고 해도 설득력을 갖지 못한다. 이와 마찬가지로 '이것은 이러저러

하다'는 주장과 견해만 반복되고 왜 '이것이 이러저러 하다'라고 생각하는지에 대한 근거가 충분히 제시되지 않는다면 이것도 학술에세이로서는 결격사유가 된다. 학술 에세이는 주장이나 견해에 대한 '논증'이 핵심이다. 논증이 얼마나 잘 되어 있느냐에 따라, 즉 논거가 주장이나 견해와 관련성이 있는지, 제시된 증거가 정확한지, 논거가 타당한지, 질적으로나 양적으로 충분한 논거가 제시되어있는지 등등에 따라 학술에세 이의 성패가 갈린다. 주장만 있고 근거가 충분하지 않다면, 즉 정당화가 부족하다면 좋은 학술에세이라 할 수 없다.

좋은 학술에세이를 쓰기 위해 또 한 가지 요구되는 사항은 창의성이다. 이때 창의 성은 반드시 견해나 주장이 새로워야만 함을 의미하지는 않는다. "하늘 아래 새로운 것 은 없다"고 말하는 사람들에게 진정한 의미의 창의적인 발상은 없을지도 모른다. 그 정 도는 아닐지라도, 다시 말해서 견해나 주장 자체는 기존의 것과 다르지 않더라도, 관련 해서 새로운 사실을 추가적으로 밝힌다거나, 같은 사실을 새롭게 해석한다거나, 혹은 같은 견해라도 새로운 소재를 통해 서술하는 것 등이 모두 창의적일 수 있다.

학문 영역에서 창의적인 시각과 사고를 갖추려면 고정 관념에서 벗어나려는 노력 과 문제를 여러 각도에서 바라보려는 시도가 필요하다. 특히 관심이 가는 대상이나 주제에 대한 다양한 관점의 논의들을 참고하는 것이 중요하다. 그저 새롭고, 남과 다 르다고만 다 되는 것이 아니다. 학문 영역에서의 새로움과 다름은 그 자체로 인정되 지 않는다. 객관적으로 확인되고 검증되어야 한다. 이것이 학문 영역에서의 창의성 의 어려움이다. 기존의 견해와 달라야 할 뿐만 아니라 옳다고 여겨질 수 있어야 한다. 그 자체로 정당화될 수 있어야 한다. 그래서 신중해야 한다. 혹시 다른 사람들이 이 미 얘기했던 것은 아닌지, 남들은 이 문제를 어떻게 바라보았는지 살펴보아야 한다. 이는 자신의 논의가 결국은 선행 연구자들의 성과를 딛고 시작해야 함을 의미하며, 그런 의미에서 그들의 연구 성과를 잘 반영하고, 그에 더해서 자신만의 새로움을 정

학술적 글쓰기

당화 과정과 함께 만들어내야 한다. 즉, 학문 영역에서 창의성은 늘 정당화 가능성을 동반해야 완성될 수 있다.

## 4.1 학술에세이 문제해결의 구조

대학에서 학생들은 다양한 글을 쓰게 되는데, 그 중에서도 큰 비중을 차지하는 것이 바로 학술에세이의 범주에 속하는 글들이다. 짧게는 '~한 문제에 대한 자신의 견해를 논하시오'라는 시험 문제에서부터 특정 주제와 관련한 연구논문 형식의 글에 이르기까지 대학의 수업에서 요구하는 글들은 많은 경우 학술에세이의 성격을 띤다. 여러 자료들을 비판적으로 검토하고 이를 바탕으로 자신만의 견해를 제시하고 이를 논증하는 글이 학술에세이의 기본 성격이다.

에세이 유형에 대한 구분은 필요하지만, 이에 대해 정해진 통용 기준이 있는 것은 아니다. 에세이의 주제에 따라 구분한다면 문제 확정형 에세이와 문제 설정형 에세이로 구분되기도 하고, 문제의 텍스트에 얼마나 의존하느냐에 따라 텍스트 중심형 에세이(또는 논평형 에세이)와 문제 중심형 에세이로 구분하기도 한다. 여기서는 학생들의 이해를 돕기 위한 목적에 따라, 학술에세이의 주제의 특성에 따라서 설명형 에세이, 입장선택형 에세이, 대안제시형 에세이로 나눌 것이다.

여러 기준으로 구분됨에도 불구하고 모든 학술에세이는, 어떤 현안문제를 해결하고자 하는 비판적 사고의 결과를 제시한다는 기본 속성을 공유한다. 즉 학술에세이는 기본적으로 에세이는 아직 해결되지 않은 문제에서부터 시작하여 다양한 설명과 논증을 통한 해답을 제시함으로써 문제 해결을 최종 목표로 한다.

이러한 학술에세이의 글을 실제로 써 나가는 실제 과정은 단지 의자에 앉아 생각만 하는 것 이상의 노력을 요구한다. 대부분의 에세이는 읽기에서부터 시작한다. 기존의 문헌들을 읽음으로써 문제가 구체화되기 시작하고 또한 그러한 과정을 통해 대답 또한 구체화되기 마련이다. 때로는 문제에 대한 토론이나 관련자들에 대한 면담이 필요할지도 모른다. 즉 혼자만의 상념만으로는 훌륭한 학술에세이를 쓸 수 없으며, 좋은 에세이를 쓰기 위해서는 문제해결을 위해 필요한 다양한 노력들이 요구됨을 인식해야 한다.

## 4.2 학술에세이 작성을 위한 예비 과정

| 1) 주제 탐색 | ① 관심사로부터 현안문제 추출<br>② 글의 목적과 유형 결정 |
|---|---|
| 2) 연구조사 및<br>개요 작성 | ③ 기초자료 검토 및 현안문제의 구체화<br>④ 세부자료 검토 및 잠정적 결론 도출<br>⑤ 개요 작성 |

학술에세이를 작성하기 위해서는 많은 시간과 노력이 경주된다. 특히 학술에세이가 문제해결을 위한 주장을 제시하는 글이므로, 당면한 문제를 해결하는 사고과정이 반드시 필요하다. 이를 위해서 직접적으로 글을 쓰는 작업에 들어가기 전에 먼저 주제와 관련 자료 등을 조사함으로써 자신이 생각하고 있는 바를 정리·검토하는 과정이 필수적이다.

이것은 학술에세이를 작성하기 위한 실질적인 수행과정이지만 실제 학술에세이의 작성 전에 수행되므로 예비과정이라 할 수도 있다. 이렇게 글의 주제를 선정하는 것으로부터 학술에세이를 완성하기까지 우리가 수행해야 할 활동들을 간략히 정리하자면 위의 표와 같다.

## 1) 주제 탐색

학술에세이를 작성하기 위한 예비과정에서 가장 먼저 수행해야 하는 활동은 당연히 현안문제를 결정하는 일이다. 현안문제는 글쓴이가 스스로 정하는 경우(설정형)도 있으며, 글쓴이의 선택에 앞서 작문 상황이나 조건에 의해 현안문제가 미리 결정되어 있는 경우(지정형)도 있다. 여기에서는 '설정형'을 염두에 둔 것이므로 '지정형'인 경우에는 '①관심사로부터 현안문제 추출' 항목을 건너뛰어도 좋다. 아울러 현안문제를 선정하면 그에 따라서 ②글을 쓰는 목적과 그에 합당한 글의 형식도 함께 결정됨을 유의해야 한다.

### ① 관심사로부터 현안문제 추출

학술에세이를 작성하기 위한 현안문제를 자신의 관심사에서 찾는 것은 자연스러울 뿐만 아니라 아주 적절한 방법이기도 하다. 하지만 자신의 평소 관심사가 모두 그대로 학술에세이의 주제가 될 수 있는 것은 아니다. 학술에세이에 적절한 현안문제는 ⓐ자신이 해결하고 논증할 수 있어야 하며, ⓑ학술적인 가치가 있어야 한다는 두 가지 조건을 충족시켜야 한다.

### (1) 자신이 해결하고 논증할 수 있는 것이어야 한다.

자신의 관심사 전체를 꿰뚫는 구체적이고 한정된 현안문제를 설정하는 것이 가장 이상적이다. 하지만 현안문제는 글쓴이 자신의 객관적 상황이나 조건을 고려할 때 충분히 논의 및 해결 가능한 것이어야 한다. 대개의 경우, 평소의 관심사인 현안문제들 중에는 그 탐구 범위가 매우 넓거나 추상적이어서 자신의 조건 안에서 충분히 논의할 수 없는 경우가 많다.

흔히 초보자일수록 '한국 경제의 문제점은 무엇인가?'와 같은 추상적이면서도 야심찬 현안문제를 선택하는 경우가 많은데 반해 뛰어난 전문 학자들은 주제 영역을 좁혀 보다 구체적인 현안문제를 다루곤 한다. 예를 들어 '국제 에너지 가격의 상승이 환율 및 이자율 등의 변화를 유발하여 한국의 품목별 수출에 어떤 영향을 미치는가?'가 한 예가 될 수 있다.

또 다른 예로서 아래 세 개의 학술에세이 주제를 비교해 보자.

㉠ 행복이란 무엇인가?

㉡ 한국인은 왜 불행한가?

㉢ OECD 국가 가운데 한국의 행복지수가 그토록 낮은 이유가 무엇인가?

㉠과 같은 현안문제에 대한 학술에세이는 고려해야 할 사항이 너무 많아 치밀한 논증을 통한 답변을 만들어내기가 매우 어렵다. ㉡은 ㉠보다는 주제 범위가 한정되고, 또한 구체적이다. 그러나 여전히 논의의 주체가 너무 포괄적이라고 할 수 있다. 어느 시대의 한국인인가? 과거인가 현재인가? 불행함의 의미는 어떻게 결정되었는가? 행복지수가 낮다는 것인가, 아니면 설문 조사의 결과인가? 이 각각을 구분하여 정리하는 것만으로도 상당한 시간과 지면을 할애해야 할 것이다. 이들에 비해 ㉢은 한정된 시간 안에 관련 자료들을 충실하게 활용하면서 적절한 답변을 찾고 또 나름의 정당화를 모색하기가 가능한 주제일 것이다.

## (2) 학술적 가치가 있어야 한다.

학술에세이의 현안문제는 학술적 가치가 있는 것이어야 한다. 본래적 의미에서의 학술적 가치라 하면 학문적 발전에 이바지하는 것을 의미하며, 흔히 학문적 발전은 해결되지 않은 문제가 해결되거나, 문제가 보다 나은 방식으로 새롭게 해결되는 것을 의미한다. 하지만 이것은 해당 학술분야의 전문가 집단에서 학술논문을 쓸 때나 가능한 일이다.

그러나 학술논문과는 다르더라도 학술에세이 역시 기본적인 학술적 가치를 추구하는 글이므로 학술에세이의 현안문제는 '정확한 지식과 정보를 토대로 비판적이고 객관적인 논의가 진행될 수 있는 것'이어야 한다. 따라서 근본적으로 주관적인 견해를 묻는 현안문제도 적절하지 않으며 비판적 정당화가 불가능한 현안문제를 설정하는 것도 곤란하다. 예를 들어 '어떤 종교를 믿는 것이 나에게 좋은가?' 또는 '어떤 남자와 결혼하는 것이 나에게 유리한가?'와 같은 질문들은 학술에세이의 현안문제로 적절하지 않다.


② 글의 목적과 유형 결정

글을 쓸 때에는 그 글의 목적을 분명히 해야 한다. 그래야만 그 목적에 합당한 글의 유형이 정해질 수 있다. 흔히 초보자들이 글을 쓸 때 글의 목적을 분명히 하지 않아서 글의 논점이나 맥락이 미묘하게 변화하여 일관적이지 않은 글을 쓰기도 하는데 이것은 바람직하지 않다. 분명히 해야 할 글의 목적은 다음과 같은 것들이다.

– 이 당면 주제에 대한 설명인가?

– 특정 입장을 지지 또는 반대하는 것인가?

– 새로운 대안을 제시하는 것인가? 등

　　글의 목적은 글의 유형과 결론에도 직접적으로 영향을 미친다. 예를 들어, '헌혈'이란 대주제와 관련하여 에세이를 작성하는 경우를 살펴보자.

– 글을 쓰는 목적이 설명에 있다면, 예를 들어, '최근 우리 사회에서 헌혈량이 줄어

드는 원인은 무엇인가?'로 설정하고, 최근의 헌혈량에 관한 통계자료 그리고 한국 사회의 시민정신과 관련된 사회학적 연구들을 활용하여 원인을 찾아내어 답변을 제시하는 방식으로 설명형 에세이를 작성할 수 있을 것이다.

‐ 찬반형 에세이라면, '헌혈량으로 모자라는 나머지 혈액을 확보하기 위해 혈액은행 (피를 사고파는 공적 기관)제도를 도입해야 하는가?'로 주제를 설정하고, 찬성 혹은 반대 입장을 정한 후 왜 그 입장이 반대 입장보다 바람직한지를 충분히 밝히는 방식으로 에세이를 작성할 수 있을 것이다.

‐ 새로운 대안을 제안하는 유형의 에세이를 써야 한다면, '부족한 혈액을 확보하기 위해 우리 사회에 필요한 헌혈 정책은 무엇인가?'로 현안문제를 설정하고, 기존의 헌혈정책에 대한 실태분석, 외국 사례 검토와 함께 대안적인 문제 해결방식을 모색하는 방식으로 에세이를 작성할 수 있을 것이다.


## 2) 연구조사 및 개요 작성

연구조사는 모든 학술적 활동의 기본이자 근간이다. 따라서 연구와 조사를 통해서만 현안문제에 대한 학문적 깊이를 갖춘 에세이를 작성할 수 있다. 학술에세이를 쓸 때, 제기된 문제와 관련하여 필수적으로 다루어야 할 논점들 및 각 논점들 간의 관계가 정리되는 것 역시 연구조사를 통해 이루어진다. 연구조사 과정은 개략적으로 다음의 순서로 이루어진다.

‐ 자료의 검토에 있어서는 개괄적인 기본 자료에서 보다 구체적이고 전문적인 자료로 나아간다.

‐ 연구조사를 통해 애초 제기하였던 현안문제가 수정·보완되고 정교해지며, 이 과정에서 잠정적 결론(때로는 최종 결론)이 도출된다.

③ 기본 자료 검토 및 현안문제의 구체화

현안문제와 그에 따른 글의 목적 및 내용이 정해졌다면, 이제 본격적인 연구조사 활동에 들어가야 한다. 이때 현안문제에 대한 개괄적이고 기본적인 지식과 자료를 확인하고 정리하는 일이 필수적이다. 하지만 단지 기초지식을 정리하는 것만으로는 학술 활동을 수행했다고 보기 어렵다. 왜냐하면 학술 활동이란 기초지식을 토대로 그 지식을 상회하는 지식이나 새로운 주장을 제기할 때 성립하기 때문이다.

한편, 기초적 자료들을 검토함으로써 현안문제를 다음과 같이 정교하게 다듬게 된다.

- [현안문제 설정] 연구조사 이전에 설정된 현안문제로 시작.
- [연구조사] 현안문제에 대한 여러 세부 논점들과 상이한 입장들 및 보다 심층적 이해를 위해 필요한 이론들이나 개념들을 확인.
- [현안문제 수정] 이런 심층적 이해를 반영하여 현안문제를 수정·보완.


안락사에 대한 학술에세이 작성을 예로 들어 설명하자면 다음과 같다.

- [현안문제 설정] 현안문제를 '안락사를 어떻게 볼 것인가?'로 설정.
- [연구조사] 자료조사를 통해 안락사가 적극적 안락사, 소극적 안락사, 자발적 안락사, 비자발적 안락사, 반자발적 안락사 등으로 구분되며, 각각에 대해 찬성과 반대의 입장 및 근거들이 있음을 알게 됨.
- [현안문제 수정] '적극적 안락사, 어떻게 볼 것인가?'(현안문제를 그대로 유지하되 에세이의 논의 내용을 더 구체화할 수도 있음.)


④ 세부 자료 검토 및 잠정적 결론 도출

기본 자료 검토를 통해서 현안문제를 구체화한 후에는 세부 자료를 검토해야만 한다. 계속해서 '안락사'와 관련된 학술에세이 작성을 생각해보자. 기초 자료의 검토를 통해 현안문제가 수정되면 그에 따라 결론 역시 수정된다. 그리하여 애초에 가졌던 자신의 입장, 즉 '안락사를 허용해야 한다(혹은 허용해서는 안 된다)'는 결론이 재검토되어야 한다. 이를 위해서는 세부 자료를 검토해야만 한다.

안락사에 대한 막연한 찬성이나 반대가 곧바로 적극적 안락사에 대한 찬성이나 반대로 이어지지 않는다. 왜냐하면 안락사에 대해 막연히 찬성하다가도 적극적 안락사의 개념을 이해하고 나서 '적극적 안락사에는 반대한다'는 입장으로 정리될 수도 있기 때문이다. 이렇게 연구조사는 단지 현안문제만을 고려하여 수행되는 것이 아니다. 현안문제와 결론을 잇는 다양한 근거들을 발견하고 검토하는 것 역시 연구조사의 일부이다.

또한 연구조사에서 세부자료의 검토는 단지 자료의 내용을 확인하는 활동에만 그치지 않는다. 그것은 일정한 기준을 가지고 자료의 내용을 평가하고 자신의 목적에 유용한지 여부를 결정하는 활동이기도 하다.

예를 들어, '현재의 대학 입시제도를 어떻게 개선해야 할까?'를 현안문제로 설정했다고 가정하고 다음과 같은 세 가지 자료를 발견했다고 해보자.

　　㉠ 고등학교 교실의 실태와 관련된 자료

　　㉡ 대학 수학능력시험의 자격고시화를 제안하는 교육학자들의 논문 및 관련 자료,

　　㉢ SAT의 종류와 운영방식과 관련한 미국 대학입시 자료

이 중에서 어떤 자료에 집중해야 할까? 아마도 ㉠은 단지 참고자료로만 활용되거나 현실적으로 불필요할 가능성이 크다. 그리고 만약 대입 수능시험을 자격시험화하는 방향으로 개선해야 한다는 주장에 대해 적극적으로 찬성(또는 반대)하는 입장을 가졌다면, ㉡이 가장 중요한 자료가 될 것이다. 반면에 한국의 대입 수능시험제도를 미국 제도와 비교하여 개선안을 제안하고자 하는 의도를 가졌다면, ㉢이 가장 중요할 것이다.

⑤ 개요작성

개요란 비유적으로 말해 밑그림이다. 그림을 그릴 때 밑그림이 부실하면 본격적인 그림 그리기가 쉽지 않듯이 글을 쓸 때에도 개요가 부실하면 좋은 글이 나오기 힘들다. 일반적으로 논리적으로 정리되고 서열화 된 논점들의 논리적 흐름을 따라 작성되지만 반드시 그래야 하는 것은 아니다. 영화에서도 시간적으로 나중 일을 먼저 보여주고 앞선 일을 나중에 보여주는 편집이 관객의 흥미를 강하게 유발할 수 있듯이, 에세이도 독자의 관심을 유도할 수 있다면 다양한 편집 전략을 활용해도 좋다. 흔히 결론적 주장을 먼저 보여주는 것은 독자의 이해를 용이하게 만드는 장점이 있으며, 결론적 주장을 맨 뒤로 미루어 보여주는 것은 독자의 궁금증을 유발하는 장점이 있다. 하지만 역으로 결론적 주장을 먼저 보여줌으로써 독자의 흥미를 반감시킬 수도 있으며, 결론적 주장을 맨 뒤로 보여줌으로써 독자의 이해에 방해가 되기도 한다.

일반적인 개요는 대체로 다음과 같이 구성된다.

**선거 전 여론조사 결과 공표 금지는 필요한가?**

〈도입〉

**문제현상**
- 우리나라는 공직선거법 제 108조에 따라 전국 단위 선거 6일 전부터 여론조사 결과 공표나 인용 보도를 금지하고 있다.

**논의주제 혹은 현안문제**
- 선거 전 여론조사 결과 공표 금지는 현재에도 필요한가?

# ⟨본론⟩

### 정당화

– 선거 전 여론 조사 결과를 지속적으로 공개하는 것은 유권자의 불합리한 선택을 유발할 수 있다.

   1) 여론조사 결과 지지율이나 당선 가능성이 높은 후보에 대한 유권자 선호가 갑자기 상승하는 밴드웨건 효과(band wagon effect)가 발생한다.

   2) 여론조사 결과 지지율이나 당선 가능성이 낮은 후보에 대한 유권자 선호가 갑자기 상승하는 언더독 효과(underdog effect)가 발생한다.

   3) 밴드웨건 효과나 언더독 효과는 후보의 자질이나 능력 또는 공약이 아닌 여론조사 결과에 따른 유권자의 선택으로 합리적 투표권 행사라 할 수 없다.

– 유권자의 불합리한 선택을 유발할 수 있는 여론조사 결과 공표는 금지되어야 한다.

### 예상되는 반론

– 여론조사 결과 공표 금지가 오히려 유권자의 합리적 선택을 방해한다는 의견이 있다.

   1) 후보자와 선거 상황에 대한 정보의 지속적이고 충분한 제공이 유권자의 선택에 도움이 된다.

   2) 후보 지지율이나 당선 가능성 등에 대한 여론조사 결과는 유권자에게 중요한 정보다.

   3) 여론조사 결과를 공표하는 것이 유권자의 합리적 선택에 도움이 된다.

### 재반론

– 여론조사 결과 공표는 정보 제공을 넘어 유권자의 선택에 큰 영향을 미친다.

   1) 여론조사 결과의 지속적인 공표는 유권자의 사표 방지 심리나 동정심을 자극한다.

학술적 글쓰기

2) 심리적, 감정적 요인에 영향을 받은 유권자의 선택은 합리적인 선택이라 할
   수 없다.
3) 여론조사 결과 공표는 유권자의 불합리한 선택을 유발한다.

### 〈마무리〉

**주장의 재진술**

선거가 유권자의 합리적 선택 결과여야 한다는 측면에서 볼 때, 선거 전 여론조
사 결과 공표 금지는 필요하다.

**함축**

유권자의 합리적 선택을 방해하는 정치 공학적 개입을 근본적으로 차단할 수 있다.

개요를 완성했다면, 이제는 에세이를 실제로 작성하는 일만 남았다. 간혹 학술에
세이 작성을 위한 상기한 예비과정과 다음 장에 이어질 작성의 실제과정을 분리하여
별개인 것처럼 생각하는 경우가 있는데, 양자는 연속적·순환적 과정이다. 학술에세
이의 실제 작성은 도입, 본론, 마무리 쓰기와 검토 및 수정의 과정을 거치게 된다. 이
에 대해서는 다음 장에서 세부적으로 다루고 있으므로 이제 본격적으로 쓰는 작업에
몰두해 보자.

# 4.3 학술에세이 작성 과정

　학술에세이의 작성 과정은 요리에 비유할 수 있다. 지금까지의 과정은 재료를 구입하고 다듬고 깨끗이 세척하여 준비해 놓고 여러 가지 필요한 조리기구들을 사용하기 편하게 배열해 두는 과정과 유사하다고 할 수 있다. 그리고 지금부터는 본격적인 조리과정과 비슷하며, 직접 글을 써내는 과정이다. 학술에세이는 기본적으로 "도입-본론-마무리"로 이어지는 기본 구성을 갖는다. 이러한 구조는 독자의 이해를 돕고 결론적으로 필자의 주장에 동의하도록 하기 위해 필요한 전략적 구조이다.

　에세이의 본래 목적인 문제 해결의 핵심적인 내용들은 모두 본론에 등장한다. 도입과 마무리는 본론의 과정을 안내하고 정리하고 배경적 정보를 제공함으로써 결국 필자의 동의를 쉽게 얻어내도록 도와주는 전략적 장치들이다. 따라서 논리적 관점에서만 보자면 도입과 마무리는 에세이에서 제거한다 해도 문제해결에 별 영향이 없어야 한다. 이런 관점에서 학술에세이의 기본 구성은 다음과 같이 이해할 수 있다.

## 학술에세이 기본 구성

| 도입 | • 독자의 관심 유도<br>• 논의 주제 소개 |
|------|------------------------------------|
| 본론 | • 현안문제 설정<br>• 문제해결: 주장 및 근거 제시(정당화)<br>• 반론 검토 |
| 마무리 | • 주장의 간략한 재진술<br>• 함축 혹은 전망 제시 |

## 1) '도입' 쓰기

학술에세이의 도입부는 독자가 글을 처음 접하는 부분이다. 여기서 독자를 사로잡지 못한다면 이후 논의의 설득력은 크게 감소할 수밖에 없다. 본문을 잘 작성하기 위해 논리적 사고 능력과 다양한 지식들이 필요하다면 도입에서 요구되는 능력은 그것과는 사뭇 다르다. 독자로 하여금 본론을 읽게 만드는 것이 도입부의 가장 중요한 역할이다. 그리고 그러기 위해 요구되는 것들이 있다. 세부적인 요령을 살펴보기 전에 전형적인 도입의 예문을 살펴보자.

> 전쟁 직후, 오스트리아가 아주 나쁜 길로 접어들었을 때였다. 오스트리아의 한 농부가 나뭇가지에 목을 매달았다. 이웃이 그를 발견하고 숨이 끊어지기 전에 내려주었다. 농부는 그 이웃이 자신에게 삶을 더 부과했다는 이유로 그를 고소했다. 법정도 약간의 전문적 절차를 활용하여 그 이웃을 풀어주기는 했으나, 농부의 생각에 동의했던 것 같다. 자살기도와 관련해 영국과 미국의 대부분 지역에서 채택되고 있는 관점은 좀 다르다. 자살은 살인이며, 따라서 자살기도는 살인 기도라는 것이다. 어떤 사람이 삶을 너무나 고통스럽다고 생각하여 자기를 죽이고자 하면, 삶이 보다 즐겁다는 것을 깨닫도록 가르치기 위해 감금형이 주어진다. 내가 볼 때 이것은 이중적으로 불합리하다.
>
> — 버트런드 러셀, 『인간과 그 밖의 것들』

인용한 글은 짧은 에세이의 도입부로서 재미있는 사례를 통해 독자의 관심을 유도하며, 동시에 우리의 문제 상황이 무엇인지를 분명히 보여주고 있다. 그리고 자신의 견해를 미리 밝힘으로써 이어지는 논의에서 어떤 내용이 나올지 짐작해 볼 수 있도록 도와주고 있다. 이처럼 도입의 전형적인 역할은 ① 이 글을 왜 쓰는지 ② 어떤 문제를 다루는지 ③ 어떻게 전개하는지를 효과적으로 언급하는 것이다. 그것은 독자의 관심을 유도하고 선이해를 제공함으로써 독자로 하여금 논의를 계속 따라올 있게끔 도와주는 역할을 한다. 물론 그러기 위해선 단순한 정보 제공에 그치지 않고 다양한 수사적 기술을 활용하여 작성할수록 더 좋다. 다음과 같은 사례들은 학술에세이를 시작하는 다양한 방법들이며, 도입을 작성할 때 적절히 활용함으로써 글의 가치와 설득력을 높여주는 역할을 한다.

## ① 핵심 용어를 풀이하거나 정의하면서 시작

기업의 사회적 공헌의 한계와 가능성에 대한 논의를 전개하는 글인 경우에는 주요 개념의 정의와 기원을 설명하면서 도입을 시작할 수 있다.

'사회적 기업(social enterprise)'에 대한 관심이 높아지고 있다. 사회적 기업이란 빈곤층 혹은 취약계층에게 사회서비스 또는 일자리를 제공하여 지역주민의 삶의 질을 높이는 등의 사회적 목적을 추구하면서 재화 및 서비스의 생산과 판매 등 영리적 기업활동을 동시에 수행하는 기업을 말한다. 우리 사회에서 사회적 기업이 큰 관심거리가 된 것은 무엇보다도 그라민 뱅크와 그 설립자인 무하마드 유누스가 노벨 평화상을 공동 수상하게 되면서부터라고 할 수 있을 것이다.

## ② 최근에 일어난 화제나 사건, 상황 등을 이야기하며 시작

우리 사회의 자살률 증가에 대해 문제를 제기하는 글이라면 최근에 벌어진 사건이나 화제로 도입을 시작할 수 있다.

얼마 전 외로움을 견디지 못한 독거노인이 자살한 후 10여 일 만에 발견되었다는 뉴스를 접했다. 카드 빚 독촉에 시달리던 20대 청년의 자살, 왕따를 당하던 중학생의 자살 소식 등 우리 사회에서 이제 자살은 더 이상 놀라운 일도 아닌 듯하다.

학술적 글쓰기

탈북자의 지원 정책을 현행대로 유지할 것인가 혹은 변화시켜야 할 것인가를 논의하는 글에서는 이러한 문제가 제기된 배경 상황에 대한 설명으로 도입을 시작할 수 있다.

북한의 경제 및 식량 사정이 여전히 좋지 않고, 게다가 외부와의 교역 및 왕래가 급증하면서 최근 북한 주민들이 사이에 탈북자가 급속하에 증대되고 있다.

인터넷의 확산이 인간관계 형성에 미치는 영향과 문제점, 그리고 이에 대한 대책을 묻는 글에서는 도입에서 일반적 진술을 던지며 시작할 수 있다.

인간은 사회 속에서 살면서 자신의 이기적 욕망을 충족하기 위해 인간관계를 맺기도 하지만, 삶의 의미를 찾기 위해 인간관계를 맺기도 한다. 물론 참다운 인간 관계는 후자의 경우에 성립한다. 서로가 서로에게 삶의 의미가 될 수 있는 인간관계라야 참다운 것이라고 말할 수 있기 때문이다.

## 2) '본론' 쓰기

에세이를 하나의 정당화문맥이라고 볼 때, 본격적인 정당화 과정은 본론에서 이루어진다. 따라서 에세이 전체에서 본론이 가장 중요한 부분이라고 할 수 있다. 본론의 가장 핵심적인 기능은 에세이 전체를 관통하는 주장의 근거를 충분히 확보하여 이들을 호소력 있게 제시함으로써 독자를 지적으로 설득하는 것이다. 본론을 잘 쓰기 위해서는 정당화의 '논리적 구조(논증)'와 '수사적 표현' 모두에 주의를 기울여야 한다. 에세이의 핵심부인 본론의 구조는 다음과 같다.

| 본론의 구조 | |
|---|---|
| 문제 설정 | 현안문제(질문) 정립 |
| 문제 해결 | 근거 제시를 통한 주장(답변)의 정당화 |
| 반론 검토 | 위 문제 해결에 대한 반론 제시 및 재반론 |

보다 자세한 내용은 유형별 접근에서 다시 다룰 것이며, 여기서는 본론을 작성할 때 유의할 사항들을 거시적인 관점에서 몇 가지만 짚고 넘어가려 한다.

① 적절하고 충분한 근거를 선별하여 제시한다.

본론의 주된 내용은 현안문제에 대한 자신의 주장과 그에 대한 근거를 설득력 있게 제시하는 것이다. 그런데 단 하나의 근거로 뒷받침되는 주장은 흔하지 않다. 그렇다고 관련된 근거들을 모두 제시하는 것도 실제로 불가능하다. 우리의 목표는 적절한 근거들을 충분히 제시하는 것인데, 그러기 위해서는 중요한 근거들을 선별할 필요가 있다. 그리고 중요한 근거들일수록 추가적인 조사와 정당화로 뒷받침되어야 한다. 이를 위해서 근거들은 최대한 폭넓게 취합되어야 하며, 깊이 있게 조사되어야 한다.

예를 들어, '혈액은행제도'의 도입을 주장한다고 해보자. 그때 주장의 근거를 단지 사람의 피를 사고팔 수 있게 하는 이 제도가 사회통념에 어긋난다는 것만을 제시하는 것이 아니라, 도덕적인 근거, 역사적인 근거, 사회적 효과를 고려한 근거 등을 함께 제시하는 것이 폭넓은 근거 제시라고 할 수 있다. 또 '화석연료의 지나친 사용으로 인해 지구온난화가 심각한 지경에 이르렀다'고 주장하는 경우, 최근 100년간의 평균 온도 변화의 추이를 보여준다고 해서 주장이 충분히 도출된다고 할 수 없다. 주어진 증거가 화석연료 사용에 의한 것인지 거시적인 지구 온도 변화의 한 국면인지 알 수 없기 때문이다. 여기에 화석연료 사용과 평균 온도 변화 사이의 인과관계를 밝히는 근거들을 추가함으로써 논증의 타당성을 강화하는 것이 깊이 있는 근거 제시라 할 수 있다.

　② 근거와 주장 간의 관계를 명확히 드러낸다.

　하나의 주장이 그 자체로 받아들여질 수 있다면 우리는 논증을 필요로 하지 않는다. 우리가 논증을 구성하고 에세이를 작성하는 이유는 그 주장이 아직 충분한 설득력을 가지고 있지 않기 때문이다. 근거는 그러한 주장을 뒷받침함으로써 주장을 받아들일 수 있도록 해주는 역할을 한다. 따라서 서술과정에 근거들이 주장을 어떻게 도출하는지를 자세히 밝혀주어야 한다.

　③ 남의 견해를 인용할 때에는 그 의미의 맥락까지 고려한다.

　근거를 마련하는 유용한 전략 중 하나는 권위 있는 연구자들의 자료를 인용하는 것이다. 그런데 특정한 자료의 내용을 인용할 경우, 이 내용이 전체 자료 내에서 갖는 의미 맥락을 반드시 고려해야만 한다. 만일 이러한 고려가 없거나 불충분할 경우, 인용하는 내용의 의미를 왜곡할 수 있고, 이렇게 왜곡된 내용이 근거로 제시될 수 있다. 이렇게 되면, 자신의 논증 구조를 스스로 무너뜨리는 결과를 초래하게 된다. 예를 들어 어떤 권위자가 자신의 입장과 반대되는 이론을 비판하기 위해, 그 이론을 정리하고 설명하는 내용을 그의 글에 썼다고 가정해 보자. 이때 인용자가 이 내용의 의미 맥락을 고려하지 않고 그대로 인용만 할 경우, 그 권위자가 비판하려는 이론이 그 권위자의 이론으로 왜곡되는 것이다.

이 외에도 어떤 저자가 특정한 의도로 사용한 개념이나 내용을 전후의 의미 맥락을 고려하지 않고 그대로 인용할 때에도 왜곡이 발생하여 논증 구조가 무너질 수 있다. 예를 들어 아인슈타인의 '상대성' 개념을 그대로 차용하여 문화 상대주의 입장에서 문화사대주의를 비판하는 주된 근거로 사용할 경우, 이 논증은 결코 타당하지 않다. 특히 이러한 문제가 에세이의 결론적 주장이나 핵심적인 주장을 뒷받침하는 상황에서 발생할 경우, 글 전체의 논증 구조가 무너지기 때문에 각별히 주의해야 한다.

④ 사실 정보를 활용할 경우 적절한 분석과 설명이 추가되어야 한다.

근거는 주장을 뒷받침하는 진술들이다. 그런데 주장과 근거의 논리적 뒷받침관계가 제대로 드러나지 않는다면 필자를 설득한다는 에세이의 목표는 달성될 수 없을 것이다. 흔히 자신의 주장을 뒷받침하기 위해 통계자료만 같은 '사실 정보'를 동원하는 경우가 있는데, 그러한 '사실 정보'는 그 자체로 아무 말도 하지 않는다는 점을 잊지 말아야 한다.

'사실 정보'를 동원할 때는 그 정보의 어떤 내용이 구체적으로 주장을 뒷받침해주는지를 분명히 서술해야 한다. 이렇게 근거로서 제시되는 자료를 분석하고 해석함으로써 근거와 주장의 논리적 뒷받침 관계가 제 역할을 할 수 있다. 이와 더불어 '인용' 역시 일종의 자료 제시이므로, 이에 대한 해석 혹은 해설을 덧붙여 주어야 한다.

⑤ 예상되는 반론을 고려한 후 자신의 입장을 옹호한다.

학술에세이는 기본적으로 특정한 주장을 논증을 통해 정당화하는 구조로 이루어진다. 여기서 말하는 특정한 주장은 흔히 논쟁적인 주제의 한 입장이 되는데, 이러한 특징으로 인해 학술에세이에서 예상되는 반론을 검토하여 논박하지 않는 것은 반쪽짜리 에세이를 쓰는 것과 마찬가지다. 이때 검토해야 할 대상은 반론이 되기도 하지만 경쟁적인 다른 주장이 되기도 한다.

반론에 대한 검토를 하다보면 어떤 경우 상대방의 주장에서 수긍할 수 있는 부분이 발견되기도 한다. 그럴 경우 그것을 인정하는 것이 자신의 약점이 될 수 있다는 편협한 생각으로 오히려 그것을 감추기에 급급한 경우가 있는데 이것은 경계해야 할 자세이다. 특히 에세이의 주제가 논쟁적인 경우 논리적으로 완벽한 에세이를 쓰는 것은 거의 불가능하다. 어떤 주장이든 부족한 점은 있을 수 있다. 자기주장의 완벽함을 논증하는 것은 쉬운 것이 아니며, 오히려 자기주장이 다른 경쟁적인 주장과 '비교하여 더 좋다'는 것을 보여줄 수 있다면 그것으로도 충분할 수 있다. 그런 의미에서 상대 주장의 긍정적인 면을 드러내 주고 '그럼에도 불구하고' 자신의 주장을 받아들여야 함을 증명할 수 있다면 그것은 좋은 전략이 될 것이다.

## 3) '마무리' 쓰기

마무리는 학술에세이 전체를 마무리하는 부분이다. 마무리에서 필요한 것은 본론에서의 논의 과정을 정리하고 최종적 주장을 상기시켜 강조하는 것이다. 필요할 경우 필자의 문제 해결이 지니는 의의 또는 기대 효과를 전망하기도 한다.

① 에세이가 출발한 문제가 무엇인지 다시 환기하고 자신의 주장이 그 문제를 어떻게 해결하는지 간략히 되짚는다.

마무리의 전반부에서 본론의 논의 내용을 재진술하는 것은 글을 정리하기 위해 다시 한 번 자신의 주장을 명확하게 밝혀 주려는 것이다. 따라서 마무리의 전반부에서는 도입의 논의 주제와 주장을 호응시켜야 하는데, 이는 글의 통일성을 부여하기 위한 것이다. 다만 짧은 분량의 에세이에서는 본론의 내용을 재진술하는 것이 필수 사항은 아니다.

② 자신의 주장이 지닌 함축과 전망 제시를 통해 의미를 부각시킨다.

본론의 주장을 확대시키는 것은 본론에서 주장한 내용이 갖는 의미를 짚어 주거나, 이를 좀 더 높은 차원의 논의와 연결시키기 위한 것이다. 흔히 마무리에서 함축이나 전망을 제시하라는 것은 바로 이런 맥락에서 하는 이야기이다. 여기에서 주의할 점은 함축이나 전망을 제시한다고 해서 사족 같은 주장에 그쳐서는 안 된다는 것이다. 예를 들어 "우리는 위에서 논의한 두 가지 측면 중 나쁜 점은 피하고 좋은 점을 살려나가야겠다"거나 "우리나라의 발전을 위해서는 우리 모두 반성하고 열심히 노력해야겠다"는 함축이나 전망은 사족 같은 주장으로서, 본론의 주장을 확대하는 함축이나 전망으로서 기능하지 않는다.

이상과 같은 학술에세이의 마무리 쓰기 과정에서 특히 주의할 사항들은 다음과 같다.

---

### ① 주장의 재진술은 가능한 간략하게 할 것

마무리에서 주장을 부각시키려면 본론의 근거를 다시 정리해주는 일이 필요하다. 하지만 이는 이미 본론에서 다루었던 내용이므로 이를 장황하게 다시 정리하면 같은 논의를 중복하는 셈이다. 따라서 근거의 핵심만을 밀도 있게 추리고 이를 본론과 다르게 표현하는 것이 좋다.

학술적 글쓰기

특히 마무리 부분에서 불필요한 말을 써서는 안 된다. 마무리 부분에서 말을 잘못 쓰게 되면 한 순간에 지금까지 논의한 내용 모두를 무너뜨릴 위험에 빠질 수 있기 때문이다. 예를 들어 '어쨌거나,' '어차피,' '여하튼,' '좌우지간,' 등은 자신의 논증 구조를 스스로 무너뜨릴 수 있는 말들로, 불가피한 경우를 제외하고는 그 사용을 자제해야 한다.

도덕적이고 계몽적인 훈계가 나쁜 것은 아니지만 이런 식으로 글을 마무리 하는 것은 진부하고 빤하여 하나마나한 이야기를 하는 것에 지나지 않다. 또한 당위적인 원칙만 제시하는 것은 적절한 대책 제시로 보기 어렵다. 이런 점에서 어정쩡한 절충이나 양비론 혹은 양시론에 머무는 입장들은 마무리로 바람직하지 않다. 특히 주어진 문제의 유형이 입장 선택형일 경우 더욱 그러하다.

만일 마무리에서 해결책을 제언할 경우에는 추상적 목표만 밝혀서 해결 방향을 제시하는 데 그치지 말고, 그 구체적 방안까지 제시하는 것이 좋다. 다시 말해 목표 제시와 더불어 그 목표를 이룰 수 있는 수단과 방법도 함께 제시할 팔요가 있다는 것이다. 흔히 학술에세이의 마무리에서 학생들이 가장 손쉽게 제시하는 함축이나 전망은 '의식의 각성'이나 '정부의 대책'을 촉구하는 것이다. 하지만 모든 문제를 의식의 각성이나 정부의 대책으로만 돌려서는 곤란하다. 따라서 이러한 안일한 마무리에서 벗어난 주어진 문제와 관련된 상황을 깊이 있고 폭넓게 살펴 문제가 해결될 수 있는 방향과 함께 그 구체적 방안까지 제시할 수 있도록 해야 한다.

## 4) 검토 및 수정(퇴고)

글의 수정은 글쓰기의 마지막 과정에 부과된 단순 작업이 아니라, 좋은 글을 산출하기 위한 필수불가결한 작업이다. 특히 학술적 글은 스스로 비판적 독자가 되어, 즉 논평자의 입장에서 수정하면 수정할수록 보다 훌륭한 글이 될 수 있다. 이런 점에서 작성된 학술에세이의 초고 수정은 단계별 글쓰기 프로그램(SWP)의 지침에 따라 정당화 문맥의 기본 요소들이 제대로 포함되어 있는지, 그리고 정당화 문맥의 주요 속성들이 이를 충족시키고 있는지를 검토하는 작업이다. 또한 이러한 작업과 병행하여 수사적인 설득력의 측면에서 검토하는 작업도 병행되어야 한다. 이는 학술에세이가 설득하는 글이기 때문이다.

ⓐ 글 전체의 통일성이 있는가?

학술에세이는 근거를 통해 자신의 주장을 내세우는 글이다. 크게 보아 문제 설정, 주장 정립, 근거 제시 등이 계획대로 구성되어 있는지를 살펴보아야 한다. 이때 문제나 주장이 명확하게 서술되지 않았거나 주장이 문제 혹은 문제에서 벗어나 있다면 기초가 무너진 것이다. 그러므로 이와 관련해서 다음과 같은 사항들을 검토해야 한다.

– 설정된 문제가 자신의 문제의식을 잘 나타내고 있는가?

– 명확하게 서술된 주장이 있는가?

– 주장이 문제와 관계없는 엉뚱한 방향으로 빗나가 버리지 않았는가?

– 문제를 논의하는 부분 이외의 다른 부분이 오히려 더 부각되지는 않았는가?


　ⓑ 문단들은 유기적으로 조직되어 있는가?

　학술에세이는 논의 내용뿐만 아니라 논의 내용을 이끌어가는 논의 형식 또한 중요하다. 이런 점에서 특히 문단들이 서로 유기적으로 연결되어 제 역할을 다하고 있는지, 각 문단마다 주장과 근거가 논리적으로 연결되어 있는지 등을 검토해야 한다.

– 도입에서 주의를 환기하는 부분이 설정된 문제와 어긋난 것은 아닌가?

– 본론에 배열되어 있는 문단들의 순서는 체계적인가?

– 각 문단의 분량이 너무 길거나 짧아 전체의 균형을 잃은 것은 아닌가?

– 문단과 문단을 연결하는 매개문이 맥락에 맞게 사용되었는가?

– 논의 전개상 불필요한 문단이 들어있지 않은가?

– 각 문단은 중심 문장과 뒷받침 문장으로 구성되어 있는가?

– 논증의 근거(들)는 모두 올바른 것인가?

– 근거(들)가 주장을 효과적으로 뒷받침해주고 있는가?

– 문장과 문장을 연결하는 접속어에는 문제가 없는가?

　요컨대 문단들 간의 논리적 연결 관계와 각 문단의 논증 구조를 검토하라는 것이다. 특히 매개문이나 접속어가 적절한지, 전체의 흐름을 흐리는 불필요한 문단이나 문장이 없는지를 꼼꼼히 살펴보아야 한다. 특히 학술에세이에서는 접속어들이 많이 사용되는데 작성할 때에도 마찬가지이지만 검토할 때에도 접속어들의 사용을 잘 검토해야 한다. 왜냐하면 사소한 접속어 하나만 잘못 사용되어도 글 전체에 논리적 결함이 생길 수 있기 때문이다.

ⓒ 문장들의 의미는 충분히 명확한가?

글 전체로부터 문단들 간의 논리적 연결이나 각 문단의 논리적 관계에 이르기까지 그 범위를 좁혀 가면서 검토하고 나면, 이제 마지막으로 개별 문장의 명확성이나 표현을 문제 삼을 차례이다. 문장들의 의미가 명확한지, 문장들이 어법에 맞는지, 어색한 표현은 없는지 등을 살펴보아야 한다.

– 각 문장이 뜻하는 바는 명확한가?

– 의미 없는 동어반복식의 문장은 없는가?

– 더 간결하게 표현할 수 있는 문장은 없는가?

– 쓸데없이 추상적이고 어려운 단어를 남발하고 있지 않는가?

– 문법적으로 올바른 문장인가? 특히 주어와 술어가 잘 호응하고 있는가?

– 문장 부호는 바르게 쓰였는가?

– 맞춤법에 어긋나는 곳은 없는가?

여기에서 특히 주의할 사항은 주어와 술어 간의 호응 관계이다. 우리말의 일상적인 대화 속에서는 주어를 생략해도 어색하지 않은 경우가 많다. 하지만 그러한 내용을 문자화할 경우 의미가 통하지 않거나 뜻이 분명히 드러나지 않는 경우가 많다. 주어–술어의 호응 관계를 비롯하여 학생들의 글에서 비문법적인 부분이 많이 발생하는 것은 학생들이 문장 표현을 되씹어 보지 않고 그저 생각나는 대로 글을 쓰기 때문이다. 이러한 문제를 해결하려면 문장은 최대한 짧게 쓰는 것이 좋으며, 한번 작성한 문장은 다시 읽어보며 그 의미와 문법적 주어–술어 관계를 검토하는 과정을 거치는 것이 필요하다.

# 4.4 유형별 접근

지금까지 살펴본 것은 에세이 일반에 관한 내용들이다. 특히 본론의 구성에 관련해서는 매우 일반적이며 개략적인 설명이었다.

그런데 이와 같은 일반적이고 개략적인 구조만으로는 모든 에세이 쓰기에 필요한 세부적인 내용을 충분히 설명할 수 없다. 각 단계의 세부 내용에서 문제가 되는 맥락이나 주제의 성격, 글의 목적 등을 고려할 때 글쓴이는 다양한 전략을 구사할 필요가 있다. 에세이의 주요 독자가 일반인일 경우 설명적 부분을 좀 더 보강하고 세부적인 논증은 간략하게 함으로써 글의 난이도를 조정할 필요도 있으며, 정책 결정과 같은 구체적인 목적을 가지고 있는 에세이는 경쟁적인 의견들에 대한 구체적이고도 면밀한 비교 평가가 요구되기도 한다.

한편 학술적 에세이는 글에서 해결하고자 하는 과제의 성격에 따라서 편의상 다음과 같은 세 가지 유형으로 구분할 수 있으며, 나름의 특징들을 고려해 볼 수 있다.

## 1) 설명형 에세이

일상적인 맥락에서나 학문적인 맥락에서나 사람들은 많은 것들을 궁금해한다. 궁금증의 대상은 개념이나 현상, 원인이나 결과, 사물이나 사람 등 실로 다양하다. '설명'(explanation)이란 그런 궁금증에 대한 대답으로 제공되는 서술문으로 이해할 수 있으며, 이러한 설명이 학술적 에세이의 과제가 될 경우에는 특정한 설명이 현안 문제

〈유형별 본론의 세부 구조〉

| | | 설명형 에세이 | 입장 선택형 에세이 | 대안 제시형 에세이 |
|---|---|---|---|---|
| 현안문제 | | • 설명대상(현상) 정립<br>• 설명의 필요성 제시 | • 쟁점 정립(현안문제)<br>• 쟁점의 중요성, 의의 | • 당면한 문제 상황 정립<br>• 문제 해결의 방향 정립 |
| 문제<br>해결 | 주장 | 자신의 설명 제시 | 자신의 입장 제시 | 자신의 해결방안 제시 |
| | 정<br>당<br>화 | • 만족스런 설명의 요건<br>• 설명 내용의 적합성 고려 | • 입장 선택 기준<br>• 충분한 근거 제시 | • 만족스런 문제 해결 요건<br>• 해결방안의 적정성 고려 |
| 반론 검토 | | 위 설명의 문제점 또는<br>다른 설명 가능성 검토 | 위 입장의 문제점 또는<br>대안적 입장의 가능성<br>검토 | 위 해결책의 문제점 또는<br>대안적 해결책 검토 |

196

에 대한 주장이 된다. 이와 같은 에세이를 '설명형 에세이'라고 부를 수 있다.

설명형 에세이는 흔히 "그것은 무엇인가?(What)", "그것은 왜 그런가?(why)", "그것은 어떻게 그런가?(how)" 등과 같은 질문에 대한 대답으로서 작성된다. 보다 구체적인 설명형 에세이의 주제로는 '베이비붐 세대란 무엇인가?', '2차 대전은 왜 발발했는가?', '새마을운동의 경제적 성과는 어떠한가?', '조수간만의 차는 왜 생겨나는가?', '청소년 범죄가 증가하는 까닭은 무엇인가?' 등이 있다. 설명형 에세이에서는 제시된 설명이 좋은 설명이거나 최선의 설명임을 정당화하는 것이 중요하다.

이런 유형의 주제를 다룰 때 고려해야 할 사항들은 다음과 같다.

① 만족스런 설명의 요건 제시

② 설명 내용의 적합성 고려

③ 반론 검토


① 만족스런 설명의 요건 제시

설명형 에세이에서 제시되는 설명은 현안문제의 성격에 따라서 매우 다를 수 있다. 자연과학적 현상을 설명하는 과제는 어떤 현상에 대한 원인을 분석하는 것이다. 하지만 역사적 사건에 대한 설명이나 인간의 행위에 대한 설명에서는 적절한 해명을 제시해야 한다. 예를 들자면, 특정 조건에서 왜 유리에 물방울이 맺히는가를 설명하는 것은 자연과학적 설명의 과제이며, 어떤 사람이 왜 친구의 악행을 용서했는지를 설명하는 것은 해명을 요구하는 과제이다.

하지만 어느 경우에든 자기가 제시하는 설명이 적절한 이유를 제시해야 하며, 또는 다른 설명이 가능할 경우에는 자기 설명이 그 설명보다 더 나은 이유를 제시해야 한다. 이를 위해서는 적절한 설명의 기준이나 더 나은 설명의 기준을 제시하고 여기에 자신의 설명이 맞음을 보여야 한다. 하지만 좋은 설명의 기준이 분명하고 널리 알려져 있는 경우에는 이러한 기준이 제시되지 않기도 한다.

② 설명 내용의 적합성 고려

설명형 에세이에서 적절한 설명의 조건이 제시되었다면 그러한 조건에 맞는 자신의 설명이 뒤따라야 한다. 이 설명은 설명항과 피설명항을 제시하고 이 관계를 보여주는 것이며 곧 에세이의 주장이다. '피설명항'이란 설명해야 하는 대상이고 '설명항'이란 그 현상의 원인이나 현상에 대한 해명이다.

하지만 학술 에세이에서는 설명이 주어지는 것만으로 충분하지 않다. 자신의 설명이 만족스러운 설명의 요건을 갖추고 있는지를 검토해야 한다. 글쓴이에게는 자신의 설명이 만족스런 설명의 요건에 부합하는 것으로 보이겠지만 독자에게는 그것이 쉽게 보이지 않을 것이다. 이렇게 설명 내용의 적합성을 고려하는 것은 자신의 설명에 대한 적극적인 정당화의 과정이며, 반론 검토에서 있어서 반론에 대한 재반론의 근거를 마련하는 과정이기도 하다.

③ 반론 검토

자기주장으로서의 설명이 제시된 후에는 반론이 검토되어야 한다. 이때 검토되는 반론은 설명 자체의 타당성이나 합리적 수용 가능성을 지적하는 경우도 있고, 때로는 경쟁하는 다른 설명과의 비교를 통해서 반론을 하는 경우도 있다.

학술적 글쓰기

### 〈도입〉

**문제현상**

2008년 세계적으로 금융위기가 발생하였고, 그것은 우리나라 경제에도 심각한 타격을 입혔다.

**현안문제**

2008년 세계적 금융위기의 발생 원인은 무엇인가?

### 〈본론〉

**정당화**

1. 2008년 세계 금융위기의 원인을 이해하기 위해서는 금융시장 상황만이 아닌 당시 미국 정치 상황을 이해해야 한다.
   1) 한 국가의 금융시장은 정치와 밀접하게 연관되어 있기 때문이다.
2. 2008년 미국 금융위기의 가장 중요한 원인은 금융시장 규제완화이다.
   1) 2008년 미국에서는 시장자유 확대를 요구하는 여론이 강했다.
   2) 미국 행정부는 정치적 이해관계에 따라 여론 중심의 정책 결정을 내렸다.
   3) 금융위기 전 미국 행정부는 금융시장에 대한 규제를 대폭 완화하거나 폐지했다.
3. 금융위기 발생원인은 한 국가의 정치적 경제적 상황을 복합적으로 분석했을 때 보다 정확하게 파악할 수 있다.

**예상되는 반론**

금융위기 원인에 대한 이와 같은 설명은 경제 현상을 과도하게 정치적으로 해석하는 것이라는 의견이 있을 수 있다.

## 2) 입장 선택형 에세이

현안문제는 근본적으로 하나의 질문이다. 입장 선택형 에세이에 있어서 질문은 통상 특정한 쟁점에 대해서 찬성하는지 반대하는지를 묻는 '찬반형'이거나, 몇 개의 주어진 선택지 중에서 하나를 선택할 것을 요구하는 '선택형'이다. 이러한 성격의 현안 문제를 다루는 에세이를 '입장 선택형 에세이'라고 부른다.

입장 선택형 에세이의 주제로는 '역사는 진보하는가?', '임신중절은 허용되어야 하는가?', '다수의 이익을 위해 소수의 희생은 불가피한가?', '동물 및 인간을 대상으로 하는 임상실험은 반드시 필요한가?', '소극적 안락사를 허용해야 하는가?' 등이 있다. 이런 유형의 주제를 다룰 때 다음과 같은 점에 특히 주의해야 한다.

① 입장 선택 기준 제시

학술적 글쓰기

② 충분한 근거 제시

③ 반론 검토

① 입장 선택 기준 제시

입장 선택형 에세이에서는 여러 입장들 중에서 하나의 입장을 선택해야 하며 이 것이 주장이 된다. 주장이 제시되고 나면 주장에 대한 직접적인 근거도 제시해야 하지만, 많은 경우에 그 근거에 대한 평가 기준도 제시해야 한다. 왜냐하면 선택하는 입장이 다름에 따라서 그 직접적인 근거도 서로 다르기 때문이다. 그래서 서로 다른 근거들 중 어느 것을 택하는 것이 옳은지에 대한 기준을 논의해야 한다.

예를 들어보자. "소극적 안락사를 허용해야 하는가?"라는 문제에 대해서 찬성하는 입장의 근거는 주로 환자를 포함한 모든 사람들의 이익을 우선시하는 경우가 많고 이 근거는 생명의 존엄성보다 더 중요한 입장 선택 근거가 된다. 이에 반해 반대하는 입장의 근거는 생명은 절대적으로 존엄하다는 것이며, 이 근거는 사람들의 이익 계산보다 더 중요한 선택 근거가 된다. 하나의 근거가 반대 입장의 사람에게는 좋은 근거가 되지 못하는 것이다. 따라서 어떤 근거가 더 좋은 근거가 될 수 있는지에 대한 논의가 선행되어야 한다.

② 충분한 근거 제시

입장 선택 기준이 제시되고 나면 그 기준에 따라서 자신이 생각한 적절한 근거를 제시해야 한다. 예를 들어서 입장 선택 기준이 더 많은 사람들의 더 큰 이익을 고려하는 것이라면 소극적 안락사에 대한 자신의 입장이 더 많은 사람들에게 더 큰 이익이 된다는 점을 보여주어야 한다.

근거 제시의 내용은 사실에 대한 정보와 개념적 분석을 포함한다. 예를 들어서 생명의 존엄성을 근거로 소극적 안락사에 반대한다면 소극적 안락사가 구체적으로 어떻게 이루어지는지에 대한 사실적 정보를 제시하고 왜 이러한 행위가 살인이라고 말할 수 있는지에 대한 개념적 판단도 함께 제시해야 한다.

③ 반론 검토

문제 해결이라는 과제를 두고 볼 때 모든 에세이에서 자기주장의 근거를 제시하고 예상되는 반론에 대한 재반론을 개진해야 한다. 특히 입장선택형 에세이의 현안 문제에서는 찬성과 반대가 서로 모순되는 경우가 많고, 이에 따라서 한 입장의 반론은 반대 입장의 지지를 함축하는 경우가 많다.

**〈적극적 안락사는 허용되어야 하는가?〉**

〈도입〉

**문제현상**
- 인간다운 삶에 대한 가치 판단과 관련하여 불치병 환자의 존엄한 죽음 혹은 죽음에 대한 자기 결정권이 점차 중요해지고 있으며, 이에 적극적 안락사가 중요한 쟁점이 되고 있다.
- 이미 소극적 안락사는 사회적 합의의 단계에 이르렀고, 인간의 존엄성과 적극적 안락사에 대한 논의는 영화 등 다양한 미디어를 통해 새롭게 개진되고 있으며, 이에 대한 사회적 공론화와 논의가 필요한 시점이다.

**현안문제**
- 적극적 안락사는 허용되어야 하는가?

학술적 글쓰기

# 〈본론〉

## 정당화

1. 안락사는 크게 소극적 안락사와 적극적 안락사로 구분할 수 있다.

    1) 적극적 안락사는 환자의 자발적 의지와 의사의 적극적 개입을 전제로, 생명을 단축시키고자 독극물이나 혈관 공기 주입 등의 방법으로 환자를 죽음에 이르게 하는 행위이다.

2. 적극적 안락사의 허용 여부는 환자의 인간적 존엄권의 존중 및 환자 가족의 실익 보호 측면에서도 판단해야 한다.

    1) 회복이 불가능한 불치병이나 심각한 영구적 중증 장애로 인하여 환자의 인간다운 삶의 가능성이 심대하게 침해되고 있는 상황 속에서, 존엄성을 스스로 지키기 위한 죽음에 대한 자기결정권은 인간의 고유한 선택으로서 존중되어야 한다.

    2) 회복 불가능한 불치병과 영구적 중증 장애 등은 그 치료 과정에서 환자 가족의 경제적·심리적 부담을 크게 지우게 됨으로써, 가족 경제의 파탄과 더불어 환자 가족 및 환자 자신의 심리적 갈등과 불안을 증폭시킬 수 있다는 점에서 환자와 환자 가족 모두에게 이롭지 못하다.

    3) 환자의 선택을 존중하고 가족의 삶을 보호하기 위해 적극적 안락사는 허용해야 한다.

## 예상되는 반론 및 재반론

- 생명을 포기하려는 선택을 존중하는 것은 허용될 수 없다는 의견이 있다.

    1) 생명은 인간 삶의 중요한 요소이지만, 생명의 유지만이 인간다운 삶의 충분조건일 수는 없다. 비록 적극적 안락사가 의사조력자살이라는 제3자의 개입에 의한 죽음의 형태일지라도, 인간으로서의 존엄한 죽음에 대한 선택은 타인이 개입하거나 판단할 수 없는 개인 고유의 선택 영역이다.

2) 의사의 역할은 단지 생명을 연장시키는 데만 있는 것이 아니며, 인간다운 삶을 위한 환자의 존엄한 선택에 대한 인격적 존중 역시 환자에 대한 의사의 중요한 태도이자 임무이다. 의사의 조력은 이와 같은 의학적 양심의 발로로서, 단순한 살인 행위나 자살 조력과는 근본적으로 다르다.

– 적극적 안락사는 가족의 실익을 위해 생명을 경시하는 것이라는 의견이 있다.

1) 적극적 안락사는 가족의 삶을 환자의 삶과 동등한 존엄성의 관점에서 고려하는 것이다.

2) 회복 불가능 상황에서의 연명 치료를 위해 큰 경제적·시간적·심리적 부담을 감수하는 것은 환자와 가족 모두에게 심대한 고통을 유발할 수 있다.

3) 적극적 안락사는 생명 경시 행위가 아니라, 가족의 인간다운 삶의 조건 유지를 위한 최소한의 불가피한 선택이다.

〈마무리〉

**주장의 재진술**
적극적 안락사는 환자의 인간존엄성 존중과 가족의 인간다운 삶의 보호 측면에서 허용되어야 한다.

**전망**
적극적 안락사의 허용은 인간의 존엄성을 고양시킬 수 있다.

## 3) 대안(對案) 제시형 에세이

대안 제시형 에세이의 현안문제는 실질적인 해결방안(solution, 對案)을 요구하는 것이다. 실질적 해결방안으로서의 대안이 요구되는 상황은 대체로 현안문제에 대한 적절한 해결책이 없는 경우이다. 하지만 때로는 이미 해결책이 있으나 더 좋은 해결책이 필요한 경우도 있다.

대안 제시형 에세이의 주제로는 '출산율을 높이기 위한 보다 효과적인 방안은 무엇인가?', '전력 부족 문제를 어떻게 해결할 것인가?', '부동산 투기 근절을 위한 대안은 무엇인가?', '정부는 재정절벽에 어떻게 대처해야 하는가?', '대학입시에서 사교육의 부작용을 어떻게 해결할 수 있을까?', '지속가능한 성장과 발전을 위한 기업의 역할과 책무는 무엇인가?', '스마트 폰으로 대표되는 모바일 환경의 미래를 예측하고 대비책을 마련하시오' 등이 있다.

대안 제시형 에세이를 작성할 때에는 다음과 같은 사항들에 주의해야 한다.

① 만족스런 문제 해결 요건 제시

② 해결방안의 적절성 고려

③ 반론 검토


① 만족스러운 문제 해결의 요건 제시

정당화 가능한 대안을 찾고자 한다면 문제와 관련된 세부 쟁점들에 대해서 다각적이고 심층적인 고찰을 통해서 만족스러운 문제 해결 요건을 검토해야 한다. 예를 들어서 우리나라의 전력 부족 문제를 해결하고자 한다고 해보자. 이때 우리나라의 환경과 안전에 대한 위험이 전혀 없고 더 많은 전력을 효율적으로 생산할 수 있는 대안을 찾는 것은 불가능한 경우가 많다. 그럴 때 가능한 전력 생산량과 생산의 효율성, 환경 문제 중에서 어느 것이 더 우선적으로 고려되어야 하는지를 논의함으로써 실질적인 문제 해결방안의 기준을 마련할 수 있다. 이러한 만족스러운 문제 해결 요건은 문제를 재정의하는 효과도 가지고 있다.

② 해결방안의 적절성 고려

자신의 해결방안이 제시되었다면 자신의 구체적인 해결방안이 적절하다는 것을 설득해야 한다. 그러기 위해서는 자신의 해결방안이 앞에 제시된 만족스러운 문제해결 요건을 만족시킨다는 것을 보여주어야 한다. 예를 들어서 환경과 안전의 위험을 현실적으로 줄이면서 에너지 생산량과 경제적 효율성을 높이는 것이 문제해결 요건 제시에서 검토되었고 자신의 대안은 경수로형 원전을 건설하는 것이라고 해보자. 그렇다면 이 대안이 다른 에너지 생산 방안보다 전력 생산량과 경제적 효율 면에서 월등히 유리하며 환경과 안전의 위험은 현실적인 측면에서 크지 않다는 점을 보여야 한다.

③ 반론 검토

대안 제시형 에세이에서 논의되는 주된 반론들은, 그 대안을 받아들였을 때 뒤따를 수 있는 다양한 부작용이나 한계에 대해서 언급하는 것이다. 예를 들어서 경수로형 원전을 추가 건설하는 대안을 제시하였다면, 후쿠시마 사태에서와 같이 예상치 못한 자연재해로 돌이키기 어려운 사고가 일어날 수 있다는 반론이 제기될 수 있다. 이때 이런 위험성이 과장되었다는 점을 지적하거나, 혹은 그런 위험을 줄이기 위한 대책이 자신의 해결책에 함축되어 있음을 지적하여 재반론을 할 수 있다. 그 밖에도 현안 문제에 대한 다른 해결책과 비교함에 따라서 반론이 제기될 수도 있다.

# 〈도입〉

## 문제현상
- 우리나라는 매년 전력 부족 문제를 겪고 있다.
- 전력 수요가 지속적으로 증가할 것으로 예상되는 상황에서 현실적인 대안을 마련해야 한다.

## 현안문제
- 전력 부족분을 어떻게 시급히 확보할 것인가?

# 〈본론〉

## 정당화
1. 추가적 전력 공급원 확보는 효율성과 안전성을 기준으로 이루어져야 한다.
2. 효율적이며 안정적인 전력 공급을 위해 경수로형 원자력 발전소를 추가 건설해야 한다.
3. 경수로형 원전은 충분한 전력을 효율적으로 생산할 수 있다.
   1) 경수로형 원전은 화력, 수력, 친환경 발전에 비해 많은 전력을 생산한다.
   2) 경수로형 원전은 발전단가 측면에서 다른 발전에 비해 경제적이다.
4. 발전소 건설비용과 유지, 관리 비용 각각의 측면에서는 볼 때 화력, 수력, 친환경 발전이 경수로형 원전에 비해 경제적일 수 있다.
   1) 발전 유형별 발전소 수명과 발전 단계를 종합적으로 계산하면 경수로형 원전이 가장 경제적이다.
5. 경수로형 원전은 다른 원전에 비해 안전하다.
   1) 우리나라의 원전 운영과 관리 역량에 비추어 볼 때 경수로형 원전의 안전성은 충분히 확보되었다.

**예상되는 반론**

– 후쿠시마 원전 사태와 같은 예상치 못한 천재지변이 발생한다면 경수로형 원전이 심각한 위험에 노출될 수 있다.

**재반론**

– 천재지변 발생 가능성은 현실적으로 매우 낮으며 우리나라는 다른 나라에 비해 안전한 원전 환경을 확보하고 있다.

  1) 화력, 수력 발전소도 천재지변에 노출될 경우 심각한 위험을 겪을 수 있으며 경수로형 원전은 상대적으로 안전하게 관리할 수 있다.
  2) 원전 건설 및 관리 기술의 지속적 향상을 통해 경수로형 원전의 안전성을 계속 높이고 있다.

〈마무리〉

**주장의 재진술**

경수로형 원전의 추가 건설은 효율적이고 안정적인 전력 공급원 확보를 위한 현실적인 대안이다.

**전망**

수준 높은 원전기술의 확보와 활용을 통해 경제적 효과를 기대할 수 있다.

# 4.5 에세이 작성 연습

## 1) 개요

**연 습 문 제 1** 다음 글을 읽고 질문에 답하시오.

자식을 구하기 위해 불 속으로 뛰어드는 부모의 애틋한 사랑도 감동적이지만, 생판 모르는 사람을 구하려다 목숨을 잃은 사람에 대해 느끼는 경외심과는 차원이 다르다. 술에 취한 일본인을 선로에서 끌어내리려다 죽은 이수현씨의 곁에는 사실 함께 구조 작업을 하다 죽은 세키네 시로라는 이름의 일본인 사진작가가 있었다. 같은 일본인인 그에 대한 애도와 한국인인 이수현에 대한 애도는 비교가 되지 않는다. 유전적으로 관련이 있는 사람을 구하려는 행위는 해밀턴의 포괄적응도 개념으로 설명이 가능하다. 그러나 이수현씨의 희생도 그렇지만 우리 주변에서 가끔 주인을 구하고 장렬한 죽음을 맞이하는 개들의 경우는 어떻게 이해해야 하는 것일까? 서로 유전적으로 아무런 연관이 없는 개체들 또는 아예 종이 다른 개체들 간의 이타적 행동은 도대체 어떻게 진화된 것일까?

바로 이 문제에 처음으로 진화적 메커니즘을 제공한 사람은 해밀턴이 하버드 대학에 초빙교수로 있던 시절 그곳에서 박사 학위를 한 트리버즈(Robert Trivers, 1943~)였다. 해밀턴의 친족 이타주의(kin altruism)에 상응하여 호혜성 이타주의(reciprocal altruism)라고 명명된 그의 이론에 따르면, 지금 이 순간 서로 도움을 주고받는 게 아니라 미래의 보답을 기대하며 남에게 도움을 주는 행위로 인해 인간을 비롯한 많은 동물들의 사회성이 진화했다는 것이다. 일종의 계약 이타주의(binding altruism)인 셈이다. 이타적 호혜성의 진화를 위해 서로 교류하는 개체들이 친척일 필요도 없고 심지어는 같은 종에 속할 필요도 없다.

그러나 둘이 평생 단 한 번밖에 만나지 않는다면 도움을 받고 난 다음 보답할 기회가 없기 때문에 호혜적 관계가 성립하지 않는다. 서로의 존재를 인식하고 도움을 받았다는 사실을 기억할 수 있어야 하며 서로의 만남이 비교적 빈번해야 진화할 수 있는 메커니즘이다. 1971년 트리버스의 이론이 발표되자 인간 사회의 호혜성 이타주의 행동의 예는 수없이 많이 논의되었지만 다른 동물의 예는 그리 쉽게 발견되지 않았다. 1977년에 이르러서야 인간이 아닌 다른 영장류에서 첫 예가 보고되었다. 크레이그 패커(Craig Packer)는 올리브비비(olive baboon) 수컷들 간의 호혜성 동맹 관계를 연구하여 으뜸수컷(dominant male)을 피해 발정기의 암컷에게 접근하려고 버금수컷(subordinate male)들이 서로 도움을 주고받는다는 사실을 관찰했다. 그 후 침팬지를 비롯한 다양한 영장류 사회에서 상호 털 고르기, 음식 나눠먹기 등의 호혜성 행동들이 보고되었지만 트리버스 이론에 가장 결정적인 도움이 된 연구는 단연 윌킨슨(Gerald Wilkinson)의 흡혈박쥐 연구였다. 중남미 열대에 서식하는 흡혈박쥐들은 밤마다 소나 말 또는 맥 같은 큰 동물의 피를 빨아먹고 사는데 워낙 신진대사가 빨라 연이어 사흘 밤만 피를 빨지 못하면 죽음을 면치 못한다. 그래서 흡혈박쥐의 사회에는 서로 피를 나눠먹는 풍습이 진화했다. 윌킨슨의 연구에 따르면 흡혈박쥐들은 누구보다도 친척들과 가장 빈번하게 피를 나눠먹지만 오랫동안 가까운 자리에 함께 매달려 있는 짝꿍들에게도 피를 나눠주고 또 훗날 피를 얻어먹기도 한다. 이들은 서로를 분명히 인식하며 오랫동안 호혜관계를 유지한다. 이들이 피를 빨지 못하고 돌아오는 확률에 의거하여 예상수명을 계산해보면 태어나서 3년을 버티기 힘들 것으로 보인다. 그러나 서로 피를 나눠먹는 전통 덕택에 흡혈박쥐들은 야생에서 15년 이상을 살기도 한다.

흡혈박쥐와 영장류 사회의 예들이 호혜성 이타주의 개념을 설명하는 데 매우 유용하긴 하지만, 도대체 그런 호혜 관계가 애당초 어떻게 시작될 수 있는지 설명하는 데에는, 트리버스 자신이 예로 들었던 청소놀래기의 경우가 가장 훌륭해 보인다. 열대지방 바다의 산호초 주변에는 다른 물고기들의 몸을 깨끗이 청소해 주며 살아가는 물고기들이 있다. 물고기들은 우리처럼 손이 있어서 몸의 구석구석을 손질할 수 있는 게 아니기 때문에 주기적으로 이 같은 청소 서비스를 받을 수 있는 곳을 찾는다. 몸집이 큰 물고기는 청소놀래기에게 그야말로 온몸을 다 맡긴다. 청소놀래기는 아가미 덮개 밑으로 파고들어 마치 자동차 필터처럼 생긴 아가미의 속살에 붙어 있는 온갖 이물질들을 제거하질 않나, 아예 입속에 들어가 치아 사이까지 마치 치과의사가 스케일링을 하듯 꼼꼼하게 청소한다. 바로 이 장면에서 한번 생각해보자. 청소 서비스를 받으러 온 물고기가 마침 배도 출출하다면 마음의 갈등을 일으킬 수 있을 것이다. 이미 입 안에 들어와 청소에 여념이 없는 놀래기는 그야말로 독 안에 든 쥐에 비할 바가 아니다. 그냥 꿀꺽 삼키면 그만이다. 하지만 그래 본들 그날 한 번의 식사를 해결할 수 있을 뿐 앞으로 허구한 날 누가 몸 구석구석을 청소해줄 것인가? 한 끼의 식사보다는 오랜 세월 동안 단골 서비스를 받는 게 훨씬 유리하기 때문에 그들은 서로 돕는 관계를 유지하는 것이다.

– 최재천, 「호혜성 이타주의」

가. 위 글의 핵심적인 주장이 무엇인지 밝히고 그에 대한 자신의 입장을 서술하시오.

제시문의 주장

**제시문에 대한 자신의 입장**

나. 구체적인 사례를 제시하여 자신의 입장을 뒷받침하고, 자신의 입장에 대한 반론을 검토하시오.

**사례를 통한 정당화와 반론 검토**

다. 위 대답들을 참조하여 에세이의 문장 개요를 작성하시오.

벌금제도는 똑같은 죄에 대해 똑같은 벌금을 부과하는 총액벌금제와 소득과 재산에 따라 차등差等, 고르거나 가지런하지 않고 차별이 있음을 두는 일수벌금제가 있다. 핀란드는 일수벌금제를, 우리나라는 총액벌금제를 채택하고 있다. 핀란드에서는 노키아 부사장과 평범한 시민이 내야 하는 범칙금 차이가 어마어마하지만, 우리의 경우 다르다. 예를 들어 차량 정지선을 지키지 않을 경우 고물트럭을 몰면서 하루 5만 원을 버는 생계형 운전자나 고급 승용차를 운전하는 고소득자나 모두 6만 원의 범칙금을 부과한다. 동일한 범죄에 대해 동일한 벌금을 내는 게 일견 타당해 보이지만 과연 그럴까?

고물트럭을 모는 생계형 운전자와 연봉이 10억 원인 사람에게 6만 원이라는 돈의 가치는 확연히 다르다. 시쳇말로 후자에게는 6만원이 '껌값'이겠지만, 하루 벌이가 5만원인 사람에게는 생존을 위해 꼭 필요한 돈이다. 돈의 가치가 이렇게 다르니 같은 범법 행위를 했지만 벌금이라는 처벌을 겪는 고통의 차이는 클 수밖에 없다.

법은 모두에게 평등하게 적용되어야 한다. 하지만 현재와 같은 벌금형 제도는 결코 평등한 법 적용이라고 볼 수 없다. 벌금형은 법을 어긴 사람에 대한 처벌이고, 당연히 처벌의 고통은 같은 범죄를 저지른 사람이라면 모두 동일한 수준의 고통을 겪는 게 타당하다. 동일범죄에 대한 동일형량이라는 원칙에서 우리가 놓치지 말아야 할 것은 동일형량이라는 말 속에는 그 형벌을 받게 되는 범죄자의 고통이 동일해야 한다는 의미가 숨어 있다는 것이다. 동일한 형량이라는 말을 현실적으로 해석해야 한다.

일수벌금제를 주장하는 사람들은 평등한 법 적용을 위해서 이 제도를 도입해야 한다고 말한다. 실질적으로 공정하게 법을 집행하기 위해서 소득에 따라 차등을 두어 벌금형을 선고해야 한다는 것이다. 노키아 사장과 일반 서민 사이의 소득 격차를 예로 들면서, 돈의 가치가 다르기 때문에 벌금이라는 처벌이 주는 고통이 다를 수 있으므로 실질적인 법적 공정성을 지키려면 동일한 범죄에 대해 차등을 두어 벌금형을 선고해야 한다는 것이다.

그러나 단순히 돈이 많다고 같은 범죄에 대해 훨씬 더 많은 벌금을 내는 것이 과연 공정한 일일까. 고물트럭을 모는 운전자와 고급 승용차를 모는 운전자의 범칙금을 예로 들었는데, 두 사람의 경제적 차이는 해당 범죄와 전혀 무관한 것이다. 오랫동안의 노력을 통해 경제적 능력을 쌓아온 사람에게 부자라는 이유로 사회적 희생을 강요하는 것이 정당한 일일까? '동일범죄 동일형량의 원칙'은 누구도 쉽게 부정해서는 안 되는 중요한 원칙이다. 이 원칙을 저버리고 과속범칙금을 정할 때 어떤 사람은 가난하다는 이유로 2만 원, 누구는 부자라는 이유로 2억 원을 매겨서는 안 된다. 벌금 선고가 이렇게 이루어질 경우 벌금형 2억 원을 선고받은 사람은 마치 심각한 범죄를 저지른 것 같은 인상을 줄 수밖에 없다. 단지 부자라는 이유로 이와 같은 불합리한 결과를 감수하는 게 공평성이란 말인가. 이처럼 일수벌금제는 형을 부과하는 데 있어서 분명히 역차별의 소지가 있다. 한 사회의 경제적 공정성을 위해서라면 다른 방도를 찾아야 한다.

가. '일수벌금제' 도입에 대한 자신의 견해(주장)를 한 문장으로 서술하시오.

나. 자신의 주장을 정당화하기 위한 근거를 위 글에서 찾아 개요 형식으로 제시하시오.(필요한 경우 새로운 근거를 추가하시오.)

다. 위 질문들에 대한 답변을 토대로 에세이 문장 개요를 작성하시오.

**연 습 문 제  ③** 다음 글은 도시재생을 둘러싼 다양한 의견들을 담고 있다. 이 글을 읽고 이어지는 질문에 답하시오.

---

1968년 세워진 한국 최초의 주상복합 아파트. 서울 종로구와 중구의 경계를 따라 흐르는 청계천 위에 세워진 세운상가는 한때 전국에서 제일가는 전자상가로 꼽혔다. 전성기 세운상가에는 못 다루는 기계가 없는 기술자들이 있었다. 온갖 전자제품이 즐비한 상가 가운데 다른 곳에서는 구하기 어려운 소프트웨어도 한가득 쌓여 있었다. 사람이 오고 가는 발길이 하도 바빠 늘 북적이는 곳이었다.

2018년 세운상가에는 인적이 드물었다. 바깥에는 연일 30도가 훌쩍 넘는 더위가 계속되고 있었지만 세운상가 내부는 서늘한 공기가 느껴질 정도였다. 오가는 사람이라곤 세운상가에서 일하는 사람들뿐, 간혹 가다 보이는 외부인들은 오래된 상가를 탐방하러 온 관광객처럼 보였다. 시간과 날짜를 달리 해 몇 번 찾아가 봤지만 분위기는 달라지지 않았다. 처음 세운상가를 찾을 때 기대한 바와는 완전히 달랐다.

세운상가는 서울시의 핵심 사업인 도시재생사업의 아이콘 같은 장소다. 서울시는 지난 3월 싱가포르 리콴유 세계도시상 위원회가 선정하는 세계도시상을 받았는데 주된 업적으로 꼽힌 것이 도시재생사업, 그중에서도 '서울로7017'과 세운상가였다. 세운상가의 도시재생사업은 '다시세운 프로젝트'라는 이름으로 진행되고 있다. 지난해 9월 세운상가 북측 절반의 보행로를 연결한 1단계 사업을 마무리하고 종묘와 남산 일대를 잇는 도보 공간을 마련하는 2단계 사업을 진행 중이다. 2019년까지 5년간 세운상가 일대 43만9000㎡(약 13만3000평)에 974억 원의 예산이 투입될 전망이다.

확실히 세운상가의 겉모습은 많이 변해 있었다. 종묘에서 대로 건너편 세운상가를 바라보면 마치 새로운 건축물을 보는 듯한 느낌을 받는다. 3층까지 이어진

완만한 경사로 위에는 커다란 로봇이 서 있다. 세운상가와 로봇을 합친 '세봇'이라는 이름의 로봇은 무엇이든 다 만들 수 있다던 세운상가의 전성기를 되살리려는 노력처럼 보인다. 3층으로 이어진 보행로는 세운상가 양옆에 놓인 넓은 데크와 이어진다. 마치 루프탑처럼 옆 골목이 내려다보이는 데크 위에는 검은색 컨테이너박스로 만들어진 '다시세운 프로젝트' 관련 사무실이 있다.

데크에서 바라본 세운상가는 옛 모습을 그대로 간직하고 있다. 다닥다닥 붙어 있는 좁은 가게 중에는 더러 청년 창업가가 문을 연 듯한 3D프린팅 업체, 갤러리 같이 단정한 인테리어의 가게도 있었다. 그러나 대다수는 가게 안을 빽빽이 채운 각종 전자부품과 가득 쌓인 전자기기까지 20~30년 전 모습에서 변함이 없었다. 낮에도 결코 밝지 않은 세운상가 내부에는 적막함까지 감돌았다. 아침부터 가게 앞을 서성거리던 한 상인은 "요즘 손님이 없냐"는 질문에 "올해 초부터 손님이 딱 끊겨서 개점휴업 상태"라고 잘라 말했다.

세운상가 3층에서 25년 넘게 영업해온 상인 A씨는 세운상가의 현재와 미래에 대해 비관적인 이야기를 쏟아냈다. A씨는 결혼 후 아들을 낳았던 20대 후반에 세운상가에서 일을 시작했다. "세운상가가 제가 들어오고 나서 계속 하락세를 탔던 게 맞습니다. 그렇지만 서울시에서 뭔가 하겠다고 나서면서 더 힘들어진 것 같다는 게 저뿐만 아니라 주변 상인들의 공통된 생각입니다." A씨와 형님·아우 사이라는 B씨 역시 같은 의견이었다. "나아질 거라는 생각보다 이제 슬슬 이쪽에서 장사를 접어야 하나 걱정하는 의견이 더 많다"는 게 B씨의 말이다. 단지 경기(景氣)가 좋지 않아서가 아니다. 세운상가 상인들은 '다시세운 프로젝트'가 시작되면서 세운상가에도 변화의 움직임이 생겨났다고 말한다. 무엇보다 임대료가 변했다. 세운상가의 임대료는 30㎡(약 9평)짜리 기본 크기의 상가에 보통 월 15만~25만 원 선에서 유지돼왔다. 그러나 최근 1년 사이 임대료는 1.5~2배 정도 올랐다. 인근 공인중개사에 따르면 3층 데크와 이어진 상가의 임대료는 월 50만 원 정도로 이

전에 비해 2~3배 높은 수준으로 올랐다.

　도시재생은 옛날의 도시 개발 계획, 그러니까 재개발과는 완전히 다른 개념과 다른 방식을 가지고 있다. 정석 서울시립대 도시공학과 교수의 설명을 들어보자. "예를 들어 사람의 몸이 아프다고 할 때 외과적인 방법으로 수술을 해 환부를 도려내는 방식이 있습니다. 이게 그동안 해왔던 재개발 방식입니다. 도시의 낙후된 부분을 아예 들어내 없애고 새로운 것을 갖다 짓는 방식이었지요. 도시재생은 말하자면 병을 고치기 위해 생활방식을 바꾸고 식습관을 바꾸는, 보다 근본적인 해결책입니다. 의사들도 가급적 중한 질환에만 수술을 하려고 하잖아요. 도시재생도 무조건적인 재개발 말고, 도시의 체질을 바꿔 도시의 기본 경쟁력을 높이려고 하는 방식입니다."

　흔히 도시재생은 기존의 낙후된 건물이나 시설을 재활용하는 것으로만 생각하기 쉬운데 그것은 도시재생의 한 가지 방법일 뿐이다. 궁극적으로 도시재생의 목표는 도시가 사람들이 북적이는 활기찬 공간으로 바뀌는 것인데 이것을 위해서 낙후된 부분을 허물지 않고 고쳐가며 다듬는 방법을 선택한다. 도시재생으로 새롭게 단장된 세운상가가 '변한 게 없다'고 느껴지는 것은 어쩌면 당연하다. 그러나 문제는 세운상가의 공간은 별로 변하지 않았는데 환경은 변하고 있다는 것이다. 원주민, 세운상가의 상인들이 내몰리고 있는 것이 가장 큰 문제다.

　세운상가를 재생하는 방법으로 서울시는 세운상가에 청년들의 발길이 자주 닿을 수 있게 만들기로 했다. '메이커'라는 이름으로 창업자를 모집하고 청년 창업가들을 위한 공간도 마련했다. 실제로 세운상가의 이곳저곳에는 각자의 꿈을 담은 젊은 창업자가 도시재생에 힘을 보태고 있다. 세운상가에 사무실을 마련한 '웃는 텃밭'은 도시에서 잃어버린 사람과 공동체를 텃밭을 가꿈으로써 되살리자는 '재생'의 가치를 지향하는 사회적 기업이다. 원래는 가락시장에 텃밭을 마련하고 여러 프로그램을 진행해왔지만 2016년부터 세운상가에 사무실을 마련하고 '다시세운 프로젝트'에 적극적으로 힘을 보태고 있다. 탁 트인 서울 전경을 볼 수 있도록 시민들에게 개방한 세운상가 옥상 한편에 텃밭을 마련해 세운상가 상인과 메이커들이 모두 참여하는 공간을 마련한 것도 웃는텃밭 백혜숙 대표의 아이디어였다.

"사실 우리야 도시재생의 가치를 이해하고 방향성에 적극 동참한다고 하더라도 20~30년 일해 온 상인 분들이 필요성을 체감하기란 쉽지 않잖아요. 저희의 역할 중 하나는 세운상가를 활성화시키는 것 외에도 도시재생을 알리고 원주민과 소통하는 것이라고 생각합니다. 그래서 웃는텃밭 주최로 바자회도 열고 텃밭도 실제로 만들어 나이 많은 상인 분들이 변화를 체감할 수 있게 노력했습니다."

도시재생의 태생적 한계 중 하나인 '체감하기 쉽지 않다'는 것은 지속적인 도시재생을 어렵게 만드는 요인 중 하나다. 서울시에서 가장 먼저 도시재생 지역으로 지정됐던 종로구 창신·숭인지역 주민들로부터도 쉽게 들을 수 있는 얘기다. 서울 지하철 1호선 동대문역 북쪽으로 길게 뻗어 있는 창신·숭인지역은 2014년 서울에서는 최초로, 전국 13개 도시재생선도지역에 포함됐던 곳이다. 3년간 200억 원의 예산을 들여 도시재생 첫 단계를 마무리한 상태다. 그러나 막상 찾아가 본 창신·숭인지역에서 도시재생을 실감하기란 쉽지 않았다.

이 지역에서 평생을 살았고 20년 넘게 공인중개업을 했다는 주민 C씨는 '도시재생'이라는 단어를 꺼내자마자 "미친 소리"라고 화를 냈다. 주변에서 부채를 부치며 더위를 식히고 있던 동네 주민 3명이 "돈 쓰려는 수작" "그냥 떠드는 소리"라며 말을 덧붙였다.

"도시재생 얘기는 오래전부터 들었지만 뭔가 변한 게 없어요. 하다못해 다니는 도로라도 좀 정비가 되면 좋겠는데 인도도 제대로 없는 골목길은 예전 그대로예요. 그나마 봉제거리 같은 이름을 붙여서 간혹 오가는 사람들이 있는 것 같지만 그게 동네 발전에 도움이 되나요."

C씨가 말한 '봉제거리'는 1980년대부터 조성된 창신·숭인지역 봉제공장 밀집지

역을 일컫는 말이다. 창신·숭인지역에서 길 건너 보이는 동대문 패션관광특구는 봉제거리가 조성된 배경이기도 하다. 동대문 평화시장에서 밀려난 영세한 봉제공장들이 좁은 골목길에 빼곡히 들어찬 것이 30여 년 전. 봉제산업의 쇠퇴와 더불어 이 골목도 부침을 겪었다. 그러던 것이 도시재생사업의 일환으로 봉제거리라는 이름을 얻고 박물관도 들어섰다. 그러나 그 이상의 변화는 없었다. 봉제공장에서만 평생을 일했다는 50대 재봉사는 "봉제거리가 밥 먹여주느냐"고 단호하게 말했다. 같은 봉제공장에서 일하는 동료들도 같은 생각이었다. 봉제거리라고 이름을 붙인다고 해서 일감이 늘어나는 것도, 공장 환경이 좋아지는 것도 아니라 별 의미 없다는 게 이들의 말이었다. 실제로 창신·숭인지역을 걷다 보면 서울의 낙후된 동네, 그 이상의 느낌을 받기 어렵다. 창신·숭인지역의 도시재생 관련 소식지에는 다양한 활동을 했다고 소개돼 있기는 하다. 그러나 대부분 회의, 워크숍이나 장터 같은 일회성 행사이고 도로벽에 색을 칠한다거나 보행도로를 손보는 등 행정기관에서도 할 법한 주거환경 정비가 주를 이뤘다. 3만 명의 주민이 쉽게 체감하기 어려운 일들이다.

창신·숭인지역은 도심 한복판에 있어 돌이켜보면 유명 인사들이 한 번은 거처 간 곳이었다. 비디오 아티스트 백남준과 화가 박수근, 가수 김광석이 살던 곳이었다. 잃어버린 동네의 명성을 찾기 위한 도시재생사업 중에는 백남준기념관을 짓는 예산도 포함돼 있었다. 이 지역에서 통장을 한 적도 있다는 토박이 E씨는 도시재생과 관련된 설명회나 공청회에도 여러 번 참석한 적 있다면서 "보여주기식 건물을 짓는 게 도시재생이 아니라고 했으면서 막상 도시재생사업이 끝났다고 하는데 실감할 수 있는 건 별로 없다. 저런 건물밖에 남지 않았다"고 꼬집었다.

전문가들은 도시재생이 재개발처럼 확연한 변화를 가져오는 것이 아니라는 점을 항상 강조한다. 창신·숭인지역에서 도시재생을 이어가기 위해 설립된 창신·숭인재생협동조합(CRC)의 손경주 기획운영실장은 "도시재생은 도로를 새로 깔고 건물을 번듯하게 짓는 재개발 사업이 아니다"라고 말했다.

"저희가 얘기하는 도시재생의 목표는 주민이 살고 싶어하는 동네를 만드는 겁니다. 더 나아가 사람들이 찾아오고 이주해오고 싶어하는 동네를 만드는 것이 장기적인 목표이기는 하지만 우선은 주민들이 '여기 더 못 살겠다'고 떠나지 않게 만들어야 합니다. 그렇다고 일부러 건물을 짓고 세련된 가게를 늘리면 젠트리피케이션이 일어나 주민들이 떠날 수도 있습니다. 동네를 활성화하면서 유지시키는 것이 도시재생의 목표라고 생각합니다."

그러나 서울시의 도시재생사업은 젠트리피케이션과 '체감하지 못함'의 언저리에서 머물고 있는 것이 사실이다. 장기적인 변화를 봐야 한다고 하지만 창신·숭인지역이 도시재생선도지역으로 꼽힌 것이 4년 전의 일이고 세운상가가 1단계 사업을 마무리한 지도 1년이 지났다. 세운상가 상인들은 그 사이 생존을 걱정하게 됐다.

고등학교를 졸업하자마자 세운상가에서 일을 배우기 시작하면서 평생 이곳을 오고갔다는 60대 기술자 F씨는 "세운상가의 도시재생사업은 임대료를 올릴 수밖에 없는 구조였다"고 분석했다.

"서울시에서 청년들에게 제공한다고 상가를 구입하고 사무실을 짓고 돈을 들였습니다. 돈 냄새를 맡은 청년들이 몰려오고 주변에 그럴듯하게 생긴 가게가 하나씩 생겨나기 시작했습니다. 서울시에서는 도시재생사업을 홍보해야 하니까 SNS를 통해서 '세운상가가 달라졌다'고 하고 사진 찍으러 오기 시작했어요. 임대료가 안 오를 턱이 있나요." 그의 말대로 세운상가에도 그럴듯한 카페가 들어서고 관광객들이 둘러볼 만한 갤러리도 생겼다. 서울 도심을 잇는 보행로가 개통되면 이런 상가는 더욱 늘 것이라는 게 상인들의 전망이다.

물론 서울시에서는 상가 주인들과 합의를 거쳐 5년 동안 임대료를 올리지 않겠다는 상생협약을 맺었다. 그러나 이는 말 그대로 협약일 뿐 어떤 강제성도 없었다. 오히려 상가 주인들은 서울시에서 구입한 상가 가격에 맞춰 슬금슬금 임대료를 올리기 시작했다. 서울시가 대표적으로 자랑하는 '서울로7017' 주변의 임대료는 이미 오를 만큼 올랐다는 사실도 잘 알려져 있다. 서울시는 현재 서울역 동쪽 회현지역까지 이어져 있는 서울로7017이 서울역 서부까지 변화를 만들어낼 것이라고 설명한다. 하지만 이 지역 부동산은 이른바 '개발 호재'로 손대기 어려울 정도로 급등한 상태다. 세운상가 상인들 역시 제화공장이 몰려 있던 서울 성동구 성수동 인근의 젠트리피케이션 현상까지 떠올리면서 임대료 급등에 불안감을 느끼기는 마찬가지다.

서울시에서 지난해 17개 지역을 도시재생 신규지역으로 새로 지정하자 이들 지역에서도 '개발'에 대한 기대감이 불고 있는 것이 사실이다. 가장 적극적인 도시재생 시행 지역 중 하나인 서울 서대문 신촌 일대에서는 도시재생이 죽어버린 상권을 되살릴 '재개발' 호재처럼 활용되고 있다. 서울 지하철 2호선 이대역 출구에서 200m 떨어진 곳에 건물을 소유한 G씨는 "우리 건물에도 공실이 생겼지만 장기적으로 서울시에서 이 지역을 '관리' 중이기 때문에 큰 걱정은 안 한다"고 말하기도 했다. '도시재생'이 무엇인지 알고 있느냐는 질문에는 "개발한다는 거 아니냐"는 대답이 돌아왔다.

결국 문제는 도시재생이 무엇인지, 왜 필요한지에 대한 충분한 소통으로 귀결된다. 서울시에서 예산을 들여 '개발'에 나선다고 했을 때 주민들이 기대하는 청사진과 실제 서울시가 진행하는 사업 간의 심리적 괴리감이 상당하다는 것은 도시재생 지역을 잠시만 돌아봐도 알 수 있는 일이다. 세운상가에 왜 재개발이 아니라 도시재생이 필요한지, 창신·숭인지역 주민이 기대할 수 있는 것은 무엇인지에 대한 소통이 필요하다. 서울시와 활동가들은 "최소 수십 차례 공청회와 설명회를 가졌고 소통의 장을 넓히려 노력하고 있다"고 하지만 수년간 수백억 원의 예산이 든 '개발' 사업의 성과가 어떤 것인지에 대해서도 설명할 필요가 있다.

세운상가 곳곳에 세운전자박물관 상설전시를 알리는 포스터가 붙어 있지만 관심을 가지는 상인은 거의 없었다. "지네들하고 우리하고는 하는 일도 다르고 관심사도 다르고 목표도 다르다"고 퉁명스럽게 대답한 세운상가 '터줏대감' 상인의 말이 조용한 세운상가 복도를 울렸다.

– 「세운상가에서 서울시 도시재생의 한계를 보다」

가. 도시재생을 진행해야 한다고 가정할 때, 위 글을 참고하여 가능한 도시재생의 방안을 정리하고, 그 중 하나를 나름대로 제안하시오.

나. 자신이 제시한 방안이 지닌 장점을 설명하시오.

다. 자신이 제시한 방안에 대해 가해질 수 있는 반론 혹은 비판을 예상하고, 이에 대한 재반론 혹은 재반박 근거를 마련하시오.

라. 〈가~다〉를 참고하여 전체 에세이 개요를 작성하시오.

학술적 글쓰기

## 2) 도입

다음 글의 내용과 관련해서 나름의 현안문제를 설정하고 그 문제를 해결하기 위한 에세이의 도입부를 작성하시오.

동물에 대한 해부와 실험의 기원은 고대 그리스 시대로 거슬러 올라간다. 히포크라테스는 동물 해부를 통해 생식과 유전을 설명했고, 아리스토텔레스 역시 동물을 관찰하여 해부학과 발생학을 발전시켰다. 2세기 로마의 외과의사였던 갈레노스는 원숭이, 돼지, 염소 등을 해부하여 심장, 뼈, 근육, 뇌신경 등에 대한 의학적 사실을 규명한 것으로 유명하다. 16세기 베살리우스에 의해 인체해부학이 발전하기 전까지 동물 해부 연구는 의학에서 가장 중요한 토대였다. 동물실험이 독성학, 생리학 등의 분야에서 본격적으로 활용된 것은 19세기 이후이다. 1860년대에 근대 실험 의학의 시조로 불리는 프랑스의 생리학자 클로드 베르나르는 특정한 물질이 인간과 동물에게 미치는 영향은 정도의 차이만 있을 뿐 동일하기 때문에 동물에 대한 실험이 독성학과 인간 위생학에서 확실한 증거로 활용될 수 있다고 주장함으로써, 동물실험을 생리학 분야의 표준적인 연구 방법으로 확립시켰다. 비슷한 시기에 이루어진 파스퇴르의 탄저병 연구와 백신 실험에도 양 등을 활용한 동물실험이 기초가 되었다. 한편, 1900년경에 러시아의 생리학자 이반 파블로프는 개의 식도에 관을 삽입해서 타액이 입 밖으로 나오도록 수술한 뒤에 조건반사(conditioned reflex) 실험을 한 것으로 유명하다.

이렇게 동물실험이 의학과 생물학을 진보시키는 데 필수적인 과학적 방법으로 자리 잡는 동안, 동물실험을 반대하는 사람들도 늘어갔다. 베르나르의 실험을 가장 가까이에서 지켜봤던 가족과 조수들은 열성적으로 동물실험에 반대했는데, 베르나르의 부인인 마리 프란시스 마틴은 1883년에 프랑스 최초로 동물생체해부 반대 협회를 설립했다. 다윈도 동물실험에 마음의 갈등을 느낀 것으로 유명한데, 그의 주도 하에 1876년 최초로 동물실험을 규제하는 동물학대법(Cruelty to Animals Act)이 제정되었다. 다윈은 생리학 분야에서 동물실험이 실제로 유용할 수 있다는 점은 인정했지만, 끔찍한 동물실험이 정당화될 수는 없다고 보았다. 1900년대 초에는 런던대학의 베일리스 교수의 심리학 실험실에서 갈색 테리어 개를 해부한 실험의 합법성을 두고 의대생들과 동물생체해부 반대자들 사이에서 논쟁이 벌어졌다. 이후, 동물생체해부 반대자들이 죽은 개를 기리는 동상을 세우면서 동물실험 찬성파와 반대파 사이의 갈등이 수년간 계속되었고, 이 갈색개 사건(brown dog affair)을 계기로 동물실험을 둘러싼 문제들이 대중적으로 알려지게 되었다.

　　동물실험은 윤리적으로 정당한가? 서양에서는 전통적으로 동물의 권리가 낮게 평가되었다. 아리스토텔레스에 따르면, 식물은 동물을 위해 존재하며 동물은 인간을 위해 존재한다. 따라서 인간의 필요에 의해 동물을 사용하는 것은 문제가 되지 않는다. 중세 기독교 역시, 동물은 인간에 의해 사용되는 것이 운명이자 신의 섭리로 간주되어, 동물을 사용하거나 죽이는 것은 부당한 것이 아니었다. 한편, 근대철학의 아버지 데카르트는 인간과 동물의 몸은 자동 기계인데, 인간과 달리 동물에게는 정신 또는 영혼이 없어 쾌락이나 고통을 경험할 수 없다고 보았다. 데카르트는 마취도 없이 살아있는 동물을 해부하는 실험을 한 것으로 악명이 높은데, 당시에는 마취술이 없었을뿐더러, 그에게는 동물이 아파하는 행동도 진정한 통증을 반영한 것이 아니었기 때문에 동물실험이 양심의 가책을 느끼게 하지는 않았을 것이다. 칸트 역시, 이성과 도덕을 갖는 인간의 이익이 그렇지 못한 동물의 이익보다 우선적으로 고려되어야 한다고 보았다. 칸트는 동물을 잔혹하게 대하는 것에는 반대했는데, 이는 동물 자체를 위해서라기보다는 인간의 품위를 손상시키고 다른 사람과의 교제에도 문제가 생길 수 있음을 우려한 것이었다.

　　그러나 현재 동물행동학 연구들은 동물들에게도 지능이나 문화가 존재함을 밝

학술적 글쓰기

히는 등 인간과 동물의 근본적인 차이를 부정하는 결과들을 내놓고 있다. 뿐만 아니라, 동물의 복지를 주장하는 생명윤리학자들은 설사 인간과 동물이 이성이나 언어 능력 등에서 차이가 있다고 하더라도, 이러한 사실이 동물실험을 해도 된다는 결론으로 이어지지 않는다고 본다. 이들이 중요하게 고려하는 것은 쾌고감수능력(sentience), 즉 고통과 쾌락을 느낄 수 있는지의 여부이다. 이들은 동물이 인간과 여러 가지 면에서 차이가 있다고 할지라도, 동물 역시 인간과 마찬가지로 고통을 느끼기 때문에 인간과 동등하게 배려되어야 한다고 주장한다. 이러한 논리는 벤담의 공리주의 철학에 입각한 것으로, 통증과 고통은 그 자체가 나쁜 것이며 인종이나 성별 또는 동물의 종류와 관계없이 예방되거나 최소화되어야 한다. 따라서 공리주의자라면 인간의 고통은 물론 동물의 고통에도 당연히 관심을 가져야 한다. 저명한 생명윤리학자인 피터 싱어는 인간의 행복만을 중요하게 취급하는 인간중심주의는 일종의 종차별주의(speciesism)이며, 결국 인종차별주의나 성차별주의와 다를 바가 없는 것이라고 비판한다.

– 장하원, 「동물실험」

가. 현안문제 :

나. 도입 :

3) 본론

연 습 문 제 ① 다음 글을 읽고 이어지는 질문에 답하시오.

A

이충렬 감독의 극장 장편 데뷔작 〈워낭소리〉는 3년 남짓한 시간을 들여 완성한 다큐멘터리로서 한국영화계에 기적을 일으켰다. 영화 〈워낭소리〉의 내용은 할아버지와 소의 이야기로서 매우 잔잔한 흐름을 보여준다. 2009년 1월 15일에 예술영화전용관 7개 극장에서 개봉되자마자 입소문에 의해 관객들이 몰려들었고 순식간에 상영관이 전국 150개 극장으로 확대, 개봉 7주째, 8주째에는 할리우드 영화나 메이저 제작사의 작품을 모두 물리치고 2주 연속 흥행순위 베스트 1위를 차지했다. (ㄱ)"과연 왜 이 잔잔한 영화가, 이런 초대박 흥행을 기록했는가?" 이 영화는 수많은 언론의 주목을 받고 드디어 관객동원 약 300만 명이란 경이적인 기록을 달성하였다.

## a. 영화 마케팅의 기본 요소들

마케팅의 기본 요소를 4가지로 보며 이를 4P라 한다. 이것은 제품(Product), 가격(Price), 유통(Place), 프로모션(Promotion)이 그것이다.

첫째, 영화 마케팅에서의 제품은 영화 그 자체이다. 마케팅의 다른 모든 요소가 소비자를 만족시킬지라도 제품 자체의 만족이 없이는 의미가 없다. 따라서 영화에서도 궁극적으로 관객을 만족시키기 위한 가장 중요한 문제는 좋은 영화를 만드는 것이다.

둘째, 제품의 가격은 영화에서 두 가지로 나누어서 생각해볼 수 있다. 하나는 영화의 판권 가격이며 다른 하나는 극장의 입장료이다. 그런데 극장 입장료는 극장별로 균일하므로 고려해야 할 것은 영화 판권 가격이다. 원가가 많이 들어간 제품의 판매 가격이 그렇지 않은 제품에 비해 높다고 할 수 있다. 이에 따라서 영화를 만드는 사람들은 어느 정도 제작비를 투여해서 어느 정도의 흥행을 노릴 것인가 하는 문제에 직면한다.

셋째, 제품의 유통은 영화에서 배급과 상영에 해당된다. 그 중에서도 배급은 도매에, 상영은 소매에 해당된다. 영화의 배급망은 외견상으로는 매우 간단해 보이지만 한국 영화계의 실상을 파악해 보면 마치 고난도의 퍼즐처럼 불어나가기가 매우 어렵다. 영화 배급망의 구조와 특성을 파악해서 효과적으로 이용하는 것이 영화 마케팅 담당자에게는 매우 중요하다.

넷째는 프로모션이다. 여기에는 보통 4가지 요소가 있는데, 광고, PR, 인적 판매, 협의의 판촉이 그것이다. 요즘처럼 매년 수백 편의 영화가 개봉되는 상황에서 이 문제는 매우 중요한 요소로 대두되고 있다. 단순히 좋은 영화를 만들기만 하면 되었던 과거와는 달리 영화 기획 단계에서부터 철저하게 준비된 PR 및 광고 활동이 그 영화의 흥행에 결정적인 요소가 된 것이다.

– 김기태, 「영화 흥행을 위한 마케팅」

### b. 한국 영화, 잘 만들면 비수기도 없다.

유독 한국영화의 성적이 좋은 2012년 상반기였다. '부러진 화살'과 '범죄와의 전쟁'을 시작으로, '건축학개론'은 국내 멜로영화 기록을 다시 세웠으며 역대 로맨틱 코미디 개봉작들 중 상위권에 오른 '내 아내의 모든 것'은 개봉 50일이 넘도록 박스오피스 상위권을 지키고 있다.

4일 영화진흥위원회가 발표한 2012년 상반기 한국 영화산업 결산보고서에 따르면 2012년 상반기 극장 관객 수는 8279만 명으로 2011년 상반기 관객 6,842만 명에 비해 21%나 성장했으며, 상반기 시장점유율은 한국영화가 53.4%다.

영진위는 "극장 관객 성장률이 2012년 상반기에 전년도 동기 대비 21% 성장이라는 놀라운 실적을 보인 데에는 2월과 3월 비수기를 정면 돌파하면서 좋은 흥행 기록을 보여줬던 한국영화 흥행 성적 결과가 원인이라고 할 수 있다"고 봤다. 또 영진위는 한국영화가 좋은 성적을 거둔 원인을 '30대~40대 관객 극장 유인 성공으로 관객층 확대와 웰메이드 장르 영화의 성공'으로 봤다. 실제 상반기 흥행영화 10위에 랭크된 한국영화들은 모두 30대~40대 관객층을 겨냥한 영화들이다. 청소년관람불가 등급의 '범죄와의 전쟁: 나쁜 놈들 전성시대'와 '후궁:제왕의 첩' 외에도 '내 아내의 모든 것', '건축학 개론' 등은 각각 30대 주부의 자아 찾기와 30대의 첫사랑 추억이 주요 줄거리였다.

올해 극장가 흥행 공식은 웰메이드 한국영화였다. 이들 영화들은 탄탄한 작품
성을 바탕으로 관객의 공감을 끌어올리며 특별한 비수기 없이 흥행에 성공했다.
반면 미국영화는 오락성을 강조한 블록버스터물이 사랑받았다.

– 「한국 영화, 잘 만들면 비수기 없다」

### c. 영화 흥행을 위해서는 작품이 중요하다

흥행 영화는 재미있는 영화 작품이 있어야만 가능하다. 아무리 훌륭한 마케팅
을 시도하였더라도 작품 자체가 관객들에게 인상적인 재미를 제공하지 못한다면
흥행은 불가능하다. 이 사실은 조금만 생각해봐도 쉽게 알 수 있다. 그것은 마치
고장이 잘 나고 운전하기 불편한 자동차를 생산하면서 세계적인 일류 자동차 판
매고를 올리겠다고 천문학적인 자금을 들여서 미국의 수퍼볼 광고에 광고하는 것
이나 같다. 그럼에도 불구하고 영화 흥행에 대한 대부분의 연구가 마케팅을 중심
으로 한 경영적 요소에만 집중되고 있다는 것은 문제가 있는 현실이다.

물론 이런 필자의 지적이, 영화 작품만 잘 만들어 놓으면 마케팅은 필요 없다
는 의미는 결코 아니다. 2012년 현재와 같은 상황에서 확실히 영화가 상영관에
얼마나 많은 관객들을 불러 모으느냐를 기준으로 생각한다면 마케팅이 없이 영
화를 개봉한다는 것은 거의 자살행위에 가까울 정도로 실패확률이 높다. 하지
만 아무리 마케팅이 중요하다고 하더라도 영화 작품의 품질이 뒷받침되지 않고
서는 흥행을 기대할 수 없다. 즉 마케팅과 영화 작품의 재미는 영화 흥행을 위
한 두 개의 수레바퀴와 같다. 하나만으로는 현대 사회에서 영화 흥행을 기대하
기는 매우 어렵다.

가. 〈A〉의 질문 (ㄱ)에 대한 자신의 설명을 간단히 서술하시오.

나. 자신의 설명에 대해 다른 사람들이 제기할 만한 질문들을 쓰시오.

학술적 글쓰기

다. 가능한 질문들을 고려하여 자신의 설명을 수정·보완하시오.

**연 습 문 제 ② 다음 글을 읽고 이어지는 질문에 답하시오.**

a. 성매매는 다른 사람들에게 권장할 만한 행위라고 할 수는 없다. 하지만 그렇다고 해서 법으로 이것을 금지하는 것은 바람직하지 못하다. 왜냐하면 성인들이 다른 사람들에게 직접적으로 피해를 주지 않으면서 자발적으로 합의하여 행하는 행위를 법으로 강제하는 것은 인간의 기본권을 침해하는 것이기 때문이다.

b. 성매매는 개인의 존엄성을 파괴하는 행위이다. 개인의 존엄성은 도덕과 윤리의

기초이다. 성매매와 같이 개인의 존엄성을 사고팔 수 있는 대상으로 허용한다면 우리는 자신의 장기나 목숨, 혹은 노예제도조차도 법적으로 허용할 위험성이 있다.

c. 성매매는 개인의 도덕성(여성의 도덕성이건 남성의 도덕성이건)을 문제 삼는 것으로는 결코 없앨 수 없다. 가난과 실업이 번성하고 성의 억압과 소외를 낳는 자본주의에서 성이 상품이 되는 것은 자연스러운 일이다. 그리고 나쁘다고 볼 만한 이유도 적다.

밀사 씨는 스스로를 '성노동자'라고 말하는 사람이다. 밀사 씨는 대학 수업 시간에 성매매특별법 홍보 영상을 봤다. 탈성매매 여성이 "지금 하는 일이 성노동보다 버는 돈은 적지만 돈의 가치가 다르다"고 말하는 것을 듣고 의문이 생겼다. '왜 거기서 버는 돈은 천하게 여겨져야 하는 걸까?' 그래서 직접 해보기로 결심했다. 그는 한 달 동안 조건만남 등의 사이트를 통해 성매매를 체험했다. 자신이 겪은 '성노동 실험'을 인터넷에 올리기도 했다. "모든 사람에게 '성노동을 긍정하라'고 할 수는 없어요. 하지만 성매매에 대한 혐오가 차별로 이어지거나 타인을 배제하는 쪽으로 흐른다면 그건 나쁘다고 생각해요."

성노동자들을 '창녀'라는 낙인에서 구해준 것은 탈성매매가 아니었다. 노동자라는 자각이었다. 연희라는 성노동자는 다음과 같이 말했다. "처음에는 내가 당사자니까 상황을 합리화한다고 생각했어요. 그러다 '성노동'이라는 말을 접하곤 이거다 싶었죠. 자존감이 생겼어요."

− 「성노동자 4명 자신의 노동을 말하다…」

d. 성욕은 나쁜 것이 아니다. 그것은 명확하다. 그렇다면 왜 성욕을 해소하는 성매매는 '나쁜 것'이 되어버리는가. 성매매를 경멸하는 이들은 이렇게 말한다. '성은

고귀한 것이기 때문에, 성을 사고파는 것은 옳지 못하다.' 그러나 성행위를 사고 판다고 해서, 성性 자체를 파는 것도 아닐뿐더러 성性의 고귀함과 가치가 사라 지는 것 또한 아니다. 과연 많은 사람들이 성매매가 이루어지면 안 되는 이유로 꼽는 '성의 고귀함' 혹은 '몸이라는 매매할 수 없는 가치'가 실제로 성매매를 통해 퇴색되는가.

성性이 고귀한 이유는, 인간의 생명을 탄생시키는 단일하고 유일한 방법이어야 하기 때문이다. 그런데, 성행위를 사고팔면 갑자기 인간의 생명을 탄생시키는 '성의 역할'에 무언가 문제가 생기는가. 그렇지 않다. 그렇다고 '성'이 오직 생명의 탄생을 위해서 작용해야만 의미가 있는가. 피임을 위해 쓰이는 수많은 콘돔을 생각해보면, 그것도 아니다.

— 「성매매가 아니다, 성노동이다」

e. 이른바 '풍선효과' 담론으로 한국 사회에서 가장 영향력 있는 통념 중 하나이다. 그러나 성산업이 음성화되는 것은 금지시켜서가 아니라 이윤을 극대화하기 위함이다. 한국처럼 성매매가 일상화된 나라에서는 성 구매자들이 끊임없이 새롭고 자극적인 성적 서비스를 요구하게 되며, 이에 맞춘 다양한 음성적인 성산업 및 알선업자들이 생겨난다. 실제 성매매의 음성화는 호주, 네덜란드, 독일 등 합법화된 나라에서 더 많이 나타나고 있다. 성구매자들이 합법화된 나라로 몰려들고, 이를 충당하기 위해 더욱 더 많은 성매매 여성(외국 여성 및 청소년, 가난한 여성)들이 필요해지게 되는 것이다.

성매매가 합법화되면 성매매 여성 역시 안전하게 일할 수 있고 구매자들의 위협과 폭력을 막을 수 있다. 공창제를 비롯한 모든 종류의 성매매 '합법화'가 성매매 여성에게 안전함을 보장하거나 성 구매를 감소시킬 수 있다는 증거는 어디에도 없다. 이는 성매매를 합리화하고 옹호하고자 하는 사람들의 머릿속에서만 존재하는 환상이다. 반면 성매매 합법화가 전혀 효과가 없고 오히려 이를 통해 성매매 산업이 보다 확대되고 정상화되었다는 증거는 많이 찾아볼 수 있다. 실제로 합법화를 시행하고 있는 미국의 주, 호주의 퀸즈랜드, 독일에서 불법적으로 성산업이 확장되는 것과 더불어서 여성들의 신체적, 경제적 상황이 더욱 악화되었다는 보고가 있다.(Lawless & Wayne, 2005; Farley, 2004)

f. 성매매가 없어지면 성폭력이 늘어날 것이라는 주장이 있다. 이 주장은 1827년 "성매매를 폐지하면 많은 남성들이 성욕을 주체하지 못해 길거리에서 아무 여성이나 공격할 것"이라고 한 나폴레옹의 말을 그대로 따른 것이며, "남성은 성욕을 스스로 통제하기 힘들기 때문에 여성은 이를 위해 성적 서비스를 담당해야 한다"는 주장일 뿐이다. 실제 성매매와 성폭력 발생률은 정비례한다. 국제적으로 한국의 성산업이 세계 최고 수준(2002. GDP 4.1%)임에도 불구하고 성폭력 발생률이 세계 2위라는 현실은 '성산업 확대=성폭력 증가'라는 사실을 단적으로 보여주고 있다. 따라서 성매매를 인정하는 것은 성폭력을 방지하는 것이 아니라, 모든 여성을 성폭력의 위험에 노출시키는 것이다.

가. "성매매를 법적으로 허용해야 하는가?"에 대한 자신의 입장을 정하시오.

학술적 글쓰기

나. 자신의 입장을 정당화하는 근거를 위 글에서 찾아 개요 형식으로 제시하시오(필요한 경우 새로운 근거를 추가하시오).

다. 위 질문들에 대한 답변을 토대로 에세이의 본론을 작성하시오.

**연 습 문 제 ③** 다음 글은 우리 사회의 세대 간 갈등에 대한 기사의 일부이다. 이 글을 읽고 이어지는 질문에 답하시오.

자본주의의 특성상 '차이', '격차'는 자연스럽다. 사회구성원의 부의 분포도는 절대 획일적일 수 없고, '다름'을 인정하고 '노력'을 이끌어내는 구조가 개인과 사회의 발전을 유도한다. 다만 그 차이가 심각하게 벌어질 때, 그리고 그 차이가 개인의 노력 여하와 관계없이 태생적인 요인에 의해 결정되고 고착화될 때, 바로 공적인 역할이 필요하다.

근로소득이 주된 벌이인 일반 가계와 달리 부동산이나 금융자산에 따른 임대료, 이자, 배당소득, 그러니까 재산소득이 상당 부분을 차지하는 부유층은 '돈이 돈을 벌어주는' 소득구조를 가지고 있기 때문에 자연히 양극화는 시간이 지날수록 더 벌어질 수밖에 없다. 그래서 정부는 여기에 인위적으로 개입한다. 세금이나 각종 부담금을 통해 이 격차를 줄여 소득불균형을 조금이라도 좁혀보려는 시도가 그것이다.

이렇게 지금까지는 '양극화'하면 주로 소득의 격차에 따른 문제점을 걱정했다. 하지만 계층별 양극화 못지않게 심각한 갈등이 존재한다. 바로 연령대별, 세대별 갈등이 그것이다.

고령화 추세가 빨라지면서 청년 한 명이 부양해야 하는 노인인구는 늘어나고, 청년들은 줄어드는 일자리 때문에 당장 직업을 구하기 힘들고, 이런 불일치 속에 계층 간 소통은 더 어려워지고 있다.

젊은 층이 국민연금 등 사회보장비용과 세금을 주로 부담하고, 정부가 이를 재원으로 근로 능력이 떨어진 고령층에 복지혜택을 주는 건 어느 사회에서나 존재하는 구조다. 그러나 청·장년층이 혜택에 비해 지나친 부담을 지거나, 부담이 늘어나는 속도가 너무 빠르다거나, 노년층이 과도한 혜택을 누린다면 사회 갈등을 낮게 된다.

　최근 우리나라는 인구 5천만 명, 1인당 소득 2만 달러 이상 나라들을 칭하는 '20-50 클럽'에 세계에서 7번째로 가입했다. 하지만 인구 5천만 명 시대는 낮은 출산율 탓에 33년간 지속되다 2045년에 끝날 전망이다. 2030년 5천216만 명을 정점으로 인구가 다시 줄면서 2045년에는 다시 4천만 명대로 떨어지고, 2090년에는 3천만 명까지 줄어들 것으로 예상됐기 때문이다.

　고령화가 급속히 진행되면서 65세 이상 고령 인구는 2010년 545만 명에서 2040년 1천100만 명으로 배 이상 늘어날 전망이다. 결국 15세 이상 64세 이하 생산가능 인구는 700만 명이나 줄어 성장 동력이 떨어지고 젊은 층의 부양 부담은 앞으로 더 늘어날 수밖에 없는 구조다.

　이렇게 귀에 못이 박이도록 듣는 저출산 고령화의 문제는 노동력 부족으로 이어지고 이는 성장률 둔화로 귀결된다. 기대수명은 늘어나니 은퇴 후 시간이 더 길어져 재정지출은 늘어만 가고, 결국 이것이 후세대의 부담으로 연결되기 때문에 '세대 간 불평등' 문제는 앞으로 더 심각한 사회문제가 될 것으로 관측된다. 시간이 갈수록 젊은 세대들은 사회구조가 자신들에게 불합리하고 불공정하게 흘러갈 것이라고 느낄 것이다. 베이비부머는 잇따라 퇴직하는데 고도성장기 산업화가 이끌던 경제는 저성장이 자리 잡을 것이기 때문에 기회는 더 줄어드는 상황에서, 내가 빚진 것도 아닌 가계와 국가 부채는 쌓여만 가기 때문이다.

　그런 측면에서 실제로 최근 한 민간연구소의 연구결과가 눈길을 끌었다. LG경제연구원은 국민이 정부에 내는 조세, 사회 부담금 같은 '의무'와 의료나 복지 등의 '혜택'을 연령별로 추정해 세대별 순부담 정도를 계산했다. 그 결과 국민이 내는 세금과 정부에서 받는 혜택의 차이가 연령대별로 매우 큰 것으로 나타났다. 전 생애에 걸쳐 60대는 순혜택만 2억1천만 원을, 30대는 1억9천만 원의 순부담을 질

　　　　　　　　　　　　　　학술적 글쓰기

것으로 추산됐다. 40대는 620만 원 순부담을, 50대는 7천900만 원 순혜택을 보는 것으로 관측됐다. 30대를 이른바 '샌드위치 세대'라고 부르는 이유가 여기서도 입증이 된 것이다.

이유는 연금재정의 고갈, 건강보험 재정 악화 등의 우려로 젊은층이 부담해야 할 사회보장 부담은 기성세대보다 빠르게 커졌다. 1990년에서 20년 동안 고령층의 사회보장 부담은 5배 증가했지만 30대는 무려 27배나 껑충 뛰었다. 반면 복지국가를 지향하며 이 기간에 정부 혜택은 꾸준히 늘었는데, 그 수혜자는 주로 고령층에 집중됐다. 정부 혜택 가운데 60대가 가져가는 몫은 1990년 16%에서 작년 28%로 확대됐다. 30대의 몫은 같은 기간 39%에서 24%로 줄었다.

앞으로 더 심각해질 이 세대 간 갈등을 줄일 방법은 뭐가 있을까. 고령층 고소득자의 경우엔 혜택을 조절할 필요도 있어 보인다. 또 생산 가능 인구가 줄어 잠재성장률이 떨어지는 문제를 개선하기 위해 생산 가능 인구를 여성과 노인으로 확대하고 출산율을 높이는 인구관리 정책도 꾸준히 이어져야 한다. 사회에 진출하기도 전에 잔뜩 부양 부담을 짊어진 젊은 층의 축 처진 어깨가 더 힘이 없어지는 일이 없도록 함께 고민을 시작할 때다.

– 「'젊은 게 무슨 죄?'…세대간 갈등 위험하다」

가. 위 글을 참고하여 우리 사회의 세대 간 갈등 문제를 해결하기 위한 구체적인 방안을 제시하시오.

나. 자신의 방안이 어떤 장점을 가지고 있는지를 서술하시오.

다. 자신의 방안이 지닌 문제점들에는 어떤 것들이 있는지 서술하시오.

라. 위 문제점들에 대하여 자신의 방안을 어떻게 보완할지 서술하시오.

## 4) 마무리

**연 습 문 제** 아래 에세이의 도입과 본론을 읽고 자연스럽게 연결될 수 있도록 마무리를 작성하시오.

최근 경제 불황이 지속되는 상황 속에서 공익성과 수익성이라는 두 마리의 토끼를 한꺼번에 잡으려는 '사회적 기업(social enterprise)'에 대한 관심이 높아지고 있다. '사회적 기업'이란 빈곤층 혹은 취약계층에게 사회서비스 또는 일자리를 제공하여 지역주민의 삶의 질을 높이는 등의 사회적 목적을 추구하면서 재화 및 서비스의 생산·판매 등 영리적 기업 활동을 동시에 수행하는 기업을 말한다. 우리 사회에서 사회적 기업이 큰 관심거리가 된 것은 무엇보다도 그라민 뱅크와 그 설립자인 무하마드 유누스가 노벨 평화상을 공동 수상하게 되면서부터라고 할 수 있을 것이다. 유누스는 절대빈곤국인 방글라데시에 소액신용대출을 전문으로 하는 그라민 뱅크를 설립하여 커다란 성공을 거두었고, 그 영향으로 현재 다른 여러 나라로 유사한 대출 사업이 확산되고 있는 실정이다. 그는 모두가 불가능할 것처럼 여기던 사회적 기업을 성공적으로 운영해냄으로써 '이타적인 돈벌이'가 가능함을 전 세계인에게 당당히 보여준 것이다.

최근 우리나라 정부와 지방자치 단체에서도 이 같은 사회적 기업을 활성화하기 위한 정책들을 쏟아내고 있으며, 비영리 봉사단체와 개인들 심지어 취업에 어려움을 겪고 있는 대학생들까지도 사회적 기업의 가능성에 대한 관심과 더불어 새로운 사회적 기업의 창업에 참여하고 있는 실정이다. 그런데 이렇게 앞다투어 사회적 기업에 대한 관심이 늘어나고 있는 상황에서 우리가 깊게 생각해봐야 할 문제가 있다. 그것은 바로 "우리나라에서도 사회적 기업이 과연 지속적으로 성공을 거둘 수 있을까?" 이다. 너무도 좋은 취지의 사회적 기업의 출현을 반대할 사람은

246          학술적 글쓰기

아마도 아무도 없을 것이다. 그러나 문제는 그것이 지속적인 성공이 가능한 기업 형태인가 하는 점이다. 특히 매우 어려운 경제 상황에 직면해 있는 사회에서 사회적 기업 즉 지속적인 이타적 돈벌이는 이상론에 불과한 것처럼 보일 수도 있다. 그것은 필경 수익성이 떨어질 수밖에 없는 기업처럼 보이기 때문이다. 그러나 필자는 우리 사회에서 얼마든지 사회적 기업이 성공적으로 지속될 수 있다고 생각한다. 지금부터 이 점을 논증하겠다.

우리나라에서 사회적 기업이 유망해 보이는 첫 번째 이유로 사회적 기업 및 그 고용 인구의 폭발적 증가 추세를 들 수 있다. 현재 우리나라에 2008년도 제3차 사회적 기업 인증을 포함하여, 2008년 10월 24일까지 노동부의 승인을 받은 사회적 기업의 수는 154개이다. 노동부가 2007년 처음으로 사회적 기업 인증을 최초로 시행할 시 36개였던 것에 비해 큰 폭으로 증가하고 있는 것이다. 또한 단순히 사업체의 개수 증가뿐만 아니라 최근 이들의 본래 목적인 사회적 일자리 창출에 뚜렷한 역할을 하고 있다. 부산대 경영학과 곽선화 교수의 '2007년 인증 사회적 기업 성과분석' 논문에 따르면 2007년 사회적 기업으로 인증 받은 54개 기관의 취약계층 근로자 수는 지난해 6월 1천40명에서 올해 6월 1천836명으로 크게 늘었다. 사회적 기업의 전체 유급근로자 수도 지난해 2천83명(업체당 45.3명)에서 올해 3천220명(업체당 63.1명)으로 증가했다.

일반 근로자에 비해 취약계층 근로자 채용이 더 많이 늘어난 덕분에 사회적 기업의 전체 유급근로자 중 취약계층이 차지하는 비중은 지난해 49.9%에서 올해 57.0%로 높아졌다. 또한 이 자료에 따르면 여성(72%)이, 연령별로는 55세 이상(27.2%)의 고령자가 각각 사회적 기업에 많이 고용되었다. 이로 볼 때 비록 미미하지만 국내에서 운영되고 있는 사회적 기업은 사회적 기업이 갖추어야 할 첫 번째 조건을 만족시키고 있다는 점을 알 수 있다. 2007년 경제성장률에 비해 2008년 경제 수준이 큰 폭으로 하락함에도 불구하고 취약계층 근로자의 취업률이 늘었다는 것은 앞으로의 성공 가능성에 대해 결코 무시할 수 없는 근거가 될 수 있을 것이다.

두 번째 이유는 현재 창업한 사회적 기업 상당수가 수익을 거두고 있다는 점이다. 사회적 기업의 매출액은 2007년 말 44억3900만 원으로 전년대비 59% 정도 상승했으며, 당기순이익은 2008년 45억4200만 원으로 전년 8800만 원에 비해 50배 이상 올랐다. 이렇게 성공적인 수익을 거두는 우리나라 대표적인 사회적 기업으로 '위캔'을 들 수 있다. 근로자의 대다수가 장애인으로 구성된 이 사회적 기업은 무려 올 한해 9억 이상을 벌어들이는 중소기업으로 자리를 잡았다.

물론 사회적 기업이 성공하는 데 가장 큰 요인은 자신의 경제적인 이익보다 돕고자하는 마음이 더 큰 투자자 혹은 기부자들일 것이다. 사회적 기업이 산출할 공익적 측면에 기대를 하는 이들 외에도 '착한 소비자'가 중요한 몫을 차지한다. 위캔과 같은 기업의 경우에 동종상품을 생산하는 다른 기업에 비해 가격이 더 비싸지만 매년 매출이 상승할 만큼 사람들은 이들의 제품을 믿고 구입하고 있다. 이타적 구매가 소비자에게 이익을 주는 동시에 공익에도 도움이 될 수 있다는 것이 소비심리를 자극하여 사회적 기업이 성장할 수 있는 촉매제가 되고 있는 것이다. 이타적 소비의 주체들이 많이 생겨날 정도로 우리 사회는 '사회적 자본'을 축적한 것이다. 이것이 세 번째 이유이다.

물론 사회적 기업이 내포하고 있는 한계점은 분명 존재한다. 기부나 정부의 지원이 그들의 중요한 수입원이기 때문에 저들의 지원이 끊기게 되면 사회적 기업은 살아남지 못할 수 있다. 여기서 주목해야 할 사실은 바로 현재 우리나라 상황일 것이다. 우리나라는 물론 전 세계적으로 심각한 경제 불황이 찾아왔다. 하지만 사회적 기업이나 사회복지에 대한 관심과 지원은 여전히 지속되고 있다. 경제 사정이 어려워져도 가난한 이웃이나 취약 계층을 돕기 위한 노력은 전혀 위축되지 않고 있으며, 몇몇 봉사단체의 경우 오히려 더 많은 기부를 받고 있다. 물론 기부금액이 경제상황이 어려워짐에 따라 하락하는 추세를 보일 수도 있다. 하지만 어려울수록 오히려 어려운 사람을 도우려는 서민들의 손길은 이어지는 것이다. 우리는 이런 이들의 작은 관심을 활용할 수 있는 '인간적인 투자와 시장'을 확대해야 할 것이다. 인간적인 투자와 시장의 특징은 이웃의 일할 권리, 사람다운 삶을 살 권리를 존중한다는 점이다. 투자자 혹은 자본가로서 수익의 지속가능성을 높이고, 소비자로서 믿을 만한 상품을 얻게 하는 윈윈 전략을 사용해야 할 것이다.

또한 사회적 기업의 창업을 위한 초기 자본을 마련하기 어렵다는 문제도 있다. 사회적 기업의 운영방식은 대부분 소액의 이익을 내서 다시 재투자하는 방식으로 구성되어 있기 때문에, 큰 이익을 얻거나 초기자본이 많이 필요한 사업을 추진하기에는 어려운 점이 있다. 실제로 사회적 기업의 모델을 만들어가 보는 프로젝트를 진행하는 과정 중에서 초기자본이 많이 드는 분야의 기업은 초기단계에서부터 제외되었다. 하지만 이러한 문제점이 사회적 기업의 전망에 큰 영향을 준다고 생각하지는 않는다. 사회적기업의 1차적인 목적 중 하나는 지역사회 발전에 이바지하는 것이다. 그래서 실질적으로 서민들에게 직접적인 혜택을 줄 수 있는 의료, 교육, 식사봉사들이 업종의 대다수를 차지하고 있는 것이다. 이들에 대한 초기자본은 상대적으로 많이 필요하지 않기 때문에 다양한 대책으로 충분히 극복해 낼 수 있다. 예를 들어 사회적 기업에게 주고 있는 정부의 혜택을 늘려주는 방법이 있다. 지원금뿐만 아니라 면세 혜택, 경영지원, 공공기관에서 사용하는 물품의 일정 비율을 사회적 기업의 생산품으로 구입하는 방법이 있을 것이다. 또한 그들을 위해 봉사를 제공하거나 재정적으로 도움을 주는 사람들에게도 또한 혜택이 주어진다면 이들의 지원이 이어지는 한 사회적 공익이라는 취지에서 동력을 얻으며 사회 전체적인 변화를 야기할 수 있는 촉매제가 될 수 있을 것이다.

마무리

## 5) 에세이 종합 문제

**연 습 문 제** 다음 글을 읽고, 이어지는 물음에 답하시오.

남아프리카 공화국에서 침팬지들이 인간을 공격해 목숨을 위협하는 아찔한 상황이 벌어져 충격을 주고 있다. AP통신을 인용한 '뉴시스'의 보도에 따르면 남아공의 유명 침팬지 보호소에서 침팬지 두 마리가 인간을 공격해 피해자가 응급실로 후송되어 수술을 받았다. 침팬지의 인간 공격 사고가 발생한 곳은 남아공 환경보호운동가 유진 쿠송의 보호소 '제인 구달 남아공 침팬지 천국'이다. 그는 침팬지 박사인 제인 구달 여사의 영향을 받아 그 연구소에서 일하고 있다. 유진 쿠송은 그동안 침팬지의 인간 공격에 대해 상세하게 원인을 설명해줬지만, 이번 침팬지의 인간 공격에 대해서는 별다른 언급을 하지 않고 있는 것으로 알려졌다.

침팬지 공격의 피해자는 미국 샌안토니오 텍사스 대학 대학원생 앤드류 F. 오벌리(26)다. 오벌리가 침팬지를 구경하던 중 두 마리가 한꺼번에 달려들어 수차례 몸을 물어뜯었다. 오벌리는 침팬지 두 마리에게 1km를 끌려 다니면서 목숨을 잃을 뻔한 위기에 처하기도 했다. 주변의 도움으로 기사회생한 오벌리는 인근 병원 응급실로 긴급 후송됐고, 현재 중환자실에 입원해 있는 상황이다. 아직 회복 여부가 미지수며, 향후 몇 차례의 수술이 잡혀 있다. 침팬지의 인간 공격 사고는 마치 좀비 영화 속 한 장면처럼 전개됐다. 오벌리를 물어뜯는 침팬지 한 마리를 떼어내려던 쿠송도 침팬지에게 물렸고, 실랑이를 벌이던 중 침팬지 한 마리도 부상당했다. 사태를 진정시키기 힘들다고 판단한 쿠송은 결국 공포탄을 발사해 상황을 종결시켰다. (중략)

침팬지의 인간 공격 사고의 피해자인 오벌리는 1년 전 침팬지 연구를 위해 남아공에 장기 체류를 한 적이 있다. 오벌리는 지난달에 또다시 남아공에 와 과거 연구 경험을 살려 관광객들에게 침팬지에 대해 해설을 해주는 역할을 하고 있었다. 침팬지의 인간 공격 사고 원인과 관련, 현지 조사를 벌이고 있는 이들은 오벌리가 관람객과 침팬지들 사이를 격리시키는 울타리를 넘은 것이 원인일 것이라고 추정하고 있다. 충격적인 침팬지의 인간 공격 사례는 비단 이번에만 있었던 건 아니다. 약 4년 전 미국에서는 90kg이 넘는 거구의 침팬지가 순식간에 달려들어 얼굴과 몸을 물어뜯고 폭행해 얼굴 부위가 형체를 알아볼 수 없을 만큼 훼손당하는 것은 물론 실명에 손가락마저 잃은 사건이 발생했었다.

침팬지 연구 전문가들에 따르면 야생 침팬지들은 다른 집단의 침팬지를 공격해 무참히 살해하는 공격성을 가지고 있다. 연구 결과에 따르면 무리에서 떨어져 있는 침팬지를 기습 공격해 사지를 붙잡고 물어뜯고 돌로 쳐 죽이는 사례가 보고되기도 했다. 또 침팬지는 다른 종의 원숭이들도 공격해 잡아먹는 것으로도 알려져 있다. 게다가 침팬지의 인간 공격은 아프리카 등 침팬지가 야생하는 지역에서는 흔히 보고되는 일이기도 하다. 2000년 초반 자료에 따르면 아프리카 탄자니아, 우간다에서는 침팬지가 어린 아이를 공격해 잡아먹는 일이 종종 발생했다고 한다. 간혹 침팬지가 씹다 뱉은 어린이의 팔다리와 신체 부위가 발견되기도 했다. 인간의 자연 파괴로 살 곳을 잃은 침팬지들이 인간을 공격하는 일이 종종 발생한다고 연구가들은 밝히고 있다.

– 「침팬지 인간공격, 두 마리가 좀비처럼…살 곳 잃은 데 대한 복수심 때문?」

가. 위의 신문기사에 소개된 '침팬지의 공격성'을 설명하기 위한 학술에세이의 도입을 아래 양식에 맞추어 작성하시오.

독자의 관심 유도

논의 주제 설정 및 자신의 견해 제시(혹은 글의 전개 순서 언급)

※ 반드시 두 단락으로 나누어 작성할 필요는 없음.

나. 다음 자료(오세진 외, 『인간행동과 심리학』) (a), (b), (c)를 활용하여 위의 도입에 이어 침팬지의 공격성을 설명하는 학술에세이의 본론을 아래 양식에 맞추어 작성하시오.

(a) 내부 요인 : 어떤 종의 공격성과 성 행동은 서로 매우 밀접하게 관련되어 있기 때문에, 이 둘을 한 종류의 동기로 볼 수도 있다. 사슴은 교미할 시기가 되면 수컷의 경우 안드로겐(androgen)이 분비되어 성 행동과 공격적 행동을 동시에 유발한다. 안드로겐은 성적 행동뿐만 아니라 공격적 행동도 유발하는 내부 요인이라고 할 수 있다. 더구나 많은 종에서 사춘기 이전에는 공격적 행동이 거의 나타나지 않으며, 사춘기 이후의 공격적 행동도 암컷보다는 수컷이 더 많이 한다는 사실에서 남성 호르몬이 공격적 행동을 유발하는 내부 요인이라는 것을 짐작할 수 있다.

(b) 외부 요인 : 공격적 행동은 외부 요인에 의해 유발될 수 있다. 모이어(K. E. Moyer, 1976)는 공격적 행동을 유발하는 수많은 자극을 파악하여, 그 자극에 따라 공격적 행동을 유형별로 구분하였다. 육식 동물에게서 흔히 볼 수 있는 공격적 행동 중의 하나는 사냥감을 보았을 때 나타나는 공격적 행동(predatory aggression)이다. 이러한 행동은 배가 고프지 않은 상태에서도 나타날 수 있다고 한다. 다른 형태의 공격적 행동은 유기체가 혐오적인 자극을 받았을 때 보이는 공격적 행동(irritable aggression)이다. 한 쌍의 쥐에게 고통스러운 전기 자극을 주면 서로 공격적 행동을 보인다. 또 하나의 공격적 행동은 모성적 공격 행동(maternal aggression)이다. 일반적으로 남성이 여성보다 공격성의 정도가 높다는 사실을 감안할 때, 모성적 공격 행동은 특이한 현상이라고 볼 수 있다. 쥐나 토끼의 암컷이 임신 중이거나 새끼에게 젖을 먹일 때 수컷이 접근하면, 암컷은 수컷을 공격한다.

(c) 학습 요인 : 많은 종에서 공격적 행동은 학습되지 않은 본능적 행동이다. 그러나 이러한 본능적 공격 행동도 경험을 통해 변할 수 있다. 고양이가 쥐와 어릴

때부터 함께 성장하면 쥐를 공격하지 않고 오히려 보호해 준다고 한다. 반대로 다른 고양이나 쥐와 함께 성장하지 않고 고립된 상황에서 혼자 성장한 고양이는 쥐를 보는 즉시 죽인다(Eibl-Eibesfeldt, 1961). 이러한 실험의 결과를 통해 동물의 공격적 행동도 학습의 영향을 받는다고 볼 수 있다.

핵심문제 혹은 세부과제 제시

논증 구성을 통한 문제 해결

가능한 반론 및 자기주장 옹호

다. 다음 신문기사를 참고하여 마무리를 작성하시오.

남아공에서 침팬지들이 사람을 공격해 중태에 빠트리는 일이 벌어졌다. 침팬지에게 공격을 당한 사람은 대학원생 앤드류 F. 오벌리(26)로 알려졌으며 침팬지에게 여러 차례 물리는 등 공격을 받고 1km이상 끌려가기도 했다. 미국의 시사주간지 더 리퍼블릭 등 외신보도에 따르면 남아공 환경보호 운동가 유진 쿠송의 '제인 구달 남아공 침팬지 천국' 보호소에서 일어난 사고로 이 피해자는 몇 차례의 수술 후 현재 중환자실에 있는 것으로 알려졌다. 이 피해자는 한쪽 귀와 몇 개의 손가락, 발가락을 잃었다. 이 연구소에서 침팬지가 사람을 공격한 것은 처음 있는 일로 당시 사고를 수습하던 연구원 1명도 부상을 당했다. 침팬지는 키가 170cm에 70kg으로 인간과 유사한 신체조건을 가졌으며, 오벌리를 공격한 침팬지 한 마리는 부모가 사냥꾼 손에 사살돼 애완동물로 길러져 왔다. 현재 침팬지들은 안정을 찾은 상태이지만 사람을 다치게 했다는 점에서 안락사를 시켜야 한다는 주장도 제기되고 있다…… 1일 현재 '침팬지'가 언급된 트윗은 총 252개로 나타났다.

"침팬지가 환경운동가 공격……1Km 끌려 다녀: 6년간 침팬지를 보호해온 남아공의 환경보호운동가가 되려 침팬지의 공격을 받아 논란이 일고 있다. AP통신은 지난달 30일(현지시각) 남아공 동부의 '제인 구달 남아공 침팬지천국' 보호소에서 일하……" (RT: 41회)

"침팬지, 팬더는 원래 육식동물이라고 하네요." (RT: 2회)

"자극적인 사진과 멘트로 무장된 기사들. 물론 사실이긴 하지만…… 이유가 있을 텐데 마치 침팬지만이 포악한 동물로 인식될까 봐 걱정이다."

"동물들을 보호한다면서 우리에 가둔 채로 길들인다……. 자기네들도 우리 안에 가두고 보호한다는 명분 아래 사육을 한……"

"피해자에겐 미안한 말이지만 구달연구소 침팬지는 야생이고 자극을 줬기 때문에 공격당한 것이다. 본인이 경위에 대해 함구하는 이유가 있을 듯. 침팬지 인간 공격, 귀와 손·발가락 잃고 중태 (영어원문 기사 및 관련사진 포함) http://t.co/LaCVFHIZ"

"침팬지가 사람을 공격했다고? …엄청난 공격성? 피해자분한테는 죄송한 말이지만 사람은 침팬지를 안 공격했었나……무슨 엄청난 공격성이니 혹성탈출이니…… ."

—「침팬지 인간공격……트위터 "이유가 있을텐데……"」

자신의 견해의 재진술 혹은 함축 혹은 전망 제시

※ 반드시 한 단락으로 작성할 필요는 없음.

제3부

자 료　활 용 과

학 습　　윤 리

학술적 글은 저자의 지적 창조력만으로 이루어지는 것이 아니다. 학술적 글쓰기에서는 주로 중요한 학문적 주제나 문제를 다루며, 이것들과 관련해서는 앞선 연구나 이론들, 견해들이 많이 존재한다. 그리고 이것들은 대체로 여러 종류의 문헌 텍스트를 통해 다른 탐구자들 혹은 후학들에게 전해진다. 이 문헌 텍스트들은 학술적 글쓰기를 하려는 사람들에게 더없이 좋은 '참고 자료'이며, 좋은 탐구자가 되기 위해서는 이 '자료'를 제대로 활용할 수 있어야 한다.

재료는 손질 없이 사용될 수 없다. 재료만 잔뜩 쌓아 놓는다고 해서 요리가 저절로 만들어지지 않는다. 재료의 선별과 손질 그리고 방식에 맞는 조리를 거쳐야 맛있는 요리는 탄생하게 된다. 마찬가지로 글의 재료인 참고 자료 역시 선별되고 글 내의 역할에 맞게 손질되어야 글에 알맞게 사용될 수 있다. 참고 자료가 올바로 활용되려면, 자료의 선별과 손질 그리고 사용 방법을 알고 있어야 한다. 자료 활용의 대표적인 방법으로 인용, 주석, 참고문헌 목록 작성에 대해 살펴보자.

# 인용과 주석

　학술적 글에는 인용과 주석이 다수 포함된다. '인용'은 '다른 사람의 말이나 글을 자기 글에서 사용하는 것'이며, 주석을 통해 인용된 구절의 출처를 밝힌다. 다양한 연구 성과들을 반영함으로써 객관적 설득력을 확보해야 하는 학술적인 글은 이러한 인용과 주석들을 통해 완성된다고 할 수 있다.

　일상적인 경우와 비교하여 학술적인 글에서는 인용할 때 주의해야 할 점들이 많다. 학술적 글에서 인용과 주석의 의미를 제대로 이해하기 위해선 학술적 활동, 또는 학술적 글의 성격에 대해 이해할 필요가 있다. 앞에서도 언급했듯이 학술 활동은 근본적으로 공동 탐구이며, 그 결과물인 학술적 글 또한 공동 탐구의 결과이다. 여기서 '공동 탐구'라 함은 동일한 시공간 안에서 여러 연구자들이 단일한 주제를 공동으로 연구한다는 의미도 있겠지만 그보다 더 근본적인 의미는 시공간적으로 상이한 여러 연구자들의 성과가 하나의 글 속에서 유기적으로 엮여 한 걸음 더 발전한 성과를 이룩해 낸다는 것이다. 인용과 주석은 이전의 학문적 기여들을 자신의 글에 반영함으로써 객관성과 설득력을 확보하는 글쓰기 기술이므로 적극적으로 활용할 필요가 있다.

# 1.1 인용

남의 글을 가져오는 이유는 아주 다양하다. 남의 조사 자료들이나 실험, 관찰 기록들, 남의 견해나 이론 등을 자신의 주장을 뒷받침해주는 근거로 사용하는 경우가 대표적이다. 또 그것들에 대하여 찬성, 반대, 또는 여타의 의견을 개진하기 위해 인용하는 경우도 있다. 이유야 어찌되었든 인용은 남의 글과 생각을 내 글에서 활용하는 것이다. 이때 주의할 것은 적절한 표시를 통해 자신의 글 또는 생각과 남의 글 또는 생각을 명확하게 구분해야 한다는 점이다. 인용은 크게 직접 인용과 간접 인용('참고'를 포함)으로 구분되며, 각각의 인용은 나름의 규칙에 따라 이루어져야 한다.

## 1) 직접 인용

직접 인용은 원저자의 주장이나 표현을 원문 그대로 가져오는 경우이다. 흔히 인용한 문장에 쌍따옴표를 침으로써 본문과 구분한다. 그런데 특별히 가져올 분량이 많거나 두드러지게 할 필요가 있을 경우에는 행갈이를 통해 독립된 인용 문단으로 구성하고 글씨의 크기나 행간격 등을 달리함으로써 시각적으로 강조하여 표시한다.

### ① 단어나 어구 인용

과학사와 과학철학의 기능을 주로 서술적 기능과 규범적 기능으로 구분할 수 있겠지만, 의미 있는 또 다른 새로운 과학지식을 생산하고 모색하는 상보적 기능이다. 상보적 기능은 과학 자체가 새로운 과학지식을 산출하는 역할에 실패하는 곳에서 이루어질 수 있다. 이 점에 초점을 맞춘 '상보적 과학(complementary science)'[1]은 현대의 전문가적 과학에서 배제된 과학적 물음을 던짐으로써 상식으로 받아들여지는 과학적 기초 진리를 우리가 왜 받아들여야 하는지를 묻는다.

---

1) 장하석, 『온도계의 철학』, 오철우 옮김, 동아시아, 2013. 27쪽.

## ② 문장 인용

　어머니가 자식을 사랑하는 것은 당연한 것으로 간주되고 있지만, 심리학자들의 이론적 차원에서도 그런 것은 아닌 것 같다. 사랑에 관한 여러 권의 책을 쓴 한 저명한 심리학자는 그러한 처지를 이렇게 표현했다. "많은 사람들에게 자식을 무조건 사랑하게 하는 요구는 놀랍도록 일관된 것처럼 보이지만, 그 이유는 현재로서는 완전히 명확한 것은 아니다."[2] 그러나 진화론의 관점에서 부모가 자식을 사랑하는 이유는 분명하다. 그러한 심리 기제를 설계한 것이 바로 자연선택인 것이다.

---

2) Stemberg, R., "A triangular theory of love", *Psychological Review 93*, 1986, p.133.

## ③ 인용 단락 만들기(행갈이)

　지구촌이라는 개념은 마샬 맥루언이 그의 『미디어의 이해』에서 처음으로 사용한 개념이다. 그는 현대의 다양한 미디어들 중에서도 전기가 어떻게 세계를 하나로 만들어가는지를 다음과 같이 설명했다.

지구는 전기에 의해 좁혀져서 하나의 촌락이 되었다. 전기의 빠른 속도는 모든 사회적, 정치적 기능을 갑작스레 하나로 만들어버렸으며, 그럼으로써 책임에 대한 인간의 의식이 극도로 높아졌다. 흑인과 틴에이저 및 몇 종류의 집단의 지위를 바꾼 것도 바로 이 때문이다. 그들은 이미 정치적인 의미에서 한정된 사회에 '봉쇄될' 수 없다. 전기라는 미디어의 덕택으로 그들은 이제 우리 생활 자체 속에, 그리고 우리는 그들의 생활 속에 '관여'하고 있다.[3]

이 글이 쓰인 이후 새로이 등장한 미디어인 인터넷은 그의 이러한 주장을 현실로 만들어주고 있다.

---

[3] 마샬 맥루언, 『미디어의 이해』, 박정규 역, 커뮤니케이션북스, 1997, 22쪽.

## 2) 간접 인용

직접 인용과 달리 간접 인용은 원문을 그대로 가져오지 않고 변형시켜 가져오는 경우이다. 흔히 원문의 내용이 너무 길거나, 불필요한 부분이 있거나, 전체 글의 특정한 내용만을 가져오고 싶을 때 간접 인용을 한다. 간접 인용의 경우 인용한 부분의 끝에 주석 표시하여 자신의 글 또는 생각과 남의 글 또는 생각을 분명하게 구분해주어야 한다.

지구촌이라는 개념은 마샬 맥루언이 그의 『미디어의 이해』에서 처음으로 사용한 개념이다. 맥루언은 현대의 여러 미디어들 중에서도 특히 전기의 역할을 강조하였다. 그에 따르면, 전기의 빠른 속도는 사회정치적 기능을 하나로 만들며 지구를 하나의 촌락으로 만들어버렸으며, 이로 인해 사람들의 책임의식은 커지고 흑인이나 십대와 같은 몇몇 집단의 지위는 예전과 크게 달라졌다.[3] 결국 전기라는 미디어의 등장이 봉쇄된 사회를 서로 관여하게 만들었다는 것이다. 이런 그의 주장은 새로운 미디어 인터넷이 실용화됨으로써 실질적으로 현실화된 셈이다.

---

3) 마샬 맥루언, 『미디어의 이해』, 박정규 역, 커뮤니케이션북스, 1997, 22쪽.


예전과 비교하여 학문은 훨씬 더 세분화되었고 그와 관련된 전문적인 지식의 양은 개인의 능력을 넘어설 정도로 많아졌다. 이러한 학문적 현실 속에서 인용은 어찌 보면 당연히 요구되는 글쓰기 방식일 것이다. 그런데 자신이 쓰고자 하는 글의 주장과 근거들을 모두 남의 글에서 인용해 온다면 그것이 아무리 형식적으로는 문제가 없다고 할지라도 온전히 자기의 글이라 부를 수 없을 것이다. 따라서 자기 글의 가장 핵심적인 뼈대와 내용은 본인의 창의적인 생각에서 나와야 할 것이다.


## 1.2 주석


주석은 기능에 따라 두 가지로 분류된다. 첫째는 인용주로, 남의 글을 인용했을 때 그 출처를 밝히는 기능을 수행한다. 둘째는 해설주로, 본문의 내용을 부연설명하거나 부가적인 정보를 제공하는 기능을 수행한다. 인용주를 소홀히 할 경우 표절의 의혹을 살 수 있으므로 각별히 신경을 써야 한다. 주석을 통해 자세한 서지정보를 제공하는 것은 독자로 하여금 그 문헌을 찾을 수 있도록 돕기 위한 것이다. 그래서 주석 작성의 규칙을 지키는 것은 매우 중요하다. 그 규칙 안에는 문헌을 찾아갈 수 있는 최소한의 필수 정보가 포함되어 있기 때문이다.

주석은 그 위치에 따라 각주와 미주로 나뉘며, 각주는 또 내각주와 외각주로 구분된다. 특히 인용의 출처를 밝히는 주석의 경우 기술방식에 따라서 완전 주석과 약식 주석으로 구분된다. 각각의 특징과 사례는 다음과 같다.

## 1) 각주와 미주

각주는 인용이 발생한 쪽(page)에 주석을 다는 방식이며, 미주는 글 끝부분에 주석들을 다 모아서 표기하는 방식이다. 각주와 미주는 위치만 다를 뿐, 주석의 내용은 동일하므로 여기서는 각주의 사례들만 세분화하여 설명하겠다.

## 2) 외각주와 내각주

주석은 위치와 내용에 따라 내각주와 외각주의 두 방식이 가능하다. 내각주는 보통 최소한의 서지사항(이름, 연도, 쪽수)만을 밝히고, 전체 서지사항은 참고문헌 목록에서 확인하게 하는 경우가 대부분이다. 외각주는 본문 밖에서 인용 출처의 서지사항을 기재하는 방식이다.

학술적 글쓰기

① 외각주 : 직접 인용의 경우

   20세기 후반에 벌어진 자연주의에 대한 논의는 철학 전반에서 일어나는 새로운 경향이었다. 물론 자연주의라는 개념이 항상 긍정적인 뜻만 갖는 것으로 간주되지는 않았다. 자연주의 논의는 학문적 논의의 토대를 보완하기도 하지만 깨뜨릴 수도 있기 때문이다. 이러한 난점에도 불구하고 자연주의적 경향을 보여주는 "자연화 운동은 현대 영미 철학의 거의 전 영역에 걸쳐 큰 조류를 이루고 있다"[6]고 평가받았다. 하지만 이러한 자연주의적 경향은 같은 이름으로 불리는 근대의 자연주의와 사뭇 다른 성격을 띠고 있었다.

---

6) 김기현, 『현대 인식론』, 민음사, 1998, 261쪽.

② 내각주 : 직접 인용의 경우

   20세기 후반에 벌어진 자연주의에 대한 논의는 철학 전반에서 일어나는 새로운 경향이었다. 물론 자연주의라는 개념이 항상 긍정적인 뜻만 갖는 것으로 간주되지는 않았다. 자연주의 논의는 학문적 논의의 토대를 보완하기도 하지만 깨뜨릴 수도 있기 때문이다. 이러한 난점에도 불구하고 자연주의적 경향을 보여주는 "자연화 운동은 현대 영미 철학의 거의 전 영역에 걸쳐 큰 조류를 이루고 있다"(김기현, 1998, 261)고 평가받았다. 하지만 이러한 자연주의적 경향은 같은 이름으로 불리는 근대의 자연주의와 사뭇 다른 성격을 띠고 있었다.

③ 외각주 : 간접 인용의 경우

    종교철학자 죤 힉은 종래의 자기중심적 사고에 젖어 있던 기독교에 일대 '코페르니쿠스적 전환'이 시작되었다는 유명한 말로 상황을 묘사한다.[7] 칸트가 근대의 인식적 주체의 근본적 변화를 표현하기 위해 그 표현을 사용했듯이, 기독교도 근본적인 변화를 겪게 되었다는 것이다. 지금까지 기독교 중심적인 종교관에서 기독교의 우위와 절대성을 한 번도 의심하지 않았지만, 이제 기독교도 진리의 태양을 중심으로 도는 다수의 행성 가운데 하나로 간주될 수밖에 없는 상황이 온 것이다.

---

7) 죤 힉, 『하느님은 많은 이름을 가졌다』, 이찬수 역, 도서출판 창, 1991, 38쪽.

④ 내각주 : 간접 인용의 경우

    종교철학자 죤 힉(1991, 38)은 종래의 자기중심적 사고에 젖어 있던 기독교에 일대 '코페르니쿠스적 전환'이 시작되었다는 유명한 말로 상황을 묘사한다. 칸트가 근대의 인식적 주체의 근본적 변화를 표현하기 위해 그 표현을 사용했듯이, 기독교도 근본적인 변화를 겪게 되었다는 것이다. 지금까지 기독교 중심적인 종교관에서 기독교의 우위와 절대성을 한 번도 의심하지 않았지만, 이제 기독교도 진리의 태양을 중심으로 도는 다수의 행성 가운데 하나로 간주될 수밖에 없는 상황이 온 것이다.

⑤ 혼용 : 내각주를 사용할 경우에도, 별도의 설명을 위한 해설주는 외각주 방식을 사용한다.

스피넘랜드(Speenhamland) 체계라는 지원 정책이 시행되었던 것은 1차 산업혁명이 진행 중이던 18세기 말이었다.[7] 스피넘랜드 체계는 지금의 정책 구성에 비한다면 그리 복잡한 것은 아니었다. 역사가 에릭 홉스봄에 따르면, 1차 산업혁명의 영향으로 1790년대에 이르러 토지의 대다수를 지주들이 차지하게 되었고, 이로 인하여 그 당시 마을 빈민들의 곤궁이 매우 심하였으며, 이에 노동자들에 대한 최소한의 임금과 일을 할 수 없는 사람들의 생존비 지급을 위해 곡가를 기준으로 최저율을 정하여 소득이 그 이하일 경우 가난에 따라 보조금을 받게끔 한 정책이 바로 스피넘랜드 체계였다.(폴라니, 2009, 251)

---

7) 스피넘랜드는 영국 버크셔의 한 지역명이다. 문건에 따라 스피넘랜드 혹은 스핀햄랜드로도 표기되고 있으나, 다 같은 지역을 표현하는 말이다. 스피넘랜드 체계는 구호정책의 일환으로 시행된 것이었으며, 비록 정식적인 법령을 통해 시행된 것은 아니지만, '스피넘랜드 법'이라 불리기도 한다. 이것은 1795년에서 1834년까지 유지되었다.

## 3) 완전 주석과 약식 주석

완전 주석은 인용 출처에 대한 완전한 서지정보를 제공하는 것이며, 약식 주석은 완전 주석의 내용 중 몇 가지를 생략하여 제시하는 방식이다. 흔히 어떤 글을 처음 인용하는 경우 완전 주석을 통해 서지정보를 제공하고, 이어서 반복적으로 인용하는 경우에는 약식 주석을 통해 표시하곤 한다.

① 완전 주석

완전 주석은 〈저자명, 서명, 출판사명, 출판년도, 인용쪽수〉를 기본으로 표시하는데, 문서의 종류나 형식, 번역이나 편집자의 유무, 사용 언어 등의 특징에 따라 변형된 형태를 갖는다.


㉠ 저서

동양서는 겹낫표시(『 』)로, 서양서는 이탤릭체로 표시한다.

1) 강도완, 『국어모음체계의 통시적 변화』, 성균관대학교출판부, 1995, 15쪽.
2) Harry Braverman, *Labor and Monopoly Capital: The Degradation of Work in the Twentieth Century*, New York : Monthly Review Press, 1974, p.15.


㉡ 논문(학위논문)

동양 논문은 홑낫표(「 」)로, 서양 논문은 쌍따옴표(" ")로 표시한다. 학위논문은 단독으로 제본되어 출간된다. 그러나 그것을 제외한 일반적인 학술논문은 단독으로 출간되는 경우가 없으며 원칙적으로 저서나 학술지 안에 포함되어 있다. 따라서 학술논문은 그것이 실린 저서(학술지)에 대한 정보(발행기관, 권, 호 등)를 함께 제공해주어야 한다.

1) 박혜숙, 「서사한시의 장르적 성격」, 『한국한문학연구』, 제17집, 1994, 15쪽.
2) J. Kim, "Multiple Realization and the Metaphysics of Reduction", *Philosophy and Phenomenological Research* Vol. LII, no.1, 1992, p.15.
3) 신아름, 「직무요구, 통제 및 일가치감이 직무 스트레스에 미치는 영향」, 성균관대학교 석사학위논문, 2011, 15쪽.


㉢ 사전

사전류는 흔히 저자를 따로 명시하지 않지만 몇몇 백과사전이나 특수사전의 경우

학술적 글쓰기

각 항목별로 저자를 따로 명시하기도 한다. 일반적인 서지정보에 준하여 〈항목 저자, 항목명, 사전명, 출판사, 출판연도〉 순으로 기재한다.

1) 황적륜, 「금기어」, 『영어학사전』, 신아사, 1990, 15쪽.

### ㉣ 신문기사

전문가 칼럼이나 기획기사 등 별도의 외부 필진이 기고한 글의 경우에는 저자를 표시하지만, 그 외의 일반적인 기사는 저자를 표시할 필요가 없다. 전자의 경우 〈저자명, 기사명, 신문명, 연월일, 면수〉로, 후자의 경우 〈기사명, 신문명, 연월일, 면수〉로 서지정보를 표기한다. 인터넷 신문의 기사의 경우에도 같은 방식으로 표기하되 URL을 반드시 병기한다.

1) 김종규, 「AI시대와 글쓰기」, 『디지털타임스』, 2019.10.31.
   〈http://www.dt.co.kr/contents.html?article_no=2019110102102269061002〉(2020.04.17.)
2) 「상가 권리금 법적으로 보호」, 『한국일보』, 2014.02.26, A4면.
3) 「김연아, 이러니 "신이 내린 선수"라고 할밖에…」, 『프레시안』, 2014.02.26.
   〈http://www.pressian.com/news/article.html?no=114729〉(2014.2.28.)

### ㉤ 인터넷 자료

인터넷 자료의 출처를 밝히는 원칙도 다른 것들과 다르지 않다. 인터넷 자료의 출처는 〈저자명, 자료명, 기관명, 사이트명〉을 기재한 후, 해당 자료의 URL을 병기하고, 상황에 따라 변형하거나 추가, 제외한다.

1) IPCC, *Climate Change 2013*, p. 57.
〈http://www.ipcc.ch/report/ar5/wg1/(2019.07.10.)〉
2) 통계청, 『2013년 교통사고 발생현황』, 2013, 36쪽.
〈http://www.index.go.kr/potal/info/idxKoreaView.do?idx_cd=1614〉(2013.07.30.)

ⓑ 그 밖의 주의사항

일반적으로 서지정보에는 출판지의 정보가 기재되는데, 이는 특히 영어권 출판물의 경우 주로 해당된다. 영어는 세계적인 공용어로 영국이나 미국, 캐나다, 호주 등 다양한 국가에서 사용되므로 출판사 정보만 가지고는 책을 입수하기 힘든 경우도 있기 때문이다. 반면, 한국어나 일본어처럼 그 언어를 사용하는 국가가 한정적인 경우 특별히 국가나 도시명을 생략하는 것이 일반적이다. 이 밖에도 편집자(엮은이)와 번역자가 따로 있을 경우 저서명 뒤에 붙이고, 재판본의 경우 판수를 표시한다.

1) Henry David Thoreau, *Walden and Civil Disobedience*, 3rd., New York : Penguin Books, 1986, p.15.
2) 힐러리 퍼트남, 『이성, 진리, 역사』, 김효명 역, 민음사, 1987, 15쪽.
3) 스티븐 핑커, 「연산기관」, 『마음의 과학』, 존 브록만 편, 이한음 역, 와이즈베리, 2012, 15쪽.

② 약식 주석

인용을 하다 보면 바로 앞에서 인용한 자료를 다시 인용하는 경우가 있다. 이럴 경우 번거롭게 서지정보를 다시 제시하기 보다는 'ibid.' 혹은 '위의 책(글)'이라고 적고 쪽수를 밝히는 것이 일반적이다. 한편 바로 앞은 아니지만 이전에 한 번 인용한 적이 있는 자료를 다시 인용하는 경우도 있다. 이런 경우에는 〈저자명, op. cit., 인용쪽수〉 혹은 "저자명, 앞의 책(글), 인용쪽수"를 표시함으로써 약식으로 서지정보를 제공할 수 있다.

⊙ '위의 책(글)' 혹은 ibid.

　사회적 규칙들을 통해서 개인의 이기심을 통제하는 것은 과연 정당한가? 마이클 샌델은 "탐욕이 특히 타인에게 피해를 주어 그의 고통을 망각하게 할 때 더욱 악덕이 되며 그러한 탐욕은 시민의 미덕과 충돌한다"[6]고 말한다. 개인들이 자신의 욕구 충족을 위해서만 움직이고 그로 인한 타인의 피해를 직시하지 못할 때, 우리는 시민으로서의 공공선을 유지하기 어렵기 때문이다. 샌델은 "지나친 탐욕은 좋은 사회라면 가능한 한 억제해야 하는 악덕이다."[7]라고 말함으로써 타인과 사회 전체에 피해를 주는 개인의 탐욕을 규제하지 못한다면 개인은 저마다 자신의 사익만을 쫓게 될 것이라고 경고한다.

---

6) 마이클 샌델, 『정의란 무엇인가』, 이창신 역, 김영사, 2010, 19쪽.
7) 위의 책.

　로빈 머리는 사회적 경제에는 네 가지 하위 경제(시장, 국가, 기부, 가계 경제)가 공존하고, 여기에 상호 협력, 교환, 자선, 그 외의 공익 활동(머리는 이를 가계 경제의 일부로 포함시킨다)이 함께 존재한다고 말한다.[13] 그는 "상품의 생산과 소비에 기반한 경제와는 매우 다른 특징들이 섞여 있기 때문에 나는 이를 '사회적 경제'라고 묘사한다. 사회적 경제의 주요 특징에는 다음과 같은 것들이 포함된다. 관계를 유지하고 관리하기 위한 분산형 네트워크distributed networks의 활용(인터넷, 모바일, 그리고 기타 통신 수단의 보조), 생산과 소비의 불분명한 경계, 일회성 소비보다는 협업과 지속적인 상호작용, 보살핌, 유지 관리에 대한 강조, 가치와 사명의 강력한 역할이다."[14]라고 말한다.

13) Robin Murray, "Dangers and Opportunity: Crisis and the New Social Economy", *NESTA-Provocations*, September 2009, p. 22.

〈http://www.nesta.org.uk/bublications/reports/〉(2020.07.22.)

14) Ibid., p. 4.

ⓛ 저자명, '앞의 책(글)' 혹은 op.cit.

    비트겐슈타인의 '사용 이론'을 일종의 의미에 대한 기능주의적 해명으로 보는 멕도너는 비트겐슈타인의 심성 이론 역시 기능주의적인 것으로 간주한다.[8] 우리는 비트겐슈타인에게서 문화적인 것으로서의 심성에 대한 이해를 읽을 수 있다. "의지는 상황 속에, 인간의 관습과 제도들 속에 깊이 새겨져 있다"[9]는 비트겐슈타인의 말은 심적 상태들이 마음속에 존재한다는 내재주의자들의 생각에 반대한다. 멕도너는 이러한 비트겐슈타인의 생각에 동의하지만,[10] 이런 대답이 우리가 외계인을 만났을 때 발생할 문제에 충분한 대답을 제공하는 것은 아니다.

8) R. McDonough, "A Culturalist Account of Folk Psychology", *The Future of Folk Psychology*, John D. Greenwood (ed.), Cambridge University. Press, 1991, p.266.

9) 루드비히 비트겐슈타인, 『철학적 탐구』, 이영철 역, 책세상, 2006, §337.

10) R. McDonough, op. cit., p.267.

# 1.3 인용·주석 작성 연습

**연 습 문 제** **1** 다음 문헌 정보를 활용하여 아래 인용에 대한 내각주와 외각주를 각각 작성하시오.

〈문헌 정보〉
– 저자 : Marshall Mcluhan
– 서명 : The Medium is The Massage: An Inventory of Effects
– 출판사 및 년도 : New York: Bantam Books, 1967
– 인용 페이지 : 41

## 가. 내각주

바로 이러한 도구주의적 기술이해 때문이다. 타인을 포함하여 외부 대상들과 더 많이 상호작용하기 위해서 그리고 보다 효율적으로 그렇게 하기 위해서, 즉 상호작용의 힘과 속도를 증대시키기 위해 인간이 사용하는 기술은 그렇게 단순하지도 중립적이지도 않다. 직접 맥루언의 얘기를 들어보자.

매체는 환경을 바꿈으로써 우리의 지각작용의 독특한 비율을 야기시킨다. 어떤 감각기관의 확장이든지 그 확장은 우리가 사고하고 행동하는 방식 그리고 지각하는 방식을 변화시킨다. 이러한 비율이 변화하면 사람도 변화되기 마련이다.(                    )

여기서 맥루언의 논점은 두 가지다. 첫째는 ……

## 나. 외각주

　바로 이러한 도구주의적 기술이해 때문이다. 타인을 포함하여 외부대상들과 더 많이 상호작용하기 위해서 그리고 보다 효율적으로 그렇게 하기 위해서, 즉 상호작용의 힘과 속도를 증대시키기 위해 인간이 사용하는 기술은 그렇게 단순하지도 중립적이지도 않다. 직접 맥루언의 얘기를 들어보자.

　　매체는 환경을 바꿈으로써 우리의 지각작용의 독특한 비율을 야기시킨다. 어떤 감각기관의 확장이든지 그 확장은 우리가 사고하고 행동하는 방식 그리고 지각하는 방식을 변화시킨다. 이러한 비율이 변화하면 사람도 변화되기 마련이다.[1]

　여기서 맥루언의 논점은 두 가지다. 첫째는 ⋯⋯

---

1)

연습문제 2 다음 문헌 정보를 활용하여 아래 인용에 대한 내각주와 외각주를 각각 작성하시오.

〈문헌 정보〉
－ 저자 : 마샬 맥루언
－ 역자 : 박정규
－ 저술명 : 미디어의 이해
－ 출판사 및 년도 : 커뮤니케이션 북스, 2001
－ 인용페이지 : 58

## 가. 내각주

가공할 만한 사실은 인간이 그러한 매체의 생식기관 노릇을 하고 있다는 점이다. 맥루언에 따르면, "생리학적으로 말하면, 기술을 사용하는 인간은 언제나 이것들에 의해 변하고, 또한 반대로 기술을 바꾸는 새로운 방법을 계속 발견해 간다."(                    ) 이는 기술이 단순히 수동적인 도구에 불과하다는 도구주의적 기술관에 대한 정면도전과도 같다.


## 나. 외각주

가공할 만한 사실은 인간이 그러한 매체의 생식기관 노릇을 하고 있다는 점이다. 맥루언에 따르면, "생리학적으로 말하면, 기술을 사용하는 인간은 언제나 이것들에 의해 변하고, 또한 반대로 기술을 바꾸는 새로운 방법을 계속 발견해 간다."[1] 이는 기술이 단순히 수동적인 도구에 불과하다는 도구주의적 기술관에 대한 정면도전과도 같다.

---

[1]

**연 습 문 제　③** 다음 문헌 정보를 참고하여 아래의 두 간접 인용(참고)에 대한 외각주를 작성하시오.

〈문헌 정보〉
연습 문제 2와 같음
참고 페이지 : 1) 41쪽 2) 58쪽

『미디어의 이해 Understanding Media』1부 4절에 등장하는 '지각 마비의 원리(principle of numbness)'는 매체에 의한 지각구조의 변화를 함축적으로 묘사하고 있다. 거기서 매체에 의한 지각 마비 현상은 물 위에 비친 자기 모습을 다른 사람으로 여겨 결국 자기 자신에게 매혹되어 버린다는 내용의 나르시스(Narcissus) 신화에 비유된다.[1] 수면 혹은 거울에 비친 모습이 자기 자신임에도 불구하고 나르시스는 이를 알아챌 수 없었다. 그의 지각능력은 이미 그 수단에 의해 마비되었기 때문이다. 이미 자기 확장에 스스로를 적응시키고 그와 밀착되어 하나가 되어버린 나르시스에겐 에코(Echo)의 유혹적인 목소리도 허사였다. 이 신화에서 수면 혹은 거울이 매체라면, 그로 인해 마비된 것은 나르시스의 지각이다. 또 거울에 비친 나르시스는 매체에 의한 그 자신의 확장이고, 단절이다.[2] ……

1)
2)

학술적 글쓰기

# 2

# 참고문헌

참고문헌은 글을 쓸 때 인용한 자료들의 자세한 서지사항을 확인할 수 있도록 정리해 놓은 목록이다. 흔히 교과서적 성격이 강한 글을 작성할 경우 독자의 이해를 돕거나 학습에 도움을 주기 위한 목적으로 주석에서 드러나지 않은 자료들을 목록에 싣는 경우도 있지만, 대체로 참고문헌 목록은 본문에서 주석을 통해 밝힌 자료들을 대상으로 한다. 그러다 보니 본문에서 내각주 방식을 선택했는지 외각주 방식을 선택했는지에 따라 참고문헌 목록을 작성하는 방법도 약간씩 달라진다.

① 본문에서 내각주 방식을 택했을 경우,

〈저자명(출판연도), 서명, 출판지: 출판사명〉

② 본문에서 외각주 방식을 택했을 경우,

〈저자명, 서명, 출판지: 출판사명, 출판연도〉

## 2.1 참고문헌 작성요령

참고문헌 목록 작성 시 주의해야 할 것들이 있다. 주석에는 서양서의 경우 〈이름 성〉의 방식으로 제시하는데 반해 참고문헌에서는 〈성, 이름〉의 방식으로 제시한다. 한편 주석에는 인용, 참고한 부분의 쪽수를 표시하지만 참고문헌 목록에는 표시하지 않는데, 학술지의 기사나 게재 논문, 또는 단행본이라도 특별히 독립된 일부만 인용하였을 경우에는 쪽수를 표시하기도 한다. 최근에는 전자문헌을 참고하는 경우가 많은데, 이 경우 URL까지 밝혀야 하며, 전자책을 참고하는 경우에는 전자책의 버전을 명기해주어야 한다.

참고문헌 목록의 작성 순서는 일반적으로 저자의 성을 기준으로 내림차순으로 작성하면 되는데, 동양서의 경우 가나다 순, 서양서의 경우에는 알파벳순으로 작성한다. 서양서의 경우 성을 먼저 적고 쉼표(,) 기재 후 이름을 적는다. 동일저자의 저작은 연도가 빠른 것부터 기재하며 동일 연도에 발간된 저작이 여럿일 경우 a, b, c나 ㄱ, ㄴ, ㄷ 등을 붙여서 순서를 표시한다. 경우에 따라선 저자가 명시되지 않은 자료들도 있는데, 그런 해당 기관을 저자로 간주하여 처리한다. 국내 자료와 외국 자료를 함께 참고하였을 경우 국내 자료를 먼저 제시하고 외국 자료를 제시하는데, 번역서는 국내 자료로 분류한다. 다뤄지는 주제의 연구 배경이 외국이거나 외국의 원전을 주요 연구 대상으로 삼는 경우 외국 자료를 먼저 기재하기도 한다.

참고문헌 목록이든 주석이든 확실히 정해진 하나의 형식이 있다기보다는 세부적인 학문 분야나 학술지에 따라 다양한 형식으로 변형되곤 한다. 따라서 여기서 제시한 것은 하나의 기준이라기보다는 일반적인 모델이라고 이해해야 할 것이다. 다음에 이어지는 보기는 외각주 작성 시 참고문헌 목록 작성 방식이다.

학술적 글쓰기

## 2.2 참고문헌 목록 작성 사례

　　참고문헌 작성 시 외각주 방식과 내각주 방식의 차이는 출판연도를 표시하는 위치의 차이 뿐이다. 외각주 방식을 취했을 경우 참고문헌 목록을 아래와 같이 작성할 수 있다.

강도완, 「국어모음체계의 통시적 변화」, 성균관대학교 출판부, 1995.

김영정, 「심리철학과 인지과학」, 철학과 현실사, 1996.

김하수, 「'-ㄹ까'의 의미와 통사적 특징」, 「말」 4집, 연세대학교 한국어학당, 1978.

박혜숙, 「서사한시의 장르적 성격」, 「한국한문학연구」 17집, 1994.

백도형, 「환원, 속성, 실재론」, 「철학」 43집, 1995.

------, 「제거주의와 실재론」, 「철학연구」 36집, 1995.

이가원, 「조선문학사(상)」, 태학사, 1995.

이승우, 「한글공정 때문에 휴대폰 한글자판 표준화 서두른다」, 「오마이뉴스」, 2011.3.17.
　　　　〈http://www.ohmynews.com/NWS_Web/〉(2011.4.16.)

이희승, 「국어학개설」, 민중서관, 1955.

최도영, 「국어하향이중모음의 통시적 연구」, 성균관대학교대학원 박사학위논문, 1989.

통계청, 「2013년 교통사고 발생현황」, 2013.
　　　　〈http://www.index.go.kr/potal/info/idxKoreaView.do?idx_cd=1614〉(2013.07.30.)

황적륜, 「금기어」, 「영어학사전」, 신아사, 1990.

힐러리 퍼트남, 「이성, 진리, 역사」, 김효명 역, 민음사, 1987.


Chomsky, N. & Halle, M., *The Sound Pattern of English*, New York: Haper & Row, 1968.

IPCC, *Climate Change*, 2013.
　　　　〈http://www.ipcc.ch/report/ar5/wg1/〉(2014.1.24.)

Kim, J., "On the Psycho-Physical Identity Theory", *The American Philosophical Quarterly* Vol. Ⅲ, no.3, 1966.

------, "Multiple Realization and the Metaphysics of Reduction", *Philosophy and Phenomenological Research* Vol. LII, no.1, 1992.

------, "The Myth of Nonreductive Materialism", *The Proceedings and Addresses of the American Philosophical Association* 63, 1989.

O'Connor, J. D., "Vowel consonant and Syllable", *Word* 20, London : Academic Press, 1993.

Thoreau, Henry David, *Walden and Civil Disobedience,* 3rd., New York : Penguin Books, 1986.

「상가 권리금 법적으로 보호」, 『한국일보』, 2014.02.26, A4면.

「김연아, 이러니 "신이 내린 선수"라고 할밖에…」, 『프레시안』, 2014.02.26,
　　〈http://www.pressian.com/news/article.html?no=114729〉(2014.02.08)

내각주 방식을 취했을 경우 참고문헌 목록을 아래와 같이 작성할 수 있다.

강도완(1995), 『국어모음체계의 통시적 변화』, 성균관대학교 출판부.

김영정(1996), 『심리철학과 인지과학』, 철학과 현실사.

김하수(1978), 「'-ㄹ까'의 의미와 통사적 특징」, 『말』 4집, 연세대학교 한국어학당.

박혜숙(1994), 「서사한시의 장르적 성격」, 『한국한문학연구』 17집.

백도형(1995), 「환원, 속성, 실재론」, 『철학』 43집.

------(1995), 「제거주의와 실재론」, 『철학연구』 36집.

이가원(1995), 『조선문학사(상)』, 태학사.

이승우(2011.3.17), 「한글공정 때문에 휴대폰 한글자판 표준화 서두른다」, 『오마이뉴스』.
　　〈http://www.ohmynews.com/NWS_Web/〉(2011.4.16.)

이희승(1955), 『국어학개설』, 민중서관.

최도영(1989), 「국어하향이중모음의 통시적 연구」, 성균관대학교대학원 박사학위논문.

통계청(2013), 「2013년 교통사고 발생현황」.
　　〈http://www.index.go.kr/potal/info/idxKoreaView.do?idx_cd=1614〉(2013.07.30.)

황적륜(1990), 「금기어」, 『영어학사전』, 신아사.

힐러리 퍼트남(1987), 『이성, 진리, 역사』, 김효명 역, 민음사.

Chomsky, N. & Halle, M.(1968.), *The Sound Pattern of English,* New York: Haper & Row.

IPCC*(2013), Climate Change.*
　　〈http://www.ipcc.ch/report/ar5/wg1/〉(2014.1.24.)

Kim, J.(1966), "On the Psycho-Physical Identity Theory", *The American Philosophical Quarterly*
　　Vol. Ⅲ , no.3.

------(1992), "Multiple Realization and the Metaphysics of Reduction", *Philosophy and*

*Phenomenological Research* Vol. LII, no.1.

------(1989), "The Myth of Nonreductive Materialism", *The Proceedings and Addresses of the American Philosophical Association* 63.

O'Connor, J. D.(1993), "Vowel consonant and Syllable", *Word* 20, London : Academic Press.

Thoreau, Henry David(1986), *Walden and Civil Disobedience,* 3rd., New York : Penguin Books.

「상가 권리금 법적으로 보호」(2014.02.26), 『한국일보』, A4면.

「김연아, 이러니 "신이 내린 선수"라고 할밖에...」(2014.02.26), 『프레시안』.

⟨http://www.pressian.com/news/article.html?no=114729⟩(2014.02.08)

# 2.3 참고문헌 목록 작성 연습

**연 습 문 제** **①** 다음 자료는 각주의 내용을 모아 놓은 것이다. 이 정보를 활용하여 참고 문헌 목록을 작성하시오.

1) 강신항, 『훈민정음 연구』, 성균관대학교출판부, 2005, 145쪽.

2) Henry David Thoreau, *Walden and Civil Disobedience*, New York: Penguin Books, 1986, p. 13.

3) 월터 옹, 『구술문화와 문자문화』, 이기우·임명진 역, 문예출판사, 1995, p. 18.

4) 이병근, 「음장의 사전적 기술」, 『진단학보』 70호, 1990. 45쪽.

5) L. A. Bebchuk & J. M. Fried, "Executive compensation as an agency problem", *Journal of Economic Perspectives* Vol. 17, no.3, 2003, p. 81.

6) 이승우, 「20세기 최고 지성 러셀 사상의 결정판」, 『중앙일보』, 2011.3.16, 15면.

7) 이승우, 「한글공정 때문에 휴대폰 한글자판 표준화 서두른다」, 『오마이뉴스』, 2011.3.17. ⟨http://www.ohmynews.com/NWS_Web/⟩(2011.4.18.)

〈내각주—참고문헌〉

〈외각주—참고문헌〉

학술적 글쓰기

# 학습윤리란 무엇인가

학습윤리란 학업 활동과 관련하여 요구되는 학문적 성실성과 정직성을 말한다. 이를 풀어서 정리하자면, "학습윤리란 학생들이 교육과정을 이수하는 과정에서 지켜야 할 출석상황, 보고서의 작성, 협동학습, 시험, 졸업논문 및 작품 등에 있어서 지키도록 요구되는 윤리"[9]라고 할 수 있다. 비윤리적 학습활동의 대표적인 예로는 표절(plagiarism), 시험부정행위, 그리고 날조, 변조, 중복제출 등을 포함한 학업 및 연구 부정행위, 협동 학습과정에서 맡은 역할을 성실히 수행하지 않는 행위(무임승차) 등이 있다.

학습윤리는 왜 요구되는 것일까? 윤리(倫理)는 우리의 행위에 대한 규범으로서 옳은 행위와 그른 행위를 구분하는 매우 중요한 지침이다. 우리가 행위의 옳고 그름을 구분하고, 더 나아가 옳게 행위 해야 하는 이유는 우리 행위의 결과가 타인에게 영향

• • •

[9]　고전, 「대학의 학습윤리 관련 규정 및 교육개선 방안」, 『교육법학연구』, 제21권 2호, 2009. 12., 4쪽.

을 미치기 때문이다. 물론 우리는 자유롭게 행위 해야 하지만, 그렇다고 그 자유가 무제한적인 것은 아니다. 우리의 자유가 보장되기 위해서도, 우리는 타인의 자유를 제약해서는 안 된다. 타인의 자유를 제약하게 될 때 우리의 행위는 타인에게 손해나 피해를 입히게 된다. 우리의 자유가 보장되는 이유와 마찬가지로 우리는 타인에게 피해나 손해를 입히는 행동을 해서는 안 된다. 이 원칙 하에서만 타인에 의한 나의 피해나 손해를 피할 수 있다. 비윤리적 행위란 타인에게 손해나 피해를 입히는 행위이며, 타인에게 손해나 피해를 주는 행위를 하지 않을 때, 우리는 비윤리적 행위를 하지 않을 수 있다. 학습윤리 역시 마찬가지이다.

　학습과 연구 역시 우리에 의해 행해지는 행위이다. 따라서 우리가 수행하는 학습과 연구에서도 타인과의 관계를 잘 살펴야만 한다. 그렇다면 학습과 연구에서 타인에게 손해나 피해가 되는 행위는 무엇일까? 학술 활동을 통해 새로운 연구 방법이나 이론, 그리고 기술 등의 다양한 유무형의 결과들이 산출된다. 이 결과들은 개인의 수준에서도 여러 사람 간의 협력의 수준에서도 이루어지며, 그 결과물들은 또 다른 학술 활동에 활용되어 지속적으로 새로운 결과들로 산출된다. 이러한 학술 행위의 지속과 발전을 위해서는 또 다른 학술 행위의 결과들이 잘 활용되어야 한다. 이때 이 활용은 자유롭게 이루어져야 하지만, 이 자유 역시 일반적인 행위에서 자유처럼, 제한적으로 이루어져야 한다. 학술윤리는 이 제한과 밀접하게 연관되어 있다. 언급되었듯이 학술 행위의 결과들에 대한 자유로운 활용은 가능하지만, 이 때 이 활용에 있어 기억해야 하는 것은 활용하는 결과들이 자신의 것이 아니라 단지 빌려 쓰고 있다는 점이다. 자신의 것이 아닌 것을 자신의 것처럼 사용하는 것은 그 원래의 소유자에게 손해와 피해를 입히는 행위이며, 이를 방지하기 위해서는 그 결과들을 자신의 것으로 삼지 말아야 한다. 타인의 글을 자신의 것인 양 사용하는 표절이나 공동의 결과물을 산출하는 협력학습에 불성실하게 참여하는 등의 행위들이 모두 비윤리적 학술 행

　　　　　　　　　　　　　　　　　학술적 글쓰기

위이자 학습윤리 위반의 사례가 되는 것은 바로 이러한 의미에서이다.

학습윤리의 위반은 개인과 사회 모두의 수준에서 수행되는 학습과 연구 활동의 위축을 초래할 수 있다. 일반적인 행위 윤리에서처럼, 학습윤리의 준수 역시 타인뿐만 아니라 자신의 학습 활동이 보호되는 토대이며, 바로 이러한 의미에서 타인의 행위 결과를 인정하는 정직성을 학습 활동 과정에서 꼭 지켜나가야만 한다. 이 정직성이 학습윤리의 출발점이자 종착점이라는 점을 우리가 꼭 명심해야만 한다. 비윤리적 학습 활동 중 글쓰기 학습에서 특히 문제가 되는 것은 표절이므로 여기서는 표절에 주목해 보고자 한다.

# 3.1 학술 자료의 성격과 표절의 심각성

우리가 글쓰기에 활용하는 자료들은 대개 문서화된 학술 자료들이다. 문서화된 학술 자료들은 어떤 학술 연구자가 자신의 생각을 글로 표현한 것이다. 그의 생각은 그의 것이며, 그의 생각을 담아낸 자료는 전적으로 그의 재산이다. 그런데 이 재산은 여타의 일반적 재산과는 다른 독특한 성격을 가지고 있다. 이 재산은 그가 직접 생산해 내거나 고안해 낸 무형의 결과물로서 개인의 지적 재산이지만, 이 재산의 사용이 그것의 생산자에게만 국한되지 않는다. 더욱이 이 재산은 일반 사용자뿐만 아니라 생산자 자신에게도 사용상의 법적 책임과 도덕적 책임을 함께 요구한다. 표절의 심각성은 이 재산의 이러한 복잡한 성격에서 기인한다. 표절은 이 재산의 권리에 대한 침해이기 때문이다.

학술 자료라는 생산물은 단시간에 뚝딱해서 만들어지지 않는다. 학술 자료가 담아내고 있는 생각들은 종종 몇 년간의 숙련과 연구 그리고 숙고를 요하는 매우 헌신적인 노력의 결과이다. 이러한 노력과 헌신에 대해 적절한 보상이 따르는 것은 당연한 일이다. 학술 연구자가 기대하는 보상이란 그가 들인 수고와 생각의 독창성을 학술적으로 인정받는 것이다. 표절은 이 학술 연구자에게 응당 주어져야 할 보상을 은밀하게 가로채는 행위이며, 이 때문에 비도덕적 행위로 평가된다. 예를 들어 어떤 책에서 특정한 생각을 빌려왔음에도 그것을 마치 자신의 생각인 척하는 것은 그 저자가 받아야 할 대가를 뺏는 것이나 다름없다. 만일 그 책의 저자가 자기 자신이라면 어떨까? 아무리 관대한 사람일지라도 자신의 재산을 누군가가 강탈해 가는 것을 당연하게 여기지는 않을 것이다. 우리 또한 저자가 될 수 있기 때문에, 자신의 권리가 존중되기를 원한다면 타인의 권리 역시 인정해야 한다.

물론 학술적 성과물이 학술 공동체의 공동 자산임에는 틀림없다. 그렇지만 성과물의 소유권이 포기되거나 공동 소유로 전환되는 것은 결코 아니다. 학술적 성과물이 학술 공동체의 공동 자산이라는 것은, 소유권은 유지되지만 그 사용의 권리를 제한하지 않는다는 것을 뜻하는 것일 뿐이다. 그래서 우리는 흔히 학술 활동을 공동 탐구의 성격을 갖는다고 말하곤 한다. 학문의 발전이란 실제로 이러한 공동 탐구를 통해 이루어진다. 그렇지만 공동 탐구가 지속되기 위해서는 일정한 규범이 지켜져야만 한다. 그것은 타인의 연구 성과물을 누구나 사용할 수 있지만, 그 사용이 '윤리적'이어야 한다는 것이다. 이를 테면, 타인의 연구 성과물을 사용하되 그의 견해나 입장을 오도하지 않아야 하며, 자신의 글에 그의 입장이나 이론을 도입할 경우 그것이 그의 것이라는 것을 명확히 표시해야 한다. 표절은 이러한 공동 탐구의 규범을 어기는 행위이다. 따라서 표절은 비윤리적인 행위일 뿐만 아니라 저자의 소유권을 침해하는 불법적 행위이기도 하다.

일정한 규범에 따른 학술적 성과물의 사용은 우선적으로 개인의 배타적 소유권을 인정하기 위함이지만, 이 외에도 공동 탐구 혹은 학술 공동체의 유지와 발전을 위해서도 반드시 필요하다. 윤리적 사용을 통해 소유권이 인정되면 개인들은 더 좋은 성과를 내기 위해 노력하게 되고, 이로써 공동 탐구가 활성화되어 학술 공동체의 발전을 이룰 수 있다. 이러한 의미에서 표절은 학술 공동체의 적으로 간주된다. 표절은 개인의 소유권을 왜곡시켜 결국 공동 탐구를 저해시키기 때문이다. 표절 당사자에 대한 도덕적 비난이나 법적 책임의 위험성에 더하여 학문의 발전을 위해서도 표절은 반드시 근절되어야 할 행위이며 문제이다. 더욱이 표절을 통해 어떤 개인의 창작물이 가져올 수 있는 이익을 편취하게 되면, 이익 침해의 정도에 따라 사법적 제재도 가해질 수 있음을 명심해야 한다.

## 3.2 표절이란 무엇인가?

표절은 윤리적 책임뿐만 아니라 법적 책임을 물을 수 있는 심각한 문제이다. 하지만 표절 문제의 심각성에도 불구하고, 표절이 무엇인지는 충분하게 이해되고 있지 못하다. 많은 학생들이 '표절을 사용한 자료의 출처를 밝히지 않는 행위'로 이해하거나 혹은 이러한 행위가 고의적으로 이루어진 경우로 이해하곤 한다. 물론 이러한 이해가 전적으로 잘못된 것은 아니다. 자료의 출처를 밝히지 않은 것은 분명 표절에 해당하며, 고의성의 유무에 따라 의도적 표절과 결과적 표절로 표절의 종류를 나누기도 하기 때문이다. 하지만 이러한 이해만으로는 표절의 위험성에서 완전히 벗어날 수는 없다.

'표절(plagiarism)'은 통상 라틴어 'plagiarius'에서 유래한 것으로 알려져 있는데, 이 말은 '노예도둑' 혹은 '아이들을 유괴하는 해적들'을 뜻했다. 표절이 아동 유괴라는 뜻에서 유래된 것은 연구자가 연구에 들이는 노고를 산고(産苦), 즉 산모가 아이를 낳는 고통에 비유하는 데서 이해해 볼 수 있다. 이 비유에 따르면, 연구자의 연구 결과인 학술 자료들은 연구자가 산고를 겪고 난 아이, 즉 '정신적 아이'이다. 그러니 아이를 훔치는 유괴 행위는 '정신적 아이'를 훔치는 행위에도 그대로 적용될 수 있는 것이다. 아이를 훔치는 것이 말 그대로 유괴라면, 정신적 아이를 훔치는 것은 표절이다. 그런데 우리는 아동 유괴를 고의성의 유무에 따라 평가하지 않는다. 오히려 이 행위는 그 자체로 범죄이며 비윤리적이다. 마찬가지로 정신적 아이를 유괴하는 표절 역시 고의성을 기준으로 평가할 수는 없다.

미국 하버드 대학교의 글쓰기 가이드북에 따르면, 표절은 원작자의 동의 없이 거짓말, 속임수, 도용의 방법을 동원하여 출처도 밝히지 않고서 정보, 아이디어, 말들을 자신의 것인 양 행세하는 행위로 정의된다.[10] 그러나 고의나 의도가 표절을 가르는 기준이 될 수 없다면, 우리는 어떠한 방식으로라도 누군가의 정신적 아이를 훔치는 모든 경우를 표절로 보아야 한다. 예를 들어 특별한 의도 없이 인용표기를 하지 않았거나, 무의식적으로 특정 글의 일부분을 변형, 수정하여 자신의 글인 것처럼 했을 경우도 모두 표절인 것이다. 따라서 표절은 보다 포괄적으로 이해될 필요가 있는데, 실제로 최근 국내의 몇몇 대학들의 윤리 강령은 이러한 경향을 반영하고 있다. 이 윤리 강령에 따르면, 표절은 '타인의 아이디어, 연구내용, 결과 등을 정당한 인용 없이 사용하는 행위'로 정의된다.[11]

• • •

[10]   Gordon Harvey, *Writing with sources: A guide for students*, Hackett Pub Co Inc. 1998. p. 29.
[11]   카이스트 연구진실성 위원회 규정. 제 1장 제 4조(용어의 정의).

학술적 글쓰기

## 3.3 표절의 사례들

통상적으로 표절의 발생 빈도가 가장 높은 곳으로 지목되는 것은 교육 기관이다. 특히 글쓰기가 본격적으로 시작되는 대학 교육 과정에서 표절은 자주 발생한다. 이러한 이유는 여러 가지가 있겠지만, 표절에 대한 이해와 교육이 부족하다는 것이 가장 큰 이유다. 표절의 유형과 사례에 대한 검토가 필요한 것은 바로 이 때문이다. 표절은 크게 두 가지 유형으로 분류될 수 있는데, 하나는 '전면적 표절'이며, 다른 하나는 '짜깁기식 표절'이다. '전면적 표절'은 타인의 텍스트 전체 혹은 장(章)이나 절(節)과 같은 텍스트의 일부를 그대로 가져와 자기가 쓴 글처럼 속이는 유형이며, '짜깁기식 표절'은 출처를 표시하는 인용 없이 타인의 자료 내용들을 자신의 글과 뒤섞어 글 내용 모두가 자신의 생각인 것처럼 꾸미는 유형이다.

전면적 표절은 발각되기 무척 쉬울 뿐만 아니라 당사자가 느끼는 죄책감이 크기 때문에 발생 빈도가 매우 낮은 편이지만, 짜깁기식 표절은 의도하지 않고도 발생할 수 있기 때문에, 표절 행위에 대한 죄책감이 상대적으로 낮아 학생들 사이에서 빈번하게 발생한다. 게다가 짜깁기식 표절은 방식이 매우 교묘해 발각되기도 쉽지 않다. 하지만 표절은 그것이 이루어지는 방식과 상관없이 그 자체로 지적 사기 행위이기 때문에, 표절의 유형을 잘 파악하여 스스로 표절을 범하지 않도록 조심해야 한다.

## 1) 전면적 표절

**〈알키비아데스〉에서 기술과 앎은 어떤 관계인가?**

ⓐ문과대학 철학과 홍길동

플라톤은 대화편 〈알키비아데스〉에서 '너 자신을 알라(gnothi seauton)'라는 말을 끊임없이 강조한다. 사실 이 말은 플라톤뿐만 아니라 그의 스승인 소크라테스도 강조했던 말이다. 이 두 철학자에게 이 말이 그토록 중요했던 이유는, 이 말이 '인간의 자기 인식'이라는 주제를 표현하기 때문이다. '너 자신을 알라'는 왜 '인간의 자기 인식'이라는 주제를 표현하는 것인가? 이 말에서 '너'는 '인간'을 의미하기 때문이다. 다시 말해 '너 자신을 알라'는 대화자인 인간에게 자기 자신이 어떠한 존재인지를 알아야 한다는 '인간의 자기 인식의 필요성'을 강조하는 표현인 것이다.

(이하 내용 생략)

**〈알키비아데스〉에서 기술과 앎은 어떤 관계인가?**

㉠인문과학계열 전우치

플라톤은 대화편 〈알키비아데스〉에서 '너 자신을 알라(gnothi seauton)'라는 말을 끊임없이 강조한다. 사실 이 말은 플라톤뿐만 아니라 그의 스승인 소크라테스도 강조했던 말이다. 이 두 철학자에게 이 말이 그토록 중요했던 이유는, 이 말이 '인간의 자기 인식'이라는 주제를 표현하기 때문이다. '너 자신을 알라'는 왜 '인간의 자기 인식'이라는 주제를 표현하는 것인가? 이 말에서 '너'는 '인간'을 의미하기 때문이다. 다시 말해 '너 자신을 알라'는 대화자인 인간에게 자기 자신이 어떠한 존재인지를 알아야 한다는 '인간의 자기 인식의 필요성'을 강조하는 표현인 것이다.

(이하 내용 생략)

## 2) 짜깁기식 표절 1 - 원문의 문장이나 구절을 그대로 옮겨 오는 경우

인용부호나 표시 없이 원문의 몇몇 문장이나 구절을 그대로 차용하는 방식은 대표적인 짜깁기식 표절의 유형이다. 다음은 이 유형의 표절 사례이다.

**참고자료 ②**

ⓐ 디오니소스 페스티벌이라는 고대의식은 오늘날 아주 인기 있는 다중 접속 온라인 게임(Massively Multiplayer Online Games: MMOGs)과 비슷한 점이 있다. 무엇보다도 이러한 현대의 게임 참가자들은 서로 다른 등장인물이 되어 다른 플레이어들과 상호 작용하고, 특별한 목적을 달성하기 위해 노력한다. 그러한 게임에서는 종종 삶과 죽음의 결과가 있는 장면이 나오기도 한다.

캐롤린 핸들러 밀러, 『디지털 미디어 스토리텔링』, 이연숙 외 옮김, 커뮤니케이션북스, 2006, 6쪽.

　　원시 시대의 종교적 제의는 가장 오래된 놀이였다. 또한 놀이는 인류의 역사와 늘 함께 해 왔다. 현대의 온라인 게임 역시 디지털화되었을 뿐, 그 자체로 놀이이다. 이러한 의미에서 우리는 종교적 제의와 현대의 온라인 게임이 역사적 연관성을 갖는다고 볼 수 있다. 예를 들어 ㉠ 디오니소스 페스티벌이라는 고대의식은 오늘날 아주 인기 있는 다중 접속 온라인 게임과 비슷한 점이 있다. 무엇보다도 이러한 현대의 게임 참가자들은 서로 다른 등장인물이 되어 다른 플레이어들과 상호 작용하고, 특별한 목적을 달성하기 위해 노력한다. 그러한 게임에서는 종종 삶과 죽음의 결과가 있는 장면이 나오기도 한다.

　→ 이 학생의 원래 의도는 참고자료의 내용(ⓐ)을 자신의 글의 예시로 사용하는 것이었지만, 자신의 글에 인용 없이 원문을 그대로 옮겨와(㉠) 결과적으로 표절을 범하게 되었다. 원문의 내용을 이렇게 직접적으로 사용하고서도 인용표시뿐만 아니라 출처를 밝히지 않으면, 이 내용이 마치 글을 쓴 학생이 직접 생각해 낸 것처럼 보이게 된다. 그렇지만 디오니소스 페스티벌과 온라인 게임의 연관성은 상식적 수준에서 언급할 수 있는 내용이 아니며, 원 저자의 연구 내용이기 때문에, 반드시 인용표시를 해야 하며, 그 출처를 반드시 밝혀야 한다.

## 3) 짜깁기식 표절 2 - 두 개 이상의 원문을 변형시켜 가져오는 경우

**참고자료 ③**

알브바슈에 따르면 ⓐ 기억은 개인이 간직하는 것이긴 하지만 개인의 가장 원초적인 기억조차 사회적으로 형성된다. 결국 개인기억과 집단기억을 구분하는 것 자체에 문제가 있으며, 기억은 집단 존재의 단순한 부산물이 아니라 바로 집단을 존재하게 하는 생명줄이라는 것이다.

제프리 K. 올릭, 『기억의 지도』, 강경이 옮김, 옥당, 2011, 19쪽.

**참고자료 ④**

현실에 대한 개인적인 파악, 신념이나 욕망의 기능은 어디에서 멈추고, 정상적인 실험 대상자에게서 관찰되는 잘못된 기억과 기억상실증 환자의 작화증(잘못된 추억)은 어디에서 시작되는 것일까? ⓑ 기억의 완벽성은 정확성에 달려 있기보다는 추억과 지식을 우리 자신, 우리 환경, 특히 우리의 삶을 함께 나누는 사람들과 긴밀히 연관되게 유지하면서 그 추억과 지식을 변경시키는 능력에 달려 있다. ⓒ 기억은 그저 단순한 창고나 저장소가 아니다. 기억은 질병의 표적인 그 소중한 균형을 보존하면서 정신현상의 중앙에서 적극적인 역할을 담당하고 있다.

프란시스 위스타슈, 『우리의 기억은 왜 그토록 불안정할까』, 이효숙 옮김, 알마, 2009, 45쪽.

인간이 본질적으로 사회적 존재이며 또한 사회 내에 존재하는 한, 개인의 존재는 결코 단독적일 수 없다. 마찬가지로 인간의 기억 역시 사회적 맥락에 의존적일 수밖에 없다. ㉠ 그래서 기억이 마치 개인이 간직하는 것처럼 보이지만, 사실 개인의 가장 원초적인 기억조차 사회적으로 형성되는 것이다. 더욱이 기억이 사회적으로 형성되는 것인 한, 완벽한 기억이라는 것이 사태의 정확한 기록일 수도 없다. 다시 말해 ㉡ 기억은 그저 단순한 창고나 저장소가 아니다. ㉢오히려 기억의 완벽성은 정확성이 아니라 추억과 지식을 우리 자신, 우리 환경, 특히 우리의 삶을 함께 나누는 사람들과 긴밀히 연관되게 유지하면서 변경시키는 능력에 달려 있는 것이다. 따라서 기억을 개인의 사적 소유물처럼 여기는 것은 기억에 대한 올바른 이해가 아니다.

→ 이 학생은 인간의 기억을 연구한 두 개의 참고자료를 사용해 기억의 사회적 의미를 강조하는 글을 쓰려고 하였다. 하지만 이 글 역시 자료 원문의 구절을 인용 없이 그대로 따오거나 약간 변형하여 사용함으로써 표절을 범하고 있다. 우선 원문 ⓐ는 학생의 글 ㉠에 그대로 사용되고 있지만, 그 출처가 밝혀지고 있지 않다. 또한 이 학생은 자료 원문의 ⓑ와 ⓒ를 편의상 순서를 바꾸고 접속사를 넣음으로써 약간만 변형했을 뿐, 인용 없이 그대로 사용하고 있다. 이렇게 인용 없이 타인의 자료를 무단으로 사용하게 되면, 이것이 마치 학생 자신의 의견이나 생각인 것처럼 보이게 된다. 하지만 해당 내용이 상식적 수준이나 학생의 수준에서 생각해낼 만한 것이 아님은 금방 짐작할 수 있다. 참고 자료의 내용을 자신의 글에 사용하고 싶다면, 정확한 인용 방법에 따라 인용 표시와 출처를 밝혀야만 한다.

학술적 글쓰기

## 4) 짜깁기식 표절 3 - 중요한 용어나 핵심 개념을 표절하는 경우

출처를 밝히지 않고 원문에서 중요한 용어나 개념을 무단으로 사용하는 것도 대표적인 짜깁기식 표절의 유형이다. 원문의 문장이나 구절을 그대로 가져오지 않더라도, 원문 내의 핵심적인 개념이나 용어를 인용 없이 사용하는 것 역시 표절에 해당한다. 실제로 서울대학교 연구윤리 지침에 따르면, 타인의 연구 결과 중 핵심 개념의 전부 또는 일부를 인용표시 없이 본인의 연구 개념처럼 발표, 출간한 경우도 연구 표절로 연구부정행위에 해당한다고 보고 있다.[12] 이 지침에서 "핵심 개념의 전부 또는 일부"라는 말에 주목해야 한다.

실제로 어떤 텍스트들은 그 안에서 독특하게 표현된 개념이나 용어가 텍스트 전체의 핵심 내용을 대표할 수 있다. 또한 특정 용어나 개념들은 텍스트 전체의 완성도를 이끌어내는 데 중요한 역할을 하기도 한다. 이 경우 이러한 용어나 개념들을 인용 없이 차용하는 것은 원문 전체를 표절하는 것이나 마찬가지가 된다. 다음의 예에서 특수 용어가 표절되는 한 학생의 사례를 살펴보자.

**참고자료 ⑤**

개체는 안정된 것이 아니다. 정처 없이 떠도는 존재이다. 염색체 또한 트럼프 놀이의 카드처럼 즉시 섞이고 곧바로 잊어버리게 된다. 그러나 섞인 카드 자체는 살아남는다. 바로 이 카드가 유전자이다. 유전자는 교차에 의해서 파

• • •

[12]　서울대학교 연구지침. 제 3장 제 2절 3.(표절).

괴되지 않고 단지 파트너를 바꾸어 행진을 계속할 따름이다. 물론 유전자들은 계속 행진한다. 그것이 그들의 임무이다. 유전자들은 자기 복제자이고 우리는 유전자들의 생존 기계인 것이다. 유전자는 지질학적 시간을 사는 거주자이며, 영원하다.

**표절 사례**

　생물학적 관점에서 인간을 어떻게 정의할 수 있을 것인가에 관한 견해는 다양하다. 내 생각에는 그 중에서도 유전자가 가장 작은 단위이며 개체 역시 유전자의 집합이라는 견해가 가장 그럴듯해 보인다. 이러한 견해는 우리 몸인 개체에 독립성을 부정하고 유전자의 독립성을 긍정하기 때문에 나로 하여금 우리 자신이 마치 생존 기계이며 유전자가 오히려 우리 몸속에 사는 거주자가 아닐까하는 생각으로 이끈다. 우리를 기계처럼 수동적인 존재로 만들어 버린다는 바로 이러한 생각이야말로 유전자 이론을 거부하는 이들이 대개 공통적으로 받아들이기 어려워하는 부분이겠지만 나는 개체의 독립성을 인정하지 않는 것이 오히려 타당하다고 본다. 물리적 관점에서 봤을 때, 개체라는 것은 우리가 결코 독립적 실체로서 증명해낼 수 없으며 단지 유전자 카드놀이에 의해 섞이며 정처 없이 떠도는 존재일 뿐이기 때문이다.

　→ 위 글을 쓴 학생은 유전자 이론을 옹호하면서 유전자와 개체에 관한 도킨스만의 독특한 표현들을 아무런 인용 없이 그대로 가져다 쓰는 아주 심각한 표절을 범하고 있다. 밑줄 친 부분에서 드러나듯이, '생존 기계', '거주자', 혹은 유전자와 개체의 관계를 카드놀이에 빗댄 표현 등은 원문만의 특수한 은유적 표현들로서, 마땅히 출

처를 밝혀주었어야 하는 부분들이다. 이와 같은 표현들은 원문의 저자가 독자들로 하여금 이해를 돕기 위해 특별히 창의적으로 끌어들인 부분들이기 때문에 단순한 비유 이상으로 전체 글 속에서 매우 중요한 역할을 해주고 있다. 따라서 위 학생과 같이 원문의 특수한 표현을 자신의 생각 안에 적당히 섞어 씀으로써 표절의 의혹을 떨쳐낼 수 있을 거라 생각했다면 커다란 착각이다. 부득이 여러분이 이같이 특수한 표현들을 쓰고 싶다면 '…에 따르면', '…에 의한 생각들로,' 등과 같이 언급함으로써, 원 저자의 표현을 인정하도록 해야 한다.

## 5) 글의 구성이나 구조 차용

원문을 그대로 베껴온다거나 중요 개념이나 용어를 출처 확인 없이 차용하는 경우 외에도 더 교묘한 짜깁기식 표절의 경우가 있다. 사용하는 단어나 표현들이 전혀 다르다 할지라도, 글의 독특한 구조나 형식을 출처의 언급 없이 빌려온다면 이 역시 표절에 해당한다. 직접적으로 표현된 언어, 의견, 사실들만이 출처를 밝히도록 요구되는 텍스트의 유일한 특징인 것은 아니다. 저자는 자신의 글에서 특정 문제나 주제에 접근하는 독특한 방식을 보여줄 수 있고, 그 방식만으로도 저작의 공로가 인정될 수 있다. 따라서 자신이 원용한 글의 구조나 틀에 대해서도 그 출처를 언급해야 하는 것이다.

찰스 다윈은 자신의 '진화론' 가설을 세우는 데 있어서 토머스 멜서스의 '인구론'에서 착안하여 자연선택이라는 현상을 발견해 내었음을 명시적으로 밝힌 바 있다. 다윈은 인구론에서 등장하는 특정 구절이나 개념을 빌려온 것이 아니라 멜서스가 인구론에서 지적한 문제, 즉 인구가 기하급수적으로 폭발함에 따라 한정된 식량의 고갈 문제가 발생하는 상황에 주목함으로써 그러한 원리를 자신의 연구에 적용시키려 했던 것이다. 그런가 하면, 허버트 스펜서는 다시금 다윈의 생물진화론을 바탕으로 자신의 사회과학적 연구에 적용시켜 '사회진화론'을 완성하고자 했다. 학문적 성과로 보자면 다윈과 스펜서는 사회과학과 자연과학을 넘나들며 다른 이들의 연구 방법에 착안하여 자신의 연구를 발전시킨 긍정적인 사례들로 평가될 수 있다.

이렇듯 단지 참고자료 속의 특정 문구나 표현을 빌려오는 것뿐만 아니라 글의 구조나 구성을 빌려오는 것 역시 자신의 글을 보다 독창적이고 의미 있게 만들어 줄 수 있다. 그러나 단지 표현을 가져다 쓰지 않았다는 이유로 그러한 착안의 출처를 밝히지 않는다면 이 역시 표절에 해당한다. 글은 단지 문자를 실어 나르는 기능을 하는 것이 아니라 그 속에 담겨 있는 내용이나 개념에 의해 파악되는 것이고, 이때 글의 구조나 설계는 내용이나 개념을 드러내어 주는 저자만의 방식이기 때문이다. 따라서 반드시 출처를 밝힘으로써 원문 속의 저자가 그 구조나 설계를 생각해내기까지의 고민과 노력을 제대로 평가해주어야만 한다.


## 6) 주석 없는 참고문헌 제시

참고자료를 활용하면서 인용과 그에 따른 주석 없이 참고문헌에만 명기하면 표절이 아니라고 착각하는 학생들도 있다. 그 자료를 참고했음을 솔직히 밝혔기 때문에 학습윤리에 어긋나지 않는다고 생각하는 것이다. 그러나 주석을 정확한 위치에 달지 않으면 어느 부분이 자신의 생각이고 어느 부분이 자료에서 빌려온 것인지가 구분되지 않기 때문에 명백히 학습윤리에 어긋나는 경우라고 판단해야 한다.

지금까지 개인의 지나친 탐욕을 사회적으로 규제하는 것이 바람직한가에 관한 주장들을 살펴보았다. 개인들이 서로의 욕구를 충족시키려고만 하고 그것이 누군가에게 피해로 돌아온다면 우리는 시민으로서의 공공선을 유지하기 어려울 것이다. 따라서 그 정당성을 따지는 문제는 개인과 사회의 관계 속에서 적절히 해명될 수 있을 것이다.

**참고문헌**

마이클 샌델, 『정의란 무엇인가』, 이창신 역, 김영사, 2010.
버트런드 러셀, 『나는 왜 기독교인이 아닌가』, 송은경 역, 사회평론, 2005.
존 롤스, 『정의론』, 황경식 역, 이학사, 2003.

# 3.4 표절 외의 연구 윤리 위배 사례들

## 1) 원문의 내용을 곡해하는 경우

자료 활용에 있어 발생할 수 있는 윤리적 문제는 표절만이 아니다. 활용하는 자료의 내용을 잘못 해석하는 것도 표절만큼이나 심각한 윤리적 문제를 발생시킬 수 있다. 자료 내용의 곡해는 대개 시간에 쫓겨 글을 쓰게 될 때 발생한다. 이 경우 대부분의 학생들은 원문의 내용을 충분하게 이해할 시간을 갖지 못해 문맥과 맞지 않은 자료의 내용을 성급하게 인용하거나 잘못된 해석을 하게 된다. 보다 심한 경우는 자료의 내용 중에서 자신의 생각에 부합하지 않는 내용들을 의도적으로 무시하거나 은폐하여 자료의 내용을 왜곡하는 것이다. 이러한 행동들은 비양심적일 뿐만 아니라 학문적 정직성을 위반하는 심각한 상황을 초래할 수도 있다. 양심에 따라 정직하게 글을 쓰는 것은 글을 쓰는 누구나 갖추어야 할 기본적인 자세이며, 이러한 자세를 갖추기 위해서는 참고하는 자료 내용의 의미를 정확하고 정직하게 드러내도록 해야 한다. 한 학생의 글을 예로 들어 자료의 왜곡이 어떻게 발생하는지를 알아보도록 하자.

**곡해 사례**

⊙ 벤담(Jeremy Bendam)은 일곱 가지 기준을 가지고 쾌락과 고통에 대한 쾌락 계산법을 제시하고자 한 반면, 밀(John Stuart Mill)은 이에 대해 부분적으로 반대함으로써 쾌락의 평가에 있어서 양뿐만 아니라 질도 도입하고자 했다. 그러나 프랑케나는 '그러한 것을 도입할 경우 공리주의적 기준이 어떤 식으로 표현될 수 있을 것인지 알기는 어려우며, 밀도 그 점을 명백히 한 적이 없었다'고 보고 있다.[6] ⓛ 이러한 점을 미루어보아, 프랑케나는 공리주의적 관점에서 밀보다 벤담의 주장이 더 설득력 있다고 보고 있다.

---

6. 윌리엄 K. 프랑케나, 『윤리학』, 황경식 옮김, 철학과 현실사, 2003, 86–87쪽.

**참고자료 ⑥**

공리주의라는 말을 사용함에 있어서 내가 의미하고자 하는 바는 옳고 그름과 의무의 궁극적인 기준은 공리의 원칙(principle of utility)이라는 견해로서 이것이 주장하는 것은 아주 엄밀히 말해서 우리의 모든 행위에 있어서 추구되는 도덕적 목적은 전체로서의 세계에 있어서 악을 뺀 가능한 최대의 선이라는 것이다. (중략) 이것이 함축하고 있는 바는 선과 악의 내용이 무엇이 되든 간에 그것이 어떤 양적인 방식이나 혹은 적어도 수학적인 방식으로 측정될 수 있고 계산될 수 있는 것이라는 점이다. ⓐ 벤담(Jeremy Bendam)은 이 점을 가장 명백히 인정했던 사람으로서 그는 강도, 지속성, 확실성, 근접성, 생산성, 순수성, 범위 등 일곱 가지 기준을 가지고 쾌락과 고통에 대한 쾌락 계산법을 제시하고자 했다. 밀(John Stuart Mill)은 이에 대해 부분적으로 반대함으로써 쾌락의 평가에 있어서 양뿐만 아니라 질도 도입하고자 했다. ⓑ 그러나 그러한 것을 도입할 경우 공리주의적 기준이 어떤 식으로 표현될 수 있을 것인지 알기는 어려우며, 밀도 그 점을 명백히 한 적이 없었다.[13]

이 학생은 ㉠을 통해 참고자료의 ⓐ와 ⓑ의 내용을 간략히 진술하고, ㉡에서 프랑케나의 입장에 대한 자신의 해석을 결론 삼아 제시하고 있다. ㉠ 부분은 크게 지적할 만한 문제가 없으며, 인용이 정확히 이루어져 표절의 문제도 범하고 있지 않다. 그렇지만 ㉡은 자료 해석에 커다란 문제점을 가지고 있다. 이 학생은 참고자료의 해석을 통해 프랑케나가 밀보다 벤담의 주장을 더 설득력 있게 본다는 주장을 제시하고 있는데, 이 주장의 근거는 이 학생이 직접적으로 인용하고 있는 참고자료 ⓑ의 내용이다. 그러나 ⓑ는 프랑케나가 밀의 주장을 비판하는 내용이지, 벤담의 주장이 밀의 주장보다 더 설득적이라는 내용은 아니다. 따라서 ⓑ의 프랑케나의 입장을 ㉡처럼 해

• • •

[13]  윌리엄 K. 프랑케나, 『윤리학』, 황경식 옮김, 철학과 현실사, 2003, 86–87쪽.

석하는 것은 내용의 '왜곡'인 것이다.

　물론 내용의 왜곡에 따른 책임은 이 학생이 져야 하겠지만, 이 경우의 왜곡이 의도적으로 이루어진 것은 아니다. 충분한 시간을 갖고 원문의 내용을 정확히 독해한다면, 이러한 실수는 쉽게 극복할 수 있다. 그렇지만 자료나 정보를 의도적으로 날조하거나 임의적으로 변경하는 '조작'의 경우는 상황이 다르다. 우리는 자료 활용의 두 원칙인 정확성과 정직함을 지키려고 노력하면서도 때로 자료의 내용을 잘못 해석할 수도 있다. 또한 이렇게 잘못된 해석은 학문 공동체 내에서 바로 잡힐 수 있다. 하지만 '조작'은 이 두 원칙을 고의로 위배하는 것이며, 원칙의 위배 속에서 학문 공동체의 유대성은 쉽게 깨어질 수 있다. 참고자료나 실험 데이터를 조작하는 것은 그 자체로 심각한 학술적 기만이며, 그것이 초래하는 사태의 심각성 때문에 발각 시 엄중한 책임을 져야 한다는 점을 깊이 명심해야 한다.


## 2) 하나의 주제에 대한 공동 작업의 경우

　여럿이 팀을 이루어 함께 작업하는 공동 연구 과정에서도 자료의 오용으로 인한 연구 윤리 위배가 발생할 수 있다. 팀을 기초로 한 연구는 팀원들 간의 자유로운 브레인스토밍과 토의가 이루어질 수 있어 전문 연구자들뿐만 아니라 대학 수업에서도 선호되고 있다. 하지만 여러 연구자들이 함께하는 공동 연구라도, 연구에 참여하는 개인의 독자성은 훼손되지 않아야 한다. 이러한 점은 전문 연구자들이 수행하는 공동 연구에서 쉽게 확인해 볼 수 있다.

　공동 연구가 활발한 것은 자연과학이나 사회과학 분야인데, 이러한 까닭에 이 분야에서는 다수의 저자들이 함께 쓴 논문들이 많이 생산되곤 한다. 그러나 이 경우에도 논문을 쓰는 과정에서 기여한 정도와 참여한 방식에 따라 저자들이 수행한 역할

　　　　　　　　　　　　　　　　　　　　　　학술적 글쓰기

을 명확히 구분하여 명시한다. 예를 들어, 교신 저자, 공동 저자, 제1저자, 제2저자 등으로 참여 연구자들의 역할을 구분한다. 만일 연구는 공동으로 진행하지만 성과물은 개별적으로 제출해야 한다면, 참여한 연구자들 각자는 자신만의 생각에 기초해 논문을 쓰게 된다. 동일한 내용이더라도 각자 강조점이 다를 뿐만 아니라 그 내용을 해석하여 결과로 도출하는 과정이나 단계가 서로 상이하기 때문이다.

대학의 조별 연구 또한 마찬가지이다. 하나의 공동 보고서를 제출해야 하는 조별 연구의 경우, 조원들의 역할과 기여를 보고서에 분명히 언급하는 것이 좋다. 이와는 달리 조별로 과제를 수행하지만 개별 보고서를 제출해야 한다면, 이 보고서들은 각자가 자신의 생각에만 기초해서 작성해야만 한다. 같은 실험이나 토의를 거쳤다고 할지라도 근거들의 중요성에 대한 평가들은 제각기 다를뿐더러 이에 따른 최종 결론들도 서로 달라지기 때문이다. 이때 역할에 따라 수행된 다른 조원의 생각이나 자료를 참고할 수는 있지만, 그 이상으로 베끼듯 타인의 성과를 사용하는 것은 자료의 올바른 활용이 될 수 없다. 공동 연구를 수행한 같은 조원들이라도 서로의 역할과 그에 따른 성과를 인정해야만 자신의 독자성도 인정받을 수 있음을 명심해야 한다.


## 3) 이중 과제 제출

학술 공동체 내에서 윤리적으로 가장 크게 비난받는 행동 중 하나가 논문 중복게재이다. 논문 중복게재란 이미 발표한 동일한 내용의 글을 마치 새로운 글인 것처럼 마냥 다시 발표하는 것을 뜻한다. 이러한 논문 중복게재의 학생판 버전이 이중 과제 제출이다. 서로 다른 강의지만 때때로 유사한 주제나 연구들을 다루기도 하는데, 이때 한 수업에 제출한 보고서를 약간 수정하여 다른 수업에 다시 제출하는 것이 이중 과제 제출이다. 예를 들어 어떤 내용을 추가한다거나 도입이나 결론의 내용을 약간 바꾸는 것이 대표적인 사례이다. 많은 학생들이 과제를 이중으로 제출하는 것을 문제라고 여기지 않곤 하는데, 사실 이것은 매우 위험하고 비윤리적인 태도이다. 더군다나 자신이 새로운 결과물을 창작할 수 있는 기회를 스스로 박탈하는 것이기 때문에, 자신의 학문적 발전에 결코 도움이 되지 않는 행동이다. 동일한 주제라도 다양하게 접근해보는 시도를 해 보는 것이 자신을 위해서도 바람직하다.

2010년에 개정된 「서울대학교 연구 윤리 지침」은 과제물 중복 제출과 자기 표절 문제와 관련하여 학습 윤리상의 중요한 제안을 하고 있다. 이에 따르면, "연구자는 연구 문헌을 작성함에 있어 당해 연구의 독자성을 해하지 않는 범위 내에서 이미 게재·출판된 자신의 연구 결과물을 부분적으로 사용할 수 있다." 그러나 이때에도 이것을 해당 연구에서 최초로 발표하는 것처럼 서술하는 것은 아니 되고, "과거에 작성한 논문에서 최소한 한 단락 이상, 또는 5개 이상의 문장을 연속적으로 재사용하는 경우에는 정확한 출처와 인용 표시를 하여야 한다."[14] 이 기준은 학생들이 이전 과제물을 활용하는 범위와 관련하여 좋은 지침을 제공한다. 이 기준을 활용한다면 새로운 과제물을 작성하면서 자신의 이전 과제물의 일부 내용을 그대로 사용할 경우, 그 부분에 인용 표시를 하고 주석을 통해 "이 내용은 20○○년 ○학기 〈○○○○〉 과목(담당: ○○○교수님)의 기말과제에서 작성했던 내용이다"라고 출처를 밝혀주는 것이 바람직할 것이다.

대학에서의 학습 과정은 누구에게나 무척 힘들다. 하지만 자기가 이미 습득한 지식을 재활용하는 쉽고 편한 길을 선택하는 것은 대학 교육을 통해 자신의 목표를 달성하는 데 오히려 걸림돌이 된다는 사실을 가볍게 보아서는 안 된다. 이러한 사실을

• • •

[14]    서울대학교, 「서울대학교 연구 윤리 지침」, 2009(교육과학기술부·한국연구재단 편, 「좋은 연구 실천하기–
연구윤리 사례집–」, 교육과학기술부, 2011, 31쪽에서 재인용).

충분히 깨닫는다면, 어떠한 유형의 과제물 중복 제출도 스스로 용납하지 말아야 할 것이다.

## 3.5 활용과 오용 사이

대학에서 글쓰기는 가장 보편적인 학문적 탐구의 방식이다. 그것은 혼자의 힘으로만 이루어지는 독립적 작업이 아니다. 말하자면 글쓰기는 하나의 의사소통 행위로서 다른 이들과 진솔한 대화를 나누는 행위이다. 관련 주제를 담고 있는 참고자료의 숙독을 통해 여러분은 저명한 학자나 선배 연구자들과 만나고, 그들과 무언의 대화를 나눌 수 있다. 글 마지막에 달려 있는 참고문헌 목록은, 비록 직접적인 대화는 아닐지라도, 훌륭한 선배 탐구자와 얼마나 많은, 질 높은 대화를 나누었는지를 보여준다. 그리고 그 대화의 수준과 내용은 여러분이 직접 써내려 간 본문 속에서 고스란히 발견될 수 있을 것이다. 따라서 가능한 한 많은 선배 탐구자들과 간접적인 대화를 나누는 작업, 즉 많은 참고자료들을 활용하는 것은 자신의 글을 더욱 풍부히 하고 객관성과 설득력을 높이는 데에 매우 중요한 역할을 하게 된다.

그러나 이렇게 적극적인 활용을 하다보면 자칫 오류를 범하는 수도 있다. 대표적인 경우가 표절과 같이 참고 자료를 정당한 인용 없이 활용하는 경우이다. 참고할 자료가 많다는 사실이 글을 쓰는 학생들에게는 때로 독이 될 수 있음을 명심해야 한다. 간혹 좋은 글을 쓰고 싶다는 의욕이 넘친 나머지, 다수의 참고자료를 적극적으로 활용하려다가 어느새 짜깁기식 표절과 같은 '오용'의 상황에 빠져들게 된다. 그러지 않으려면 참고 자료를 읽거나 들을 때 필요한 메모나 표시를 해둠으로써 출처를 찾을 수 있도록 해야 한다. 이런 점에서 평소 올바른 독서 습관을 들이는 것이 중요하다.

| 학습윤리 준수를 위한 체크 리스트 | |
|---|---|
| 아래의 해당사항에 'V'로 체크하시오. | |
| 1 | 이 보고서는 자신이(혹은 우리가) 직접 연구하고 작성한 것이다. | |
| 2 | 다른 사람의 글이나 아이디어를 인용 표시 없이 가져오지 않았다. | |
| 3 | 주석을 통해 인용한 자료의 출처를 정확히 밝혔다. | |
| 4 | 보고서 작성 중 도표나 데이터를 조작하지 않았다. | |
| 5 | 보고서를 다른 사람으로부터 받거나 구매하여 제출하지 않았다. | |
| 6 | 이 과제에 실질적으로 참여하지 않은 사람을 공동제출자로 명기하지 않았다. | |
| 7 | 이 보고서와 동일한 내용을 다른 교과목을 과제물로 제출한 적이 없다. | |

　　적극적인 활용과 오용 사이는 그리 먼 거리가 아니며, 경우에 따라서는 구분도 명확히 이루어지지 않는다. 그 사이는 말하자면 '미끄런 경사길'이다. 부주의한 상태에서의 참고자료 활용은 '오용'의 선을 넘기 쉽다. 따라서 참고자료들을 활용함에 있어서 늘 경계와 긴장을 늦추지 말아야 한다. 이는 학문적 글쓰기의 중요한 자세라 할 수 있다. 저명한 학자나 선배 연구자의 견해나 말을 적극적으로 활용하되 자신의 생각인 것처럼 착각하게 하거나 의도적으로 속이는 일은 결코 없어야 하며, 이는 무엇보다도 양심과 직결된 문제이다.

　　오용을 막고 활용의 길로 가기 위해서는 과제물을 작성할 때마다 자신이 다음과 같은 지침들을 잘 따르고 있는지 스스로 점검해보는 것이 좋다.

# 참고문헌

## 단행본

김기태, 『영화 흥행을 위한 마케팅』, 도서출판 삶과 꿈, 1997.(15-19쪽)

김종규·반성택, 『4차 산업혁명의 도전, 인문학의 응전』, 學古房, 2020.

고든 벨·짐 겜멜, 『디지털혁명의 미래』, 홍성준 옮김, 청림출판, 2010.(18~19쪽, 89쪽)

니콜라스 카, 『생각하지 않는 사람들』, 최지향 역, 청림출판, 2001.

닐 포스트먼, 『테크노폴리』, 김균 옮김, 궁리, 2005.(214쪽)

로저 마틴, 『디자인싱킹』, 이건식 옮김, 엘도라도, 2010.

리즈 호가드, 『행복; 영국 BBC 다큐멘터리』, 이경아 옮김, 예담, 2006.(225쪽)

리처드 도킨스, 『눈먼 시계공』, 이용철 옮김, 사이언스북스, 2004.

마이클 샌델, 『정의란 무엇인가?』, 이창신 옮김, 김영사, 2010.(13~15쪽)

버틀런드 러셀, 『인간과 그 밖의 것들』, 송은경 옮김, 오늘의 책, 2005.(119~121쪽)

사카이야 다이치, 『조직의 성쇠』, 김순호 역, 이목, 1993. (35~39쪽)

서은국, 『행복의 기원』, 21세기북스, 2014.

에치오 만치니, 『모두가 디자인하는 시대』, 조은지 옮김, 안그라픽스, 2016.

오세진 외, 『인간행동과 심리학』, 학지사, 2010. 〈183~184쪽〉)

오준호, 『기본소득이 세상을 바꾼다』, 개마고원, 2017.

원만희, 『논리로 읽는 세상』, 철학과 현실사, 1996.

유발 하라리, 『사피엔스』, 조현욱 옮김, 김영사, 2015.

이종관·박승억·김종규·임형택, 『디지털 철학』, 성균관대출판부, 2013.

전병서, 『5년 후 중국』, 참돌출판사, 2011.(87~88쪽)

최재천 편, 『과학 종교 윤리의 대화』, 궁리, 2001.(182~185쪽)

하인즈 R. 페이겔스, 『우주의 암호-양자물리학의 자연관』, 이호연 옮김, ㈜범양사 출판부, 1989. (137~138쪽)

홍성태, 『개발주의를 비판한다』, 당대, 2007. (194~195쪽)

# 참고문헌

## 칼럼

나오미 울프, 「값싼 패션을 위한 비싼 대가」, 『한겨레』, 2010.7.6.
　　〈http://www.hani.co.kr/arti/opinion/column/429002.html〉(2020.07.30.)

문창극, 「풍요의 비밀」, 『중앙일보』, 2005.01.03.
　　〈https://news.joins.com/article/432315〉(2020.07.30.)

손진석, 「센강 변은 다른 줄 아나」, 『조선일보』, 2020.07.30.
　　〈http://news.chosun.com/site/data/html_dir/2020/07/30/2020073000004.html〉(2020.07.30.)

윤석홍, 「검증 안 된 온갖 설(說) 쏟아내는 SNS」, 『한국논단』Vol. 274, 2012.
　　〈http://kiss.kstudy.com/search/detail_view.asp?Session("cust_key")=Session("cust_key")&Session
　　("free01")=Session("free02")=Session("free03")&key=3073367〉(2020.07.30.)

장하원, 「동물실험」, 『네이버캐스트』, 2012.7.30.
　　〈http://navercast.naver.com/contents.nhn?contents_id=11173〉(2020.07.30.)

장하준, 「부자들의 기부만으론 부족하다」, 『경향신문』, 2011.9.6.
　　〈http://news.khan.co.kr/kh_news/khan_art_view.html?artid=201109061905555&code=990000〉
　　(2020.07.30.)

최재천, 「호혜성 이타주의」, 『네이버캐스트』, 2010.5.20.
　　〈http://navercast.naver.com/contents.nhn?contents_id=2750〉(2020.07.30.)

　　「성노동자 4명 자신의 노동을 말하다…」, 『한겨레21』917호.

　　「성매매가 아니다, 성노동이다.」 『고함20』, 2012.7.30.
　　〈http://goham20.com/2134〉 (2020.07.30.)

　　「일수벌금제, 도입해야 할까」, 『월간 유레카 블로그』, 2016.04.20.
　　〈https://m.blog.naver.com/PostView.nhn?blogId=eureka_plus&logNo=220688510247&proxyRefe
　　rer=https:%2F%2Fwww.google.com%2F〉(2020.07.30.)

　　「재산비례 벌금제 추진, 신중해야 한다」, 『중앙일보』, 2019.09.19.

# 참고문헌

〈https://news.joins.com/article/23580730〉(2020.07.30.)

「최고 기술 한국 탈원전은 21세기 미스터리」, 『매일경제』, 2019년 12월 21일

〈https://www.mk.co.kr/opinion/editorial/view/2019/12/1070920/〉(2020.07.30.)

「세운상가에서 서울시 도시재생의 한계를 보다」, 『주간조선』, 2018.08.27.

〈http://weekly.chosun.com/client/news/viw.asp?ctcd=C02&nNewsNumb=002522100007〉
(2020.07.30.)

「최고 기술 한국 탈원전 21세기 미스테리」, 『매일경제』, 2019.12.21.

〈https://www.mk.co.kr/opinion/editorial/view/2019/12/1070920/〉(2020.07.30.)


## 신문기사 및 뉴스

「"젊은 게 무슨 죄?" 세대간 갈등 위험하다」, SBS 뉴스, 2012.7.4.
　　〈http://news.sbs.co.kr/section_news/news_read.jsp?news_id=N1001257941〉(2020.07.30.)

「침팬지 인간공격, 두마리가 좀비처럼…살 곳 잃은 데 대한 복수심 때문?」, 『민중의 소리』, 2012.7.12.
　　〈http://www.vop.co.kr/A00000517069.html〉(2020.07.30.)

「침팬지 인간공격 … 트위터 "이유가 있을 텐데…"」, 『CBCi』, 2012.7.2.
　　〈http://cbci.co.kr/sub_read.html?uid=157096&section=&section2=〉(2020.07.30.)

「한국영화 잘 만들면 비수기도 없다」, 『마이데일리』, 2012.7.5.
　　〈http://www.mydaily.co.kr/news/read.html?newsid=201207050806451127&ext=na〉
(2020.07.30.)

지은이

원만희 | 성균관대학교 학부대학 교수
박정하 | 성균관대학교 학부대학 교수
김종규 | 울산대학교 교양대학 조교수
이기백 | 성균관대학교 학부대학 초빙교수
김치헌 | 성균관대학교 학부대학 글쓰기 클리닉 튜터
김상현 | 성균관대학교 학부대학 대우전임교수
전대석 | 우송대학교 교양대학 초빙교수

# 학술적 글쓰기

1판 1쇄 발행 2021년 2월 28일
1판 9쇄 발행 2025년 3월 28일

**지은이** 원만희, 박정하, 김종규, 이기백, 김치헌, 김상현, 전대석
**펴낸이** 유지범
**펴낸곳** 성균관대학교 출판부
**등록** 1975년 5월 21일 제1975-9호

**주소** 03063 서울특별시 종로구 성균관로 25-2
**대표전화** 02)760-1253~4
**팩시밀리** 02)762-7452
**홈페이지** press.skku.edu

ⓒ 2021, 원만희, 박정하, 김종규, 이기백, 김치헌, 김상현, 전대석

ISBN 979-11-5550-462-8  03710